Cosmopolite 1

Méthode de français

A1

Nathalie Hirschsprung

Tony Tricot

Avec la collaboration
de Sophie de Abreu et Anne Veillon (Sons du français)
Émilie Pardo (S'exercer)
Nelly Mous (DELF)

FRANÇAIS LANGUE ÉTRANGÈRE

« Nous avons choisi de proposer "un tour du monde"
des pays où la langue française est présente. »

Avant-propos

Cosmopolite 1 s'adresse à un public de grands adolescents et adultes. Il correspond au niveau A1 et au début du niveau A2 du CECRL et représente 120 heures d'enseignement/apprentissage. À la fin de **Cosmopolite 1**, les étudiants peuvent se présenter à l'épreuve du DELF A1.

Cosmopolite 1 est le fruit de notre expérience d'enseignants et de formateurs en France et à l'étranger, ce qui nous a conduits à envisager le français comme « langue internationale ». Nous avons donc choisi de proposer « un tour du monde » des pays où la langue française est présente, tout en considérant la France et les pays francophones.
Ainsi, nous avons sélectionné des supports permettant :
– de faire découvrir progressivement la langue et la culture françaises en contexte ;
– de procurer aux étudiants un « mode d'emploi » pour entrer en contact avec des Français et des francophones.

Nous souhaitons à tous un beau « tour du monde » et une expérience gratifiante d'enseignement et d'apprentissage de la langue française avec **Cosmopolite**.

Nathalie Hirschsprung et Tony Tricot

Cosmopolite 1 est composé de 8 dossiers introduits par un dossier découverte. Ces huit dossiers comportent :

Une double page d'ouverture
L'objectif est d'annoncer la thématique du dossier, de faire le point sur les représentations des étudiants de français, de valoriser et de mutualiser leurs connaissances et expériences antérieures. Cette double page présente également un contrat d'apprentissage, qui illustre la **perspective actionnelle** dans laquelle s'inscrit la méthode. En effet, **deux projets** sont proposés au début du dossier (un projet de classe et un projet ouvert sur le monde). Pour les réaliser, les étudiants vont acquérir et/ou mobiliser des **savoirs, savoir-faire, savoir agir** et des **compétences générales, langagières** et **culturelles**.

6 leçons (une double page = une leçon)
Chaque leçon a pour objectif de faire acquérir les compétences nécessaires à la réalisation des projets. Elle plonge les utilisateurs dans un **univers authentique** où la langue française est utilisée en contexte, un peu partout dans le monde. Une typologie variée de supports et de discours (écrits et audio) leur est proposée, accompagnée d'une **démarche inductive** de compréhension des situations, d'acquisition de compétences langagières (conceptualisation grammaticale et lexicale) et de savoir-faire. L'**expression écrite et orale des étudiants** est sollicitée au moyen d'activités intermédiaires et de tâches finales, à réaliser de manière collaborative.

Une double page *Cultures*
En amont des projets, la double page *Cultures* met en regard les différences culturelles entre la France, les pays francophones et les pays des étudiants. Elle fait aussi émerger les différentes formes de présence française et francophone dans leurs pays.

Une double page *Projets* et *Évaluation*
La page *Projets* est consacrée au projet de classe. Elle propose un guidage facilitant. Le projet ouvert sur le monde, mentionné en fin de page, est développé dans le Parcours digital® et dans le guide pédagogique.
La page *Évaluation* propose une évaluation formative qui prépare au DELF A1. Elle est complétée par un portfolio dans le cahier d'activités et des tests dans le guide pédagogique.

Cosmopolite 1 met également à disposition des activités de **médiation** et de **remédiation**. Celles-ci se présentent sous deux formes :
– les *Expressions utiles pour...*, signalées dans chaque leçon après la tâche finale, et placées en annexe du manuel. Elles visent à étoffer les productions.
– la rubrique *Apprenons ensemble !*, dans chaque dossier, place la classe en situation d'aider un(e) étudiant(e) à corriger ses erreurs et suscite une réflexion commune sur les stratégies d'apprentissage.

Les démarches que nous suggérons sont structurées et encadrées, y compris dans les modalités de travail. Nous avons eu à cœur d'offrir des parcours clairs et rassurants, tant pour l'enseignant que pour l'étudiant.

MODE D'EMPLOI

1 Structure du livre de l'élève

- **1 dossier 0**
- **8 dossiers** de 6 leçons
- **Des annexes :**
  - des activités d'entraînement (grammaire, lexique et phonétique)
  - des expressions utiles pour aider à réaliser les tâches finales
  - une épreuve complète DELF A1
  - un précis de phonétique avec des activités
  - un précis grammatical
  - des tableaux de conjugaison
  - une carte de la France, une carte de l'Europe et un plan de Paris
- Un **lexique alphabétique multilingue** et les **transcriptions** dans un livret encarté

2 Descriptif d'un dossier (18 pages)

Une ouverture de dossier active

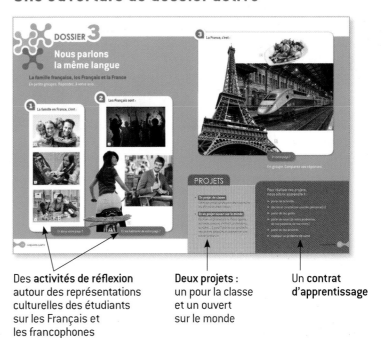

Des **activités de réflexion** autour des représentations culturelles des étudiants sur les Français et les francophones

Deux **projets :** un pour la classe et un ouvert sur le monde

Un **contrat d'apprentissage**

6 leçons d'apprentissage : 1 leçon = 1 double page

Les **savoir-faire**

Des **documents visuels oraux et écrits authentiques** présentant des situations actuelles et ouvertes sur le monde

Des tâches finales *À nous !* pour structurer l'apprentissage

Des activités d'écoute et de production orale pour un travail régulier sur la phonétique, la prosodie et la phonie-graphie

Des rubriques *Apprenons ensemble !* pour un travail de remédiation collaboratif

Des **activités intermédiaires de production** pour préparer à la tâche finale et ponctuer l'apprentissage

Des rubriques *Focus Langue* pour une approche inductive et approfondie de la langue

Des **tableaux linguistiques clairs et synthétiques** pour faciliter la mémorisation

Des renvois vers les **pages « S'exercer »** pour s'entraîner

MODE D'EMPLOI

2 Descriptif d'un dossier (18 pages)

Une leçon *Cultures*

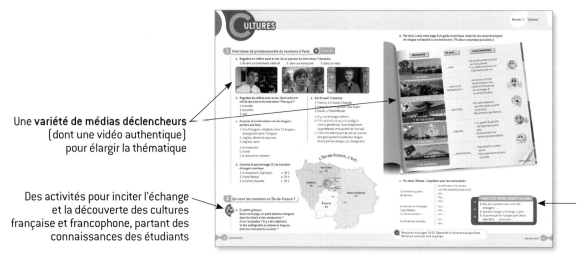

Une **variété de médias déclencheurs** (dont une vidéo authentique) pour élargir la thématique

Des activités pour inciter l'échange et la découverte des cultures française et francophone, partant des connaissances des étudiants

Des questions pour alimenter les projets et enrichir le carnet culturel de l'étudiant

Une page *Projets*

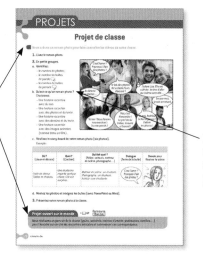

Deux projets à réaliser de manière collaborative

Des consignes claires et un guidage pas à pas

Une page DELF

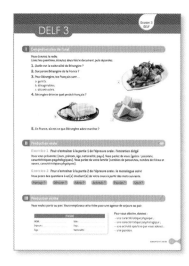

Un bilan du dossier organisé par compétence.

3 Contenus numériques

❯ Avec ce manuel :

➕ un DVD-ROM encarté avec l'audio et les vidéos

➕ un accès au Parcours digital® avec 300 activités autocorrectives complémentaires à télécharger

Cosmopolite est aussi disponible en manuel numérique enrichi.

❯ Pour l'étudiant :
- le livre de l'élève
- le cahier d'activités
- tous les audios et toutes les vidéos

❯ Pour le professeur :
- le livre de l'élève
- le cahier d'activités
- les médias associés
- tous les audios et toutes les vidéos
- le guide pédagogique

TABLEAU DES CONTENUS

LEÇONS	Types et genres de discours	Savoir-faire et savoir agir	Grammaire	Lexique	Sons du français
DOSSIER 0 – Nous découvrons le français					
1 Bienvenue !	BD 🎧 Dialogues	Découvrir le français Nous présenter	– Le verbe *s'appeler* (1) au présent – Les pronoms personnels sujets (1)	– Les présentations (1)	
2 Le français de A à Z	🎧 Chanson Forum 🎧 Dialogue	Épeler notre prénom et notre nom	– Les accents pour épeler	– Les prénoms	L'alphabet pour épeler
3 Le monde en français	Affiche	Connaître les noms de pays, compter	– Le genre des noms de pays – L'article défini	– Les nombres (1) – Les noms de pays	
4 La classe et nous	Calendrier des cours 🎧 Chanson Affiche	Communiquer en classe		– Les jours, les mois, les saisons	

LEÇONS	Types et genres de discours	Savoir-faire et savoir agir	Grammaire	Lexique	Sons du français
DOSSIER 1 – Nous apprenons le français pour…					
1 Bonjour !	🎧 Dialogues Invitation 🎧 Conversation	Saluer, nous présenter et prendre congé	– *Tu* ou *vous* – Les articles indéfinis	– Les formules pour se saluer	Le son [y]
2 Ça se passe où ?	🎧 Dialogues 🎧 Conversation	Demander et donner des informations	– Les mots interrogatifs	– Les formules de politesse – Les nombres (2)	L'accentuation de la dernière syllabe
3 Ils sont francophones	Affiche 🎧 Dialogues Programme	Donner des informations personnelles	– Le verbe *être* au présent – Les pronoms personnels sujets (2)	– Les nationalités – Les professions (1)	L'intonation montante et descendante
4 Portraits	Site Internet 🎧 Interview Blog	Présenter et identifier une personne	– Les verbes *parler* et *s'appeler* (2) au présent – *C'est* ou *Il est / Elle est*	– Les présentations (2)	Les lettres muettes et la liaison verbale avec *ils, elles*
5 En classe	🎧 Dialogue Conversation instantanée 🎧 Présentation	Questionner sur l'identité et parler de notre classe de français	– L'adjectif interrogatif *quel(s) / quelle(s)* – Le verbe *avoir* au présent – Les adjectifs possessifs (1)	– L'identité	Le son [z] et la liaison verbale avec *nous, vous, ils, elles*
6 Je parle français pour…	Affiche	Informer sur un objectif d'apprentissage	– *Parce que* et *pour* – La ponctuation	– Les raisons pour parler une langue	Reconnaître et poser des questions
Cultures	Les prénoms francophones dans le monde – Le français, langue d'ouverture sur le monde ▶ – Ces Français qui s'exportent… **Pays visités :** la Suède, la France, l'Équateur, la Roumanie				
Projets	**Un projet de classe :** réaliser un diaporama de présentation des étudiants de la classe pour faire connaissance **Et un projet ouvert sur le monde :** réaliser une présentation audio ou vidéo de la classe				

LEÇONS	Types et genres de discours	Savoir-faire et savoir agir	Grammaire	Lexique	Sons du français
DOSSIER 4 – Nous parlons de notre quotidien					
1 Une journée sur Terre	Site Internet 🎧 Présentation 🎧 Répondeur téléphonique	Indiquer l'heure et les horaires	– Quelques articulateurs de temps – Différentes façons de dire l'heure	– L'heure formelle et informelle – Les horaires	Dire l'heure
2 Une journée « écolo »	Article 🎧 Interview	Parler de nos activités et de nos habitudes quotidiennes (1)	– Les verbes pronominaux (1)	– Les habitudes quotidiennes	L'intonation pour exprimer plusieurs actions
3 Une journée avec…	🎧 Micro-trottoir Article	Parler de nos activités et de nos habitudes quotidiennes (2)	– Les verbes *lire* et *écrire* au présent – L'expression de l'habitude et de la fréquence	– L'habitude et la fréquence	
4 Une journée en Pologne	Mél 🎧 Conversation téléphonique	Parler de notre journée de travail	– Le pronom *on* – Les verbes *pouvoir, devoir* et *vouloir* au présent	– Les activités et les horaires au travail	Le son [ø] pour dire *on veut*
5 Sortir « à la française »	Site Internet 🎧 Émission de radio	Nous informer sur les sorties, parler de nos sorties	– Les verbes *choisir* et *sortir* au présent – Poser des questions (2)	– Les sorties	Le son [ɔ̃]
6 Soyez les bienvenus !	🎧 Conversation téléphonique Invitations	Proposer une sortie, inviter, accepter et refuser une invitation	– L'impératif présent (1)	– Proposer / Accepter / Refuser une sortie	Le son [y]
Cultures	Les Français et la vie quotidienne ▶ – Différents rythmes de vie dans quatre pays du monde **Pays visités** : la Tanzanie, la France, la Pologne, l'Allemagne				
Projets	**Un projet de classe** : inviter un(e) Français(e) ou un(e) francophone dans notre école / Alliance / Institut / université pour parler de ses habitudes et de ses activités quotidiennes **Et un projet ouvert sur le monde** : réaliser un flyer pour inviter tous les étudiants de français de l'école / l'Alliance / l'Institut / l'université de notre ville				

LEÇONS	Types et genres de discours	Savoir-faire et savoir agir	Grammaire	Lexique	Sons du français
DOSSIER 5 – Nous nous informons en français					
1 Apprendre autrement	Article Journaux d'apprentissage 🎧 Interview	Raconter des événements passés	– Le passé composé (1)	– Indiquer un moment précis dans le temps – Des mots de l'apprentissage (1)	
2 Jeunes talents	Article 🎧 Émission de radio	Parler d'expériences récentes ou de projets	– Le passé récent et le futur proche – Le verbe *dire* au présent	– Des mots liés à la réussite et aux projets	La prononciation de *viens / vient* [vjɛ̃] et *viennent* [vjɛn]
3 Écrivains francophones	🎧 Conversation Sites Internet	Comprendre des informations biographiques	– Les marqueurs temporels (1) – Le passé composé (2)	– Les nombres (3) – Quelques étapes de la vie d'une personne	Identifier le *e* muet
4 Un livre, un jour	Site Internet 🎧 Émission de radio Extraits littéraires	Décrire physiquement une personne	– *Être* + adjectif, *avoir* + nom + adjectif – L'adjectif *même*	– La description et la ressemblance physiques	
5 Il a choisi la France	Article 🎧 Émission de radio	Parler d'événements passés et actuels	– Le passé composé pour parler d'événements passés / Le présent pour parler de faits actuels – *Mais*	– Des mots liés au métier de restaurateur	La différence entre le présent et le passé composé
6 Informons-nous !	Site Internet 🎧 Formation	Donner des conseils	– L'impératif présent (2)	– La presse – Le reportage	
Cultures	Lire pour découvrir le monde ▶ – Les médias pour s'ouvrir sur le monde **Pays visités** : le Japon, le Canada, le Maroc, la Russie, la Côte d'Ivoire, la France				
Projets	**Un projet de classe** : réaliser le portrait d'une personnalité étrangère qui s'exprime en français **Et un projet ouvert sur le monde** : créer un mur virtuel pour partager nos ressources et progresser en français				

TABLEAU DES CONTENUS

LEÇONS	Types et genres de discours	Savoir-faire et savoir agir	Grammaire	Lexique	Sons du français
DOSSIER 8 – Nous organisons une soirée française					
1 Histoires d'étudiants	🎧 Témoignages Sites Internet	Parler de notre apprentissage du français	– L'imparfait, le passé composé et le présent pour évoquer des changements	– Des mots de l'apprentissage (2)	
2 Un dîner en ville	Site Internet 🎧 Conversation	Caractériser un restaurant et passer commande	– Des structures pour passer commande au restaurant	– Les adjectifs et les expressions pour caractériser – Des mots pour commander au restaurant	Le son [j]
3 Soirée déguisée	Site Internet 🎧 Conversation	Choisir une tenue vestimentaire	– Les pronoms personnels COD (*le, la, les*)	– Acheter / Louer des vêtements	Le son [ɔ]
4 Chez l'habitant	Site Internet 🎧 Interview	Caractériser une chose ou une personne	– Les pronoms relatifs *qui* et *que* – *Chez / Avec / Pour* + pronoms toniques	– Des mots liés aux repas	
5 Un peu de culture ?	🎧 Conversation Forum	Conseiller un film ou un spectacle	– Des structures pour préciser une opinion – Les structures pour donner des conseils (synthèse)	– Les films et les spectacles	
6 Une soirée originale	Site Internet 🎧 Conversation	Organiser une soirée	– Les pronoms personnels COI (*lui, leur*)	– Des mots liés aux événements festifs (soirées, fêtes, anniversaires)	Les sons [w] et [ɥ]
Cultures	Un programme d'activités culturelles ▶ – L'organisation d'une soirée **Pays visités :** la France, la Suisse, la Malaisie, l'Espagne				
Projets	**Un projet de classe :** organiser une soirée pour fêter nos progrès en français **Et un projet ouvert sur le monde :** réaliser une présentation audio ou vidéo de notre apprentissage du français et la publier sur un site de partage				

DOSSIER 0 — Nous découvrons le français

LEÇON 1 — Bienvenue !

Découvrir le français

1. **En petits groupes. Observez le document.**
   a. Quels mots français vous connaissez ?
   b. Associez les langues aux dessins : l'anglais, l'allemand, l'espagnol, le français, le portugais, le polonais.
   c. Et dans votre langue, comment vous saluez au téléphone ?

Nous présenter

2. Par deux.

🎧 ▸2 **Écoutez. Associez les dialogues aux photos.**

Dialogue 1
– Bonjour, je m'appelle Marie. Et vous, vous vous appelez comment ?
– Bonjour, je m'appelle Irina. Et toi, comment tu t'appelles ?
– Je m'appelle Cristina.

Dialogue 2
– Et vous, vous vous appelez comment ?
– Je m'appelle Rodrigo.
– Comment il s'appelle ?
– Il s'appelle Rodrigo.

FOCUS LANGUE

Se présenter : dire son prénom, demander le prénom

Observez.
Je m'appelle Marie.
Et toi, comment tu t'appelles ?
Il s'appelle Rodrigo.
Elle s'appelle Cristina.
Vous vous appelez comment ?

▸ p. 162

À NOUS !

3. Nous faisons connaissance.

En petits groupes.

a. **Dites bonjour et donnez votre prénom.**
   Exemple : *Bonjour, je m'appelle Irina.*

b. **Associez un geste à votre prénom.**

c. **Demandez son prénom à un(e) étudiant(e).**
   Exemple : *Et toi ? Comment tu t'appelles ?*

d. **L'étudiant(e) dit bonjour et répète votre geste. Il/Elle associe un geste à son prénom.**
   Exemple : *Bonjour Irina ! Je m'appelle Kaoru.*

LEÇON
2 Le français de A à Z

1. 🎧N3 **Écoutez.**

a. **Choisissez la réponse correcte. C'est…**

1. une interview.

2. un dialogue.

3. une chanson.

b. **Réécoutez. Répétez l'alphabet.**

2. **Par deux. Associez chaque lettre de l'alphabet à sa prononciation en français.**

A B C D E F
G H I J K L M
N O P Q R S
T U V W X Y Z

bé i emme pé iks a
doublevé effe cé zèd
hache té elle ku dé
o ka erre igrec esse ji
gé vé enne u e

3. Sons du français

L'alphabet pour épeler

a. 🎧4 Écoutez et répétez.

[a] : a • h • k   [y] : q • u
[e] : b • c • d • g • p • t • v • w   [o] : o
[ɛ] : f • l • m • n • r • s • z   [ə] : e
[i] : i • j • x • y

b. En petits groupes.

1. Associez un geste à chaque son voyelle :
   [a], [e], [ɛ], [i], [y], [o], [ə].
2. Présentez vos gestes à la classe.

▶ p. 162

4 🔊

Nous présentons l'alphabet.

En petits groupes.

a. Imaginez une présentation originale de l'alphabet.

b. Présentez votre alphabet à la classe.

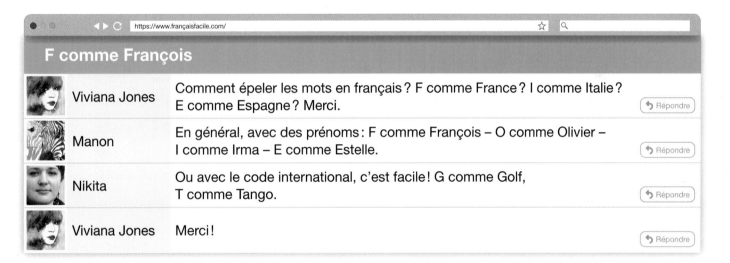

F comme François

	Viviana Jones	Comment épeler les mots en français ? F comme France ? I comme Italie ? E comme Espagne ? Merci.	↩ Répondre
	Manon	En général, avec des prénoms : F comme François – O comme Olivier – I comme Irma – E comme Estelle.	↩ Répondre
	Nikita	Ou avec le code international, c'est facile ! G comme Golf, T comme Tango.	↩ Répondre
	Viviana Jones	Merci !	↩ Répondre

5. Lisez le forum. Répondez à la question de Viviana Jones.

6. 🎧5 Écoutez et répondez.

a. Comment elle s'appelle ?

b. Comment ça s'écrit ?

▶ FOCUS LANGUE

Les accents pour épeler

Observez.

Accent aigu (´)	seulement avec e (é)
Accent grave (`)	avec a (à), e (è), u (ù)
Accent circonflexe (^)	avec a (â), e (ê), i (î), o (ô), u (û)

▶ p. 162

7. 🎧6 Écoutez. Écrivez les prénoms.

À NOUS ! 🔊

8. **Nous faisons notre première photo de classe.**

En petits groupes.

a. Levez-vous. Demandez le prénom de votre voisin(e) de gauche et de votre voisin(e) de droite.

b. Placez-vous par ordre alphabétique.

c. Prenez une photo.

LEÇON

3 Le monde en français

Connaître les noms de pays, compter

Rio 2016

1	🇺🇸	États-Unis
2	🇬🇧	Grande-Bretagne
3	🇨🇳	Chine
4		Russie
5		Allemagne
6	🇯🇵	Japon
7	🇫🇷	France
8	🇰🇷	Corée du Sud
9	🇮🇹	Italie
10	🇦🇺	Australie
11		Pays-Bas
12		Hongrie
13	🇧🇷	Brésil
14	🇪🇸	Espagne
15		Kenya
16		Jamaïque
17		Croatie
18	🇨🇺	Cuba
19		Nouvelle-Zélande
20	🇨🇦	Canada

1. Observez le classement. Associez.

numéro un	l'Allemagne
numéro deux	la Russie
numéro trois	la Grande-Bretagne
numéro quatre	les États-Unis
numéro cinq	la Chine

2. 🎧17 **Par deux. Écoutez. Complétez avec *le, la, l', les*.**

1. ... États-Unis	6. ... Japon	11. ... Pays-Bas	16. ... Jamaïque
2. ... Grande-Bretagne	7. ... France	12. ... Hongrie	17. ... Croatie
3. ... Chine	8. ... Corée du Sud	13. ... Brésil	18. ø Cuba
4. ... Russie	9. ... Italie	14. ... Espagne	19. ... Nouvelle-Zélande
5. ... Allemagne	10. ... Australie	15. ... Kenya	20. ... Canada

3. 🎧17 **Réécoutez. Répétez le classement des pays de 1 à 10.**

> **FOCUS LANGUE** ▸ p. 210

Le genre des noms de pays

Observez. Complétez la règle.

a. **le** Japon ● **le** Brésil ● **le** Liban ● **l'**Iran
b. **la** Chine ● **la** Hongrie ● **la** Russie ● **l'**Australie
c. **les** États-Unis ● **les** Pays-Bas

Les noms de pays qui terminent par la lettre ... sont féminins.
Les noms de pays qui terminent par la lettre ... sont pluriels.

▸ p. 162

FOCUS LANGUE

▸ p. 210

L'article défini pour nommer des pays

Observez. Complétez avec *le, la, l', les*.

	Masculin	Féminin
Singulier	… Brésil, … Liban	… Chine, … France
Pluriel	… États-Unis, … Pays-Bas	
Devant une voyelle	… Iran, … Espagne	
Attention !	le Mexique, le Cambodge, etc.	
Noms de pays sans article	Cuba, Singapour, Madagascar, Chypre, Malte, Haïti, etc.	

▸ p. 162

Les nombres (1)

0 zéro	20 vingt	40 quarante	60 soixante
1 un	21 …	41 …	61 …
2 deux	22 vingt-deux	42 quarante-deux	62 soixante-deux
3 trois	23 vingt-trois	43 quarante-trois	63 soixante-trois
4 quatre	24 vingt-quatre	44 …	64 soixante-quatre
5 cinq	25 vingt-cinq	45 quarante-cinq	65 soixante-cinq
6 six	26 vingt-six	46 quarante-six	66 …
7 sept	27 vingt-sept	47 quarante-sept	67 soixante-sept
8 huit	28 vingt-huit	48 quarante-huit	68 soixante-huit
9 neuf	29 vingt-neuf	49 …	69 soixante-neuf
10 dix	30 trente	50 cinquante	
11 onze	31 trente et un	51 cinquante et un	
12 douze	32 …	52 cinquante-deux	
13 treize	33 trente-trois	53 …	
14 quatorze	34 trente-quatre	54 cinquante-quatre	
15 quinze	35 trente-cinq	55 cinquante-cinq	
16 seize	36 trente-six	56 …	
17 dix-sept	37 …	57 cinquante-sept	
18 dix-huit	38 trente-huit	58 …	
19 dix-neuf	39 trente-neuf	59 cinquante-neuf	

▸ p. 162

4. Par deux.

a. Observez les nombres en vert et en bleu.

b. Complétez le tableau.

c. 🎧 N8 Écoutez pour vérifier.

5. 🎧 N9 Par deux. Écoutez. Repérez dans le tableau le nombre entendu.

À NOUS !

6. Nous comptons.

En groupe.

a. Chaque étudiant écrit un chiffre de 1 à 20 sur trois papiers différents.

b. Le professeur écrit ou dit un nombre. Exemple : *26.*

c. Les étudiants forment un groupe pour totaliser 26. Ils disent « vingt-six ».

d. Un(e) étudiant(e) écrit ou dit un nombre. L'activité continue.

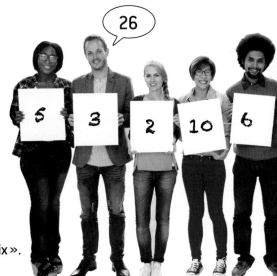

LEÇON
4 La classe et nous

Communiquer en classe

Centre audiovisuel pour l'étude des langues

CALENDRIER

SESSIONS

AUTOMNE	**septembre octobre novembre**

- Du lundi 29 août au vendredi 23 septembre 2017
- Du lundi 26 septembre au vendredi 21 octobre 2017
- Du lundi 24 octobre au vendredi 18 novembre 2017

HIVER	**décembre janvier février**

- Du lundi 21 novembre au vendredi 16 décembre 2017

Attention : fermeture des locaux du 19 décembre 2017 au 1er janvier 2018 inclus

- Du lundi 2 janvier au vendredi 27 janvier 2018
- Du lundi 30 janvier au vendredi 24 février 2018

PRINTEMPS	**mars avril mai**

- Du lundi 27 février au vendredi 24 mars 2018
- Du lundi 27 mars au vendredi 21 avril 2018
- Du lundi 24 avril au vendredi 19 mai 2018

Attention : pas de cours du 22 mai au 26 mai 2018

ÉTÉ	**juin juillet août**

- Du lundi 29 mai au vendredi 23 juin 2018
- Du lundi 3 juillet au vendredi 28 juillet 2018
- Du lundi 31 juillet au vendredi 25 août 2018

---

1. **En petits groupes. Observez le calendrier des cours.**

   a. **Repérez :**
      1. les quatre sessions de cours ;
      2. les mois pour chaque session.

   b. **Complétez avec les mois de l'année.**
      1. Le printemps : *mars, …*
      2. L'été : *juin, …*
      3. L'automne : *septembre, …*
      4. L'hiver : *décembre, …*

   c. **Comparez avec les saisons de votre pays.**

2. 🎧 ▶10 Écoutez la chanson.

a. Complétez les jours de la semaine.

lun… • mar… • mer… • jeu… • ven… •
same… • dim…

b. Écrivez la date :

Aujourd'hui, c'est le …

c. Comparez les jours de la semaine en français
et dans votre langue.

> **FOCUS LANGUE**

Les jours, les mois, les saisons

a. **Complétez.**

Les jours de la semaine : *lundi, …*
Les mois de l'année : *janvier, février, mars, …*
Les saisons : *l'été, …*

b. **En petits groupes. Trouvez un moyen de mémoriser
les jours de la semaine et les mois de l'année.
Partagez vos idées avec la classe.** ▸ **p. 162**

Parler, c'est essentiel !

Travaillez par deux.

Comment on dit *today* en français ? TODAY ?

Répétez, s'il vous plaît. x2 ?

Écoutez le dialogue.

Observez le document.

Je ne comprends pas.

Comment ça s'écrit ?

Je ne sais pas. ?

Fermez le livre.

Ouvrez le livre.

📖 **3.** Par deux. Observez l'affiche. Qui parle : le professeur ou l'étudiante ? Faites des hypothèses.

4. 🎧 ▶11 Écoutez pour vérifier vos réponses.

 **À NOUS !**

5. Nous communiquons en classe.

En petits groupes.

a. Choisissez deux phrases de l'affiche.

b. Illustrez avec une photo, un dessin ou un mime.

c. Présentez vos phrases à la classe.

d. La classe trouve quelles phrases vous présentez.

DOSSIER 1

Nous apprenons le français pour...

Les Français et le français

En petits groupes. Répondez. À votre avis...

1 Les Français se saluent comment ?

Et les habitants de votre pays ?

2 Les Français utilisent *tu* ou *vous* ?

Et les habitants de votre pays ?

3 On parle français en :

a. Europe
b. Asie
c. Afrique
d. Amérique
e. Océanie

Et la langue de votre pays ?

4 Parler français est utile pour :

a. communiquer.
b. travailler.
c. voyager.

Et la langue de votre pays ?

En groupe. Comparez vos réponses.

PROJETS

**Pour réaliser ces projets,
nous allons apprendre à :**

- **Un projet de classe**

  Réaliser un diaporama de présentation
  des étudiants de la classe
  pour faire connaissance.

- **Et un projet ouvert sur le monde**

  Réaliser une présentation audio ou vidéo
  de la classe.

▶ saluer, nous présenter et prendre congé

▶ demander et donner des informations

▶ donner des informations personnelles

▶ présenter et identifier une personne

▶ questionner sur l'identité et parler
de notre classe de français

▶ informer sur un objectif d'apprentissage

LEÇON 1 Bonjour !

Saluer, nous présenter et prendre congé

document 1 🎧 12

📖 **1. Observez les photos.**
   a. Identifiez chaque situation : formelle ou informelle ?
   b. 🎧12 Écoutez les dialogues (doc. 1).
      Vérifiez vos réponses.

📖 **2. Par deux. Associez les phrases aux photos.**
   a. Salut Ivana ! Ça va ? → *Dialogue 1.*
   b. Je vais bien, merci. Et vous ?
   c. Bonjour madame !
   d. Le cours commence ! À plus tard !
   e. Au revoir. Bonne journée !
   f. Salut Juan ! Oui, ça va, et toi ? Tu vas bien ?
   g. Excusez-moi ! Je suis en retard ! Au revoir !
   h. Bonjour monsieur !
   i. Salut !
   j. Bien, merci.
   k. Comment allez-vous ?
   l. Je vais très bien.
   m. À demain !

3. 🎧12 Par deux. Reconstituez les dialogues.
   Réécoutez (doc. 1) pour vérifier.

> **FOCUS LANGUE**

Les formules pour se saluer
Complétez avec les phrases de l'activité 2.

	Situation formelle	Situation informelle
Saluer	…	…
Prendre congé	…	…
Demander comment ça va	…	…
Dire comment ça va	…	…

▶ p. 163

> **FOCUS LANGUE**

Tu ou *vous* pour s'adresser à une ou des personnes
Complétez avec *tu* ou *vous*.

Situation formelle	 Comment allez-… ?	**Pour parler à 2 personnes ou plus**
Situation informelle	 … vas bien ?	Comment allez-vous ? Vous allez bien ?

▶ p. 163

4. Sons du français
▶ p. 202

Le son [y]

a. 🎧13 Fermez les yeux. Écoutez les phrases.
   Vous entendez [y] dans la première syllabe,
   montrez 1 ; dans la deuxième syllabe, montrez
   2 ; dans la troisième syllabe, montrez 3.
   Exemple : *Salut Anne !* → 2

b. 🎧14 Écoutez. Vous entendez [y], saluez de
   manière informelle. Vous entendez [u], saluez de
   manière formelle.
   ▶ p. 163

5

En groupe.

a. Choisissez une situation : formelle ou informelle.

b. Levez-vous et marchez dans la classe. Au signal du professeur :
   – vous saluez ;
   – vous demandez et dites comment ça va ;
   – vous prenez congé.

---

document **2**

AMBASSADE
DE FRANCE

INVITATION

Journée internationale
des droits de l'enfant

J'ai droit à une identité : un nom, un prénom et une nationalité.

Quoi ? Un cocktail, des rencontres.

Qui ? Des professionnels.

Quand ? Le 20 novembre, à 18 heures.

Où ? À l'Ambassade de France à Stockholm.

Invitation pour
deux personnes

---

6. Lisez le document 2. Vrai ou faux ? Pourquoi ?

   a. C'est une invitation pour la Journée internationale
      des droits de l'enfant.
   b. La Journée internationale des droits de l'enfant
      est le 20 novembre.
   c. Le cocktail est à Paris.
   d. L'identité, c'est : un nom, un prénom, une adresse.

> FOCUS LANGUE   ▶ p. 208

**Les articles indéfinis pour nommer des choses
ou des personnes non identifiées**

Complétez avec *un*, *une*, *des*.

	Masculin	Féminin
Singulier	… nom	… nationalité
	… prénom	**une** invitation
	… cocktail	… identité
Pluriel	… droits	**des** personnes
	… professionnels	… rencontres

▶ p. 163

document **3** 🎧 15

7. 🎧15 Écoutez la conversation (doc. 3).

a. Identifiez la situation : formelle ou informelle ?

b. Qui parle ? À qui ? Où ?

8. 🎧15 Par deux. Réécoutez (doc. 3).
   Relevez les phrases pour :
   a. se saluer ;
   b. se présenter (nom, prénom) ;
   c. demander et dire comment ça va.

À NOUS !

9. Nous nous présentons.

a. Par deux. Vous vous saluez, vous demandez
   comment ça va, vous vous présentez (nom,
   prénom) et vous prenez congé.

b. La classe vote pour le meilleur dialogue.

▶ Expressions utiles p. 166

LEÇON 2

Ça se passe où ?

Demander et donner des informations

1. 🎧 16 **Écoutez. Associez les sons aux photos.**

jeudi 15 novembre • 12 h 00

a

samedi 13 février • 09 h 05

b

mardi 11 avril • 18 h 30

c

lundi 15 août • 16 h 22

d

**2. Observez les photos.
Identifiez les situations.**

a. Où ?
1. une gare → *Photo a.*
2. une route
3. un aéroport
4. une gare routière

b. Qui ?
1. une dame
2. un jeune homme et une jeune femme
3. des hommes et des femmes
4. une femme et un homme

c. Quelle saison ?
1. l'automne
2. le printemps
3. l'hiver
4. l'été

d. Quand ?
1. le matin
2. à midi
3. l'après-midi
4. le soir

document 1 🎧 17

3. 🎧 17 **Par deux. Écoutez les dialogues
(doc. 1). Associez les dialogues aux photos
de l'activité 1.**

4. 🎧 17 **Par deux. Réécoutez (doc. 1).
Ils parlent de quoi ? Associez.**

dialogue 1	a. un train
dialogue 2	b. une voiture
dialogue 3	c. un billet d'avion
dialogue 4	d. un bus

> **FOCUS LANGUE** ▶ p. 217

Les mots interrogatifs pour demander des informations
Complétez avec d'autres exemples.

a. Où ?	Un lieu : *une gare routière*, …
b. Qui ?	Une personne identifiée : *Nicolas Pron, Véronique Lönnerblad.* Une ou des personnes non identifiées : *une dame*, …
c. Quand ?	Un moment de la journée, une date, une saison : *le matin*, …
d. Quoi ?	L'objet d'une conversation : *un billet d'avion*, …

▶ p. 163

> **FOCUS LANGUE**

**Les formules de politesse pour demander ou donner
des informations**

🎧 17 **Écoutez encore (doc. 1). Retrouvez les deux autres
formules de politesse.**
Exemple : *Je voudrais un billet d'avion pour Nice, s'il vous plaît.*

5 ✎

En petits groupes.
a. Imaginez une situation (qui ? où ? quand ? quoi ?).
b. Cherchez une photo pour illustrer la situation.
c. Écrivez la légende de la photo.

Exemple :

Un homme (Azad) et une femme (Corina).
À la gare. L'après-midi. L'été. Une rencontre,
un échange de numéros de téléphone.

document **2** 🎧 18

6. 🎧18 Écoutez la conversation (doc. 2).
Vrai ou faux ? Pourquoi ?
a. Corina demande le numéro de téléphone d'Azad.
b. Azad épelle son prénom et son nom.
c. Le numéro de téléphone d'Azad est le 06 70 81 90 95.
d. Il s'appelle Azad Sasi.

7. 🎧18 Par deux. Réécoutez le numéro de téléphone d'Azad (doc. 2). Associez.
a. 70   1. quatre-vingt-quinze
b. 80   2. quatre-vingt-un
c. 81   3. quatre-vingts
d. 95   4. soixante-dix

8. Sons du français   ▶ p. 202

L'accentuation de la dernière syllabe

a. 🎧19 Écoutez et observez.
soixante • soixante et un • soixante-huit •
soixante-dix • soixante et onze •
soixante-quatorze

Vrai ou faux ?
Dans « soixante et un », on entend une pause après « soixante » et après « et ».

b. 🎧20 Écoutez et répétez. Tapez sur la table avec le doigt pour chaque syllabe. Tapez plus fort pour la dernière syllabe.
Exemple : *60 →*▮▮   *61 →*▮▮▮▮   *62 →*▮▮▮

▶ p. 164

> **FOCUS LANGUE**

Les nombres (2) pour comprendre et donner un numéro de téléphone

70 soixante-dix	80 quatre-vingts	90 quatre-vingt-dix	100
71 soixante et onze	81 quatre-vingt-un	91 quatre-vingt-onze	cent
72 soixante-douze	82 quatre-vingt-deux	92 quatre-vingt-douze	
73 soixante-treize	83 quatre-vingt-trois	93 quatre-vingt-treize	
74 soixante-quatorze	84 quatre-vingt-quatre	94 quatre-vingt-quatorze	
75 soixante-quinze	85 quatre-vingt-cinq	95 quatre-vingt-quinze	
76 soixante-seize	86 quatre-vingt-six	96 quatre-vingt-seize	
77 soixante-dix-sept	87 quatre-vingt-sept	97 quatre-vingt-dix-sept	
78 soixante-dix-huit	88 quatre-vingt-huit	98 quatre-vingt-dix-huit	
79 soixante-dix-neuf	89 quatre-vingt-neuf	99 quatre-vingt-dix-neuf	

a. **Observez et complétez.**
  1. 70, c'est … + … .
  2. 80, c'est … x … .
  3. 90, c'est quatre-vingts + … .

b. **Complétez avec *et* ou –.**
  1. J'utilise … pour 21, 31, 41, 51, 61 et 71.
  2. J'utilise … pour 81 et 91.

c. 🎧21 **Écoutez. Écrivez les numéros de téléphone.**
Exemple : *07 – 62 – 88 – 93 – 70.*

▶ p. 163

À NOUS ! 💬

9. Nous imaginons une situation.

En petits groupes.
a. Échangez votre photo et sa légende (activité 5).
b. Imaginez un dialogue entre les personnes.

c. Présentez la photo et la situation à la classe.
d. Jouez le dialogue.

▶ Expressions utiles p. 166

LEÇON 3

Ils sont francophones

1. Observez l'affiche (doc. 1). Choisissez la réponse correcte. C'est une affiche pour :

a. des cours de français.

b. un festival francophone.

c. la Journée européenne des langues.

document 2 🎧 22, 23 et 24

2. Par deux. Lisez le programme (doc. 3).
Vrai ou faux ? Pourquoi ?

Les cinq continents (l'Afrique, l'Amérique, l'Asie, l'Europe, l'Océanie) sont présents au festival.

3. 🎧 M22 Par deux. Écoutez le dialogue 1 (doc. 2).
Complétez le programme (doc. 3) avec les professions et les nationalités.

document 1

LES CULTURES FRANCOPHONES
Marennes

FESTIVAL À MARENNES
PROGRAMME
LA FRANCOPHONIE DU NORD AU SUD

CINÉMA – EXPOSITIONS – VILLAGE ASSOCIATIF – CONCERTS
HOMMAGE – CONTES POUR ENFANTS – DÉBAT/ CONFÉRENCE
SPECTACLE D'HUMOUR – CONCERT DE MUSIQUES ACTUELLES

document 3

PROGRAMME
La francophonie du Nord au Sud

JEUDI

Exposition
Slimane Ould Mohand,
peintre algérien

VENDREDI

Cinéma
« Haï, parcours d'un musicien vietnamien »
de Pierre Ravach

Débat / Conférence
En présence de :
Xavier Dolan, acteur et … …
Gemma Arterton, actrice anglaise

SAMEDI

Spectacle d'humour
Saïdou Abatcha, humoriste
et … …

Concert hommage
Orchestre national
symphonique du Vietnam,
hommage à To Haï

DIMANCHE

Concert de musiques actuelles
Orchestre national de Barbès, groupe algérien
Maurane, chanteuse belge

4. ∩M23 Écoutez le dialogue 2 (doc. 2).
Complétez les badges.

5. ∩M24 Réécoutez les dialogues 1 et 2 (doc. 2).
Quelles langues parlent Xavier et Thu ?

japonais • français • anglais • vietnamien

> **FOCUS LANGUE** ▸ p. 210

Indiquer la nationalité

a. En petits groupes. Observez les nationalités
dans le programme (doc. 3) et dans les cercles.
Que remarquez-vous ?

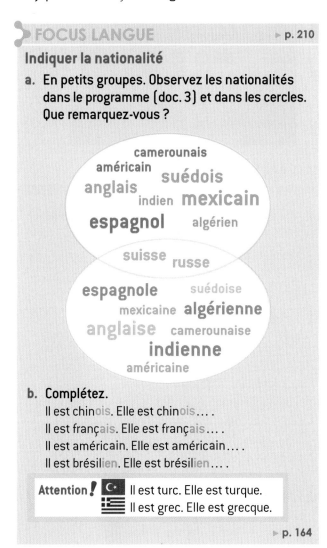

b. Complétez.

Il est chinois. Elle est chinois…. .
Il est français. Elle est français…. .
Il est américain. Elle est américain…. .
Il est brésilien. Elle est brésilien…. .

| **Attention !** 🇹🇷 | Il est turc. Elle est turque. |
| | 🇬🇷 Il est grec. Elle est grecque. |

▸ p. 164

6. ✏

Créez votre badge pour un festival francophone
(nom, prénom, nationalité, langues parlées).

> **FOCUS LANGUE** ▸ p. 210

Indiquer la profession (1)

a. Observez le tableau.

Masculin	-teur	-teur	-ien	-e
Féminin	-trice	-teuse	-ienne	-e

b. Trouvez un exemple de profession pour chaque
catégorie dans le programme du festival (doc. 3).
Exemple : -teur → *réalisateur. Xavier Dolan est réalisateur.*

▸ p. 164

7. Sons du français

> **L'intonation montante et descendante**

∩M25 Écoutez. La voix monte, levez le bras ↗.
La voix descend, baissez le bras ↘.

> **FOCUS LANGUE** ▸ p. 218

Le verbe *être* pour donner des informations personnelles

a. Lisez les présentations. Qui est-ce ?

> Je suis canadien.
> Je suis acteur et réalisateur.
> Et vous, vous êtes français ?

> Elle est vietnamienne.
> Elle est musicienne.
> Et toi ? Tu es musicien ?

b. Complétez avec le verbe *être*.

Je … canadien.	Nous **sommes** francophones.
Tu … musicien ?	Vous … français ?
Il **est** russe.	Ils **sont** musiciens.
Elle … vietnamienne.	Elles **sont** musiciennes.

À NOUS ! 🗣

8. Nous échangeons des informations personnelles.
Par deux.

a. Situation informelle.
Imaginez votre identité artistique (nom, prénom,
nationalité, profession).

b. Vous vous saluez, vous vous présentez et vous prenez
congé.

▸ **Expressions utiles p. 166**

LEÇON 4 Portraits

document 1

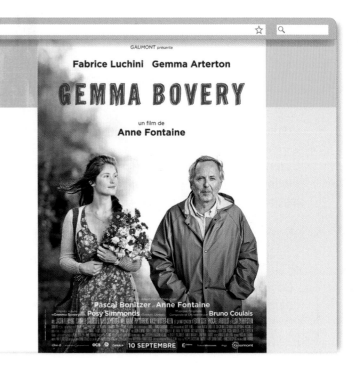

GAUMONT présente

Fabrice Luchini   Gemma Arterton

GEMMA BOVERY

un film de
Anne Fontaine

▶ *Gemma Bovery*
est un film franco-britannique.

Sortie : 2014
Réalisatrice : Anne Fontaine
Actrice : Gemma Arterton
Acteur : Fabrice Luchini

L'histoire se passe dans un petit village en Normandie… Il s'appelle Martin. Il est parisien. Ils s'appellent Gemma et Charles Bovery. Ils sont anglais. Ils… lire la suite

Pascal Bonitzer · Anne Fontaine
Posy Simmonds · Bruno Coulais

10 SEPTEMBRE

1. Observez l'affiche du film (doc. 1).
Lisez la présentation. Répondez.

a. Comment s'appelle la réalisatrice ?
b. Qui sont les acteurs ?
c. Où se passe le film ?
d. Comment s'appellent les personnages du film ?

document 2 🎧 26

2. Par deux.

a. 🎧▸26 Écoutez l'interview de Gemma Arterton (doc. 2). Quelles phrases sont correctes ?

1. Elle est anglaise.
2. Elle est réalisatrice.
3. Elle est actrice.
4. Elle est belge.
5. Elle parle anglais et français.

b. 🎧▸26 Réécoutez (doc. 2). Vérifiez vos réponses avec la transcription (livret p. 3).

> **FOCUS LANGUE** ▸ p. 214 et 219

Les verbes *parler* et *s'appeler* (2) au présent pour se présenter et présenter quelqu'un

a. Complétez avec le verbe *parler*.

Je … français.	Nous **parlons** français.
Tu … anglais.	Vous … français.
Il **parle** russe.	Ils … anglais.
Elle … japonais.	Elles **parlent** français.

b. Complétez avec *s'appellent, m'appelle, t'appelles, vous appelez, s'appelle*.

1. Je … Gemma.
2. Tu … comment ?
3. Il … Martin.
4. Elle … Thu Anh.
5. Nous **nous appelons** Xavier et Saïdou.
6. Vous … comment ?
7. Ils … Gemma et Charles.
8. Elles … Gemma et Véronique.

3. Sons du français ▶ p. 202

Les lettres muettes et la liaison verbale avec *ils*, *elles*

 **Par deux. Écoutez les verbes *parler*
et *écouter*. Répétez. Que remarquez-vous ?**

Je parle.	[ʒəpaʁl]	J'écoute.	[ʒekut]
Tu parles.	[typaʁl]	Tu écoutes.	[tyekut]
Il parle.	[ilpaʁl]	Il écoute.	[ilekut]
Elle parle.	[ɛlpaʁl]	Elle écoute.	[ɛlekut]
Ils parlent.	[ilpaʁl]	Ils écoutent.	[ilzekut]
Elles parlent.	[ɛlpaʁl]	Elles écoutent.	[ɛlzekut]

4

En petits groupes.

a. Cherchez des personnes célèbres qui parlent français.

b. Présentez les personnes aux autres groupes (prénom, nom, nationalité, profession, langues parlées).

c. Illustrez votre présentation avec une photo.

Exemple : *Il s'appelle Hugh Laurie (Docteur House !). Il est anglais. Il est acteur. Il parle anglais et français.*

document 3

C'est Mingze. C'est mon ami. Il s'appelle Mingze NI. Il a deux nationalités : il est chinois et équatorien. Il habite à Quito. Il est étudiant à l'université. Il parle trois langues : anglais, espagnol et chinois. Il est fantastique !

Écrit par Michelle, étudiante à l'Alliance française.

5. Observez le document 3. Choisissez la réponse correcte. C'est :

a. un mél.   b. un blog.   c. un tweet.

6. Lisez le document 3. Choisissez la réponse correcte.

a. Michelle est :
1. professeure à l'université.
2. étudiante à l'université.
3. étudiante à l'Alliance française.

b. Mingze étudie :
1. en Chine.
2. en France.
3. en Équateur.

7. Par deux. Complétez le formulaire d'inscription de Mingze à l'université.

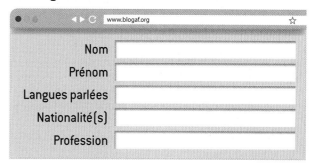

Nom	
Prénom	
Langues parlées	
Nationalité(s)	
Profession	

▶ FOCUS LANGUE ▶ p. 213

C'est ou Il est / Elle est pour présenter ou identifier une personne

a. Relisez le portrait de Mingze (doc. 3). Associez [Il est] [Elle est] [C'est] à un groupe de mots.

acteur	coréen
chinois	réalisateur
russe	chanteur
équatorien	humoriste

Mingze	Vladimir
Xavier Dolan	mon ami
Gemma	Thu Anh
une secrétaire	une actrice

| secrétaire | étudiante | réalisatrice | actrice |
| japonaise | chinoise | humoriste | roumaine |

b. Complétez la règle avec *C'est* ou *Il est / Elle est*.
Pour présenter / identifier :
– … + nom ou prénom (exemple : *Vladimir*) ;
– … + profession (exemple : *humoriste*) ;
– … + déterminant + un nom (exemple : *mon ami*) ;
– … + nationalité (exemple : *chinois(e)*).

▶ p. 164

À NOUS !

8. Nous présentons notre groupe.

En petits groupes.

a. Prenez une photo de votre groupe.

b. Écrivez une légende pour présenter vos camarades (prénoms, professions, nationalités, langues parlées…).

c. Affichez votre production dans la classe.

▶ Expressions utiles p. 166

LEÇON 5 En classe

Questionner sur l'identité et parler de notre classe de français

document 1 🎧 28

1. 🎧▸28 Écoutez le dialogue (doc. 1).

a. Répondez.
   1. Qui parle ?   3. Où ?
   2. À qui ?   4. Pourquoi ?

b. Complétez la fiche d'inscription.

   - Nom : _____
   - Prénom : _____
   - Numéro de téléphone : _____
   - Nationalité(s) : _____
   - Âge : _____
   - Langues : _____

c. Vérifiez vos réponses avec la transcription (livret p. 3).

2. 🎧▸28 Par deux. Réécoutez (doc. 1).
   Retrouvez les questions de l'employé.
   a. Quel est votre numéro de téléphone ?
   b. Quelles langues vous parlez ?
   c. Quelle est votre adresse ?
   d. Quelle est votre nationalité ?
   e. Quelles sont vos coordonnées ?
   f. Quel est votre nom ?
   g. Quel âge vous avez ?
   h. Quels sont vos numéros de téléphone ?

FOCUS LANGUE ▸ p. 209

L'adjectif interrogatif quel(s) / quelle(s) pour questionner sur l'identité

Observez les questions de l'activité 2.
Complétez avec quel, quels, quelle, quelles.

	Masculin	Féminin
Singulier	… est votre nom ?	… est votre nationalité ?
Pluriel	… sont vos numéros de téléphone ?	… sont vos coordonnées ?

▸ p. 164

FOCUS LANGUE ▸ p. 218

Le verbe avoir pour dire l'âge

a. Complétez.

J'… 18 ans.
Tu **as** quel âge ?
Il/Elle **a** 18 ans.
Nous **avons** 22 et 23 ans.
Vous … quel âge ?
Ils/Elles **ont** 18 ans.

b. 🎧▸29 Écoutez et répétez.
   nous‿avons [nuzavɔ̃]
   vous‿avez [vuzave]
   ils‿ont / elles‿ont [ilzɔ̃ / ɛlzɔ̃]

Les verbes être et avoir pour donner des informations personnelles

c. Complétez.
   Je m'appelle Camille Alimanesco.
   Je … française. Je … roumaine.
   J'… dix-huit ans.

▸ p. 165

3. Sons du français ▸ p. 202

Le son [z] et la liaison verbale avec nous, vous, ils, elles

a. 🎧▸30 En groupe. Écoutez.
   Vous entendez le son [z], levez-vous.
   Exemple : *Vous‿avez quel âge ?*
   → *Vous entendez [z], levez-vous.*

b. 🎧▸31 Écoutez et répétez.

4

Par deux.

a. Posez des questions à votre voisin(e) (nom, prénom, âge, nationalité, profession, téléphone, mél). Écrivez les réponses.

b. Présentez votre voisin(e) à la classe.

document 2

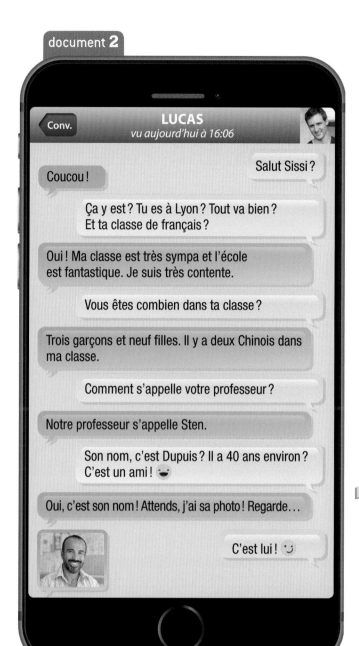

LUCAS
vu aujourd'hui à 16:06
Conv.

Salut Sissi ?

Coucou !

Ça y est ? Tu es à Lyon ? Tout va bien ? Et ta classe de français ?

Oui ! Ma classe est très sympa et l'école est fantastique. Je suis très contente.

Vous êtes combien dans ta classe ?

Trois garçons et neuf filles. Il y a deux Chinois dans ma classe.

Comment s'appelle votre professeur ?

Notre professeur s'appelle Sten.

Son nom, c'est Dupuis ? Il a 40 ans environ ? C'est un ami ! 😃

Oui, c'est son nom ! Attends, j'ai sa photo ! Regarde…

C'est lui ! 😊

---

5. **Observez le document 2. Choisissez la réponse correcte. C'est :**
   a. une conversation instantanée (chat [tʃat]).
   b. un courrier électronique (mél).
   c. un commentaire sur un blog.

6. **Lisez le document 2.**
   a. Qui écrit ? À qui ?
   b. Vrai ou faux ? Pourquoi ?
   1. Lucas et Sissi sont amis.
   2. Sissi étudie le français à Lyon.
   3. Il y a treize étudiants dans sa classe.
   4. Lucas et Sten sont amis.
   5. Sten a trente ans.
   6. Sissi envoie la photo de son professeur à Lucas.

FOCUS LANGUE
> p. 209

Les adjectifs possessifs (1) pour parler de sa classe de français

Relisez la conversation (doc. 2). Complétez.

Nom singulier		
Possesseur	Masculin	Féminin
(je)	**mon** professeur	…
(tu)	**ton** ami	…
(il) (elle)	…	…
(nous)	…	
(vous)	…	
(ils) (elles)	**leur** camarade	

> p. 165

document 3 🎧 32

7. **Franz parle de sa classe.**

a. 🎧»32 **Écoutez Franz (doc. 3). Répondez.**
   1. Comment est son professeur ?
   2. Quelles sont les nationalités des élèves ?
   3. Pourquoi il y a des projets dans sa classe ?
   4. Pourquoi il y a des téléphones et des tablettes ?

b. **Lisez les phrases.**
   Il y a un super professeur.
   Il y a une Américaine.
   Il y a des téléphones.

c. **Choisissez la réponse correcte.**
   « Il y a » exprime :
   1. la présence d'une chose ou d'une personne.
   2. l'absence d'une chose ou d'une personne.

1

2

À NOUS !

8. **Nous présentons notre classe de français.**

a. **En petits groupes. Écrivez un tweet de présentation de votre classe.**
   Exemple : *Notre classe est très sympa.*
   Notre professeur s'appelle Jérôme Pasquier.
   Il y a 10 étudiants dans la classe : 8 garçons et 2 filles.

b. **La classe vote pour le meilleur tweet.**

> Expressions utiles p. 166

Je parle français pour...

Informer sur un objectif d'apprentissage

Aujourd'hui je parle français pour 10 bonnes raisons

Je parle français :

(1) parce que c'est une langue parlée dans le monde entier.

(2) parce que c'est bon pour ma carrière professionnelle.

(3) parce que c'est utile pour voyager dans les pays francophones.

(4) parce que c'est la langue des relations internationales.

(5) parce qu'il y a des écoles et des lycées français partout.

(6) parce que c'est la langue de l'amour, de l'esprit, de la science...

(7) pour étudier en France.

(8) pour comprendre la culture française.

(9) pour regarder les médias en français.

(10) pour apprendre plus facilement d'autres langues.

Pourquoi parler français ?

1. Lisez le document. Associez chaque phrase à une personne.

2. Par deux. Lisez et associez.

Je parle français :

a. pour lire…

b. parce que le français est une langue facile…

c. parce que le français est une langue…

d. parce que le français…

e. parce que le français est la langue officielle…

1. des jeux Olympiques.

2. latine.

3. *Astérix et Obélix*.

4. c'est chic !

5. à apprendre.

> **FOCUS LANGUE**

Parce que et pour pour informer sur un objectif d'apprentissage

a. **Observez.**

Pourquoi tu étudies le français ?
Pour <u>voyager</u> dans les pays francophones.
Pour <u>les études</u> de français.
Parce que *c'est une langue parlée dans le monde entier.*
Parce que *le français est une langue facile.*

Exprimer un objectif d'apprentissage

b. 🎧 ►33 **Écoutez. Identifiez l'objectif d'apprentissage.**

► p. 165

3 🗨

En petits groupes.

Dites pourquoi vous étudiez le français.

Exemples : *J'étudie le français **pour** voyager en Afrique francophone.*

*J'étudie le français **parce que** j'aime le cinéma français.*

> **FOCUS LANGUE**

La ponctuation pour préciser le sens de la phrase

Observez.

Pourquoi tu étudies le français ?	?	point d'interrogation
J'étudie le français pour regarder les médias en français.	.	point
Parce que c'est la langue de l'amour !	!	point d'exclamation
Parce que c'est la langue de l'amour, de l'esprit.	,	virgule

4. Sons du français

Reconnaître et poser des questions

a. 🎧 ►34 **Écoutez. Dites si la voix monte ou descend à la fin de la question.**

Exemple : *Vous vous appelez comment ?*
→ *La voix monte.*
Comment vous vous appelez ? → *La voix descend.*

b. 🎧 ►35 **Écoutez et répétez.**

► p. 165

5. Apprenons ensemble !

> Bonjour/ je m'appelle Sissi//
> Je suis chinoise// J'ai trente ans//
> Je suis secrétaire//
> J'apprends le français à l'Alliance française// J'étudie le français pour mon travail//

a. 🎧 ►36 **Écoutez et lisez la production de Sissi.**

b. **Par deux. Associez.**

1. /   a. . (point)

2. //   b. , (virgule)

c. **Écrivez le texte avec la ponctuation.**

d. **En petits groupes. Trouvez un moyen de bien placer la ponctuation.**

e. **Partagez vos idées avec la classe.**

À NOUS ! 🗨 ✎

6. Nous présentons des objectifs d'apprentissage.

En petits groupes.

a. **Choisissez une langue du monde (sauf le français).**

b. **Listez six raisons de parler la langue de votre groupe.**

c. **Préparez une affiche avec les six raisons et six illustrations.**

Exemple :

Je parle allemand pour 6 raisons :

– pour travailler en Europe ;

– parce que c'est la langue de la culture (Einstein, Goethe, etc.) …

► **Expressions utiles p. 166**

CULTURES

1 Les prénoms francophones dans le monde

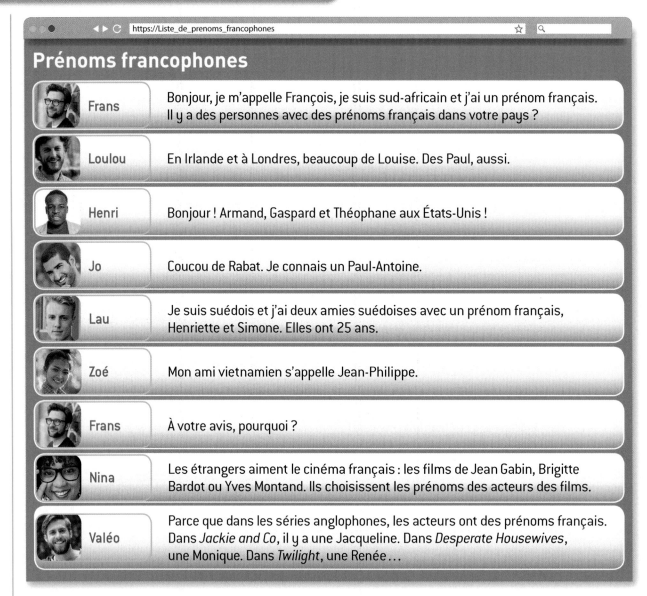

https://Liste_de_prenoms_francophones

Prénoms francophones

Frans — Bonjour, je m'appelle François, je suis sud-africain et j'ai un prénom français. Il y a des personnes avec des prénoms français dans votre pays ?

Loulou — En Irlande et à Londres, beaucoup de Louise. Des Paul, aussi.

Henri — Bonjour ! Armand, Gaspard et Théophane aux États-Unis !

Jo — Coucou de Rabat. Je connais un Paul-Antoine.

Lau — Je suis suédois et j'ai deux amies suédoises avec un prénom français, Henriette et Simone. Elles ont 25 ans.

Zoé — Mon ami vietnamien s'appelle Jean-Philippe.

Frans — À votre avis, pourquoi ?

Nina — Les étrangers aiment le cinéma français : les films de Jean Gabin, Brigitte Bardot ou Yves Montand. Ils choisissent les prénoms des acteurs des films.

Valéo — Parce que dans les séries anglophones, les acteurs ont des prénoms français. Dans *Jackie and Co*, il y a une Jacqueline. Dans *Desperate Housewives*, une Monique. Dans *Twilight*, une Renée…

a. Lisez la discussion sur le forum. Répondez.

1. Il y a des prénoms français à l'étranger ?
2. Pourquoi ?

b. Par groupes de trois ou quatre. Répondez.

1. Avez-vous des amis avec des prénoms français ?
2. Les prénoms français sont-ils populaires dans votre pays ? Pourquoi ?
3. Vous êtes d'accord avec Nina ? Pourquoi ?
4. Vous êtes d'accord avec Valéo ? Pourquoi ?

2 Le français, langue d'ouverture sur le monde

 Vidéo 1

a. Regardez la vidéo.

b. Retrouvez les mots de la vidéo dans le visuel.

c. Associez les questions aux réponses.

1. Nombre de pays avec le français comme langue officielle ?
2. Un pays francophone ?
3. Nombre de personnes (qui lisent et écrivent le français) ?
4. On parle français sur combien de continents ?
5. Le français est la langue des arts et… ?

a. Le Gabon.
b. des affaires.
c. 5.
d. 29.
e. 220 millions.

3 Ces Français qui s'exportent…

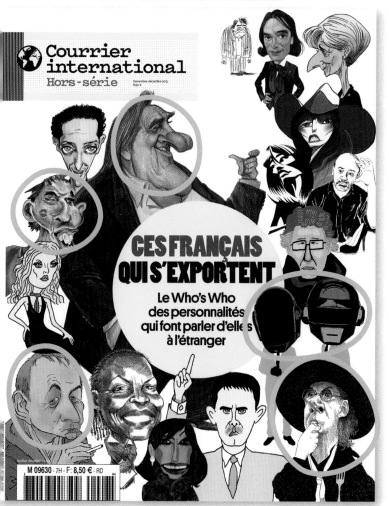

Observez la couverture du magazine *Courrier international*.

a. Vous connaissez des Français dans la liste ?

Daft Punk • Michel Houellebecq • Gérard Depardieu • Marc Veyrat • Franck Ribéry

Cherchez sur Internet (dans votre langue) des informations sur les personnes que vous ne connaissez pas.

b. Associez les Français de la liste aux dessins de la couverture.

c. Classez les personnes.

1. Musique : …
2. Cinéma : …
3. Gastronomie : …
4. Politique : …
5. Sport : …

COMPLÉTEZ VOTRE CARNET CULTUREL

1. Des prénoms francophones dans mon pays : …
2. Ils/Elles s'expriment en français dans mon pays (+ profession) : …
3. Combien de personnes parlent français dans mon pays : …
4. Des Français célèbres dans mon pays : …

 Retournez aux pages 18-19. Répondez à nouveau aux questions. Mettez en commun avec le groupe.

Projet de classe

Nous réalisons un diaporama de présentation des étudiants de la classe pour faire connaissance.

1. Observez la carte mentale. Associez.

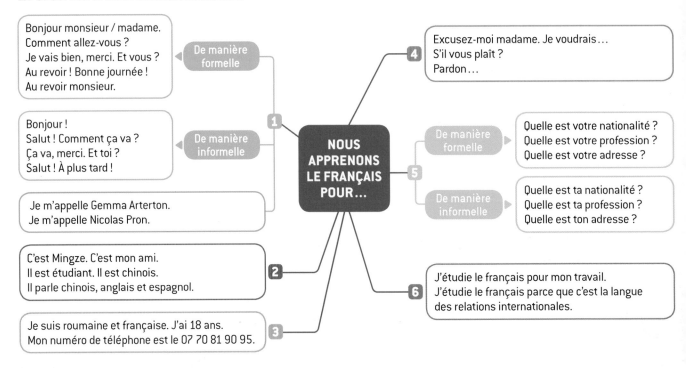

Bonjour monsieur / madame.
Comment allez-vous ?
Je vais bien, merci. Et vous ?
Au revoir ! Bonne journée !
Au revoir monsieur.

De manière formelle

Bonjour !
Salut ! Comment ça va ?
Ça va, merci. Et toi ?
Salut ! À plus tard !

De manière informelle

1

Je m'appelle Gemma Arterton.
Je m'appelle Nicolas Pron.

C'est Mingze. C'est mon ami.
Il est étudiant. Il est chinois.
Il parle chinois, anglais et espagnol.

2

Je suis roumaine et française. J'ai 18 ans.
Mon numéro de téléphone est le 07 70 81 90 95.

3

NOUS APPRENONS LE FRANÇAIS POUR...

4

Excusez-moi madame. Je voudrais…
S'il vous plaît ?
Pardon…

De manière formelle

Quelle est votre nationalité ?
Quelle est votre profession ?
Quelle est votre adresse ?

5

De manière informelle

Quelle est ta nationalité ?
Quelle est ta profession ?
Quelle est ton adresse ?

6

J'étudie le français pour mon travail.
J'étudie le français parce que c'est la langue des relations internationales.

---

a. informer sur un objectif d'apprentissage **b.** présenter et identifier une personne **c.** demander des informations

d. saluer, se présenter et prendre congé **e.** questionner sur l'identité **f.** donner des informations personnelles

---

2. Lisez la diapositive de Javier.

3. En petits groupes. Listez les questions nécessaires pour réaliser la diapositive d'un(e) camarade de classe.

4. En groupe. Mettez les questions en commun.

5. Par deux.
a. Choisissez sept questions. Posez les questions à votre camarade. Écrivez les réponses.
b. Prenez une photo de votre camarade.
c. Réalisez sa diapositive.

La diapositive de Javier

- Il s'appelle Javier Perez.
- Il est espagnol.
- Il a 26 ans.
- Il est étudiant en médecine.
- Il parle espagnol, anglais et un peu français.
- Son numéro de téléphone est le +34 983 291 411.
- Il apprend le français pour sa carrière professionnelle.

Projet ouvert sur le monde ▸ 📖 GP

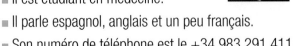

Nous réalisons une présentation audio ou vidéo de la classe.

DELF 1

I Compréhension de l'oral

🎧 ▶37

Regardez les dessins. Écoutez deux fois les dialogues. Notez le numéro du dialogue sous le dessin correspondant, comme dans l'exemple.

a Dialogue n° …

b Dialogue n° …

c Dialogue n° …

d Dialogue n° …

e *Dialogue n° 1*

f Dialogue n° …

II Production écrite

Exercice 1 Remplir un formulaire

Remplissez cette fiche d'inscription à un cours de langue française.

FICHE D'INSCRIPTION
Cours de langue française

NOM : _____   Pays : _____

Prénom : _____   Nationalité(s) : _____

Âge : _____   Numéro de téléphone : _____

Langue(s) parlée(s) : _____

Pourquoi vous étudiez le français ? _____

_____

Exercice 2 Écrire un message court

Vous écrivez à un(e) ami(e) français(e) pour parler de votre classe (votre professeur, les élèves, l'ambiance). Vous saluez et vous prenez congé. (40 mots minimum)

Nous faisons connaissance

Les Français et nous

En petits groupes. Répondez. À votre avis…

1 Les Français voyagent :

a. en France.

b. en Europe.

c. dans le monde.

Et les habitants de votre pays ?

2 On rencontre des francophones :

a. en Italie.

b. aux États-Unis.

c. en Turquie.

d. au Brésil.

Et dans votre pays ?

3

En France, il est possible de :

a. visiter gratuitement une ville avec un guide.

b. couchsurfer.

c. faire connaissance
avec des habitants du pays.

Et dans votre pays ?

En groupe. Comparez vos réponses.

PROJETS

- **Un projet de classe**

  Créer un kit de survie en français.

- **Et un projet ouvert sur le monde**

  – Traduire le kit de survie dans la langue /
    les langues de notre pays (créer un kit
    bilingue ou multilingue) pour aider
    les francophones qui visitent le pays.

  – Enregistrer le kit de survie en français
    pour le partager avec d'autres classes
    de français.

**Pour réaliser ces projets,
nous allons apprendre à :**

▶ nommer des pays et des villes

▶ nommer et localiser des lieux dans une ville

▶ situer un lieu et indiquer un mode de déplacement

▶ faire connaissance

▶ parler d'un type d'hébergement

▶ échanger des informations sur un hébergement

LEÇON

1 Aller voir ailleurs

Nommer des pays et des villes

1. Observez le document. Identifiez :

    a. le titre ;

    b. l'auteur ;

    c. les photos ;

    d. les rubriques ;

    e. les informations.

2. Par deux. Lisez le carnet de voyage d'Anne. Associez chaque photo à une rubrique : « ♥ Ma ville » ou « 👍 Mon conseil ».

3. Par deux. Relisez. Associez les activités ou les lieux aux villes.

    a. Où écouter de la musique ?

    b. Où est la plage de Bondi ?

    c. Où prendre le tuk-tuk ?

    d. Où visiter une cathédrale ?

    1. À Sydney.

    2. À Cusco.

    3. À La Nouvelle-Orléans.

    4. À Bangkok.

▶ FOCUS LANGUE ▶ p. 211

Les prépositions pour nommer des pays et des villes

a. Lisez encore. Complétez.

1. la Thaïlande		en Thaïlande
2. l'Australie		… Australie
3. les États-Unis		… États-Unis
4. le Pérou	aller	… Pérou
5. le Brésil		… Brésil
6. Sydney		… Sydney
7. Rio		… Rio
8. Singapour		… Singapour

b. Complétez la règle.

J'utilise :

– *en* avec un nom de pays féminin et un nom de pays commençant par une voyelle ;

– … avec un nom de pays masculin ;

– … avec un nom de pays pluriel ;

– … avec une ville et une ville-état. ▶ p. 167

Le carnet de voyage d'Anne

Pays :
la Thaïlande

♥ **Ma ville :** Bangkok.
À Bangkok, il y a des tuk-tuk ! 😊

👍 **Mon conseil :** aller en Thaïlande du Sud, dans les îles.

Pays :
l'Australie

♥ **Ma ville :** Sydney.
À Sydney, la plage de Bondi est magnifique !

👍 **Mon conseil :** pour aller en Australie en avion, changer à Singapour.

Pays :
les États-Unis

💜 **Ma ville :** La Nouvelle-Orléans.
À La Nouvelle-Orléans, il y a des concerts de jazz dans toute la ville.

👍 **Mon conseil :** aller aux États-Unis pour visiter le Grand Canyon.

Pays :
le Pérou

💜 **Ma ville :** Cusco.
À Cusco, la cathédrale est très belle.

👍 **Mon conseil :** aller au Pérou pour voir le Machu Picchu.

Pays :
le Brésil

💜 **Ma ville :** Rio.
Top l'arrivée à Rio de Janeiro en avion !

👍 **Mon conseil :** aller au Brésil pour les chutes d'Iguaçu.

---

4 🎧 ▶38

Fermez les yeux. Écoutez, imaginez…

a. Où êtes-vous ? Dans quel pays ? Dans quelle ville ? Sur une plage ? Il y a de la musique ?

b. En petits groupes :
   – racontez vos rêves ;
   – présentez un rêve à la classe.

5. Sons du français   ▶ p. 203

[ə] **et** [e] **pour différencier le singulier et le pluriel**

a. 🎧 ▶39 Écoutez. Vous pensez à…

b. 🎧 ▶40 Écoutez les noms de pays.
   Vous entendez « le » [lə] (masculin singulier), montrez ⬚1. Vous entendez « les » [le] (pluriel), montrez ⬚2.
   Exemples : *le Canada* → ⬚1
   les îles Fidji → ⬚2

c. 🎧 ▶41 Écoutez. Complétez la règle.
   le Brésil • le Pérou • les Pays-Bas • les Philippines • les États-Unis
   1. Dans le mot …, la lettre *e* se prononce [ə].
   2. Dans le mot …, les lettres *es* se prononcent [e].
   ▶ p. 167

À NOUS !

6. Nous créons le carnet de voyage de la classe.

Par deux.
a. Choisissez un pays et écrivez votre carnet de voyage (pays, 💜 ma ville, 👍 mon conseil).

En groupe.
b. Mettez en commun vos carnets de voyage. Créez une affiche pour la classe.
c. Illustrez chaque ville avec une photo et un son.
   ▶ Expressions utiles p. 170

LEÇON 2

Balade audioguidée

Nommer et localiser des lieux dans une ville

document 1 🎧 42 et 43

1. 🎧▶42 Écoutez l'introduction de l'audioguide (doc. 1). Identifiez :

a. le pays ;

b. la ville ;

c. le quartier ;

d. les moments de la journée.

📖**2.** Par deux. Observez le menu de l'audioguide. Associez les lieux aux dessins.

Exemple : *7-i → une avenue*.

a. un fleuve • b. un café • c. un marché • d. une rue •
e. une cathédrale • f. un parc • g. un hôtel •
h. des galeries d'art • i. ~~une avenue~~ •
j. un restaurant • k. des musées • l. un club de jazz

3. 🎧▶43 Écoutez (doc. 1). Associez les noms aux lieux.

Exemple : *d-1 → le fleuve Mississippi*.

a. la cathédrale   1. Mississippi
b. le restaurant   2. Ursulines
c. l'avenue   3. Decatur
d. le fleuve   4. Louisiana Bistro
e. la rue   5. Cabildo et Presbytère
f. les musées   6. Saint-Louis

▶ FOCUS LANGUE   ► p. 208

Les articles définis et indéfinis pour nommer les lieux de la ville

Observez les activités 2 et 3. Complétez la règle.

LES ARTICLES

indéfinis		définis
pour une information non précisée		pour une information précisée
Masculin singulier Exemple : *un fleuve*	(un) (le)	Masculin singulier Exemple : *le fleuve Mississippi*
Féminin singulier	◯ ◯	Féminin singulier
	◯	Singulier devant une voyelle
Pluriel	◯ ◯	Pluriel

► p. 167

4

En petits groupes.

a. Choisissez une ville que vous connaissez.

b. Choisissez un quartier de la ville.

c. Listez cinq lieux à voir dans ce quartier.

📖**5.** Par deux. Lisez l'extrait de l'audioguide (doc. 2).

a. Situez les lieux sur le plan.

b. Associez les indications de direction aux flèches.

    1. <u>Tourner à droite</u> dans l'avenue Ursulines.

    2. <u>Tourner à gauche</u> dans la rue Dauphine.

    3. <u>Continuer tout droit</u>.

a   b   c

CitySpeaker .fr/iphone   Transformez votre iPhone en audioguide

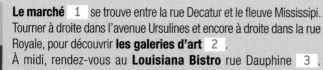

New Orleans

Le marché `1` se trouve entre la rue Decatur et le fleuve Mississipi. Tourner à droite dans l'avenue Ursulines et encore à droite dans la rue Royale, pour découvrir **les galeries d'art** `2`.
À midi, rendez-vous au **Louisiana Bistro** rue Dauphine `3`. Prendre la rue Saint-Philip et tourner à gauche dans la rue Dauphine. Continuer tout droit. Le restaurant est à côté du **musée Conti** `4`.
Visiter **les musées Cabildo et Presbytère** `5` dans la rue Chartres. Derrière le Cabildo, il y a **la cathédrale Saint-Louis** `6`.

St. (street) = rue • *Ave. (avenue) = avenue* • *River = fleuve* • *Park = parc*

FOCUS LANGUE

► p. 211

Les prépositions de lieu et l'article contracté pour localiser

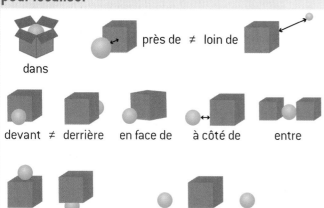

dans

près de ≠ loin de

devant ≠ derrière   en face de   à côté de   entre

sur ≠ sous   à gauche de ≠ à droite de

a. **Observez les photos du document 2. Associez les phrases aux photos.**
1. Selfie en face **de la** cathédrale.
2. Nous deux, près **du** fleuve.
3. Marie, à droite **de l'**hôtel.
4. Paola, près **des** musées Cabildo et Presbytère.

> **Attention !**   de + le = **du** (*près du fleuve*) ;
> de + les = **des** (*près des musées*).

b. **En petits groupes.**
– Choisissez deux prépositions de lieu. Prenez des photos de vous dans la classe ou à l'extérieur pour illustrer les prépositions.
– Écrivez la légende des photos.
Exemple : *Nous sommes <u>devant</u> l'école, <u>près de</u> l'entrée.*

► p. 168

À NOUS !

6. Nous réalisons l'audioguide d'un quartier.

En petits groupes.
a. Dessinez le plan de votre quartier (activité 4).
b. Situez vos cinq lieux sur le plan (activité 4).
c. Prenez des notes pour préparer la visite d'un touriste francophone.

d. Enregistrez-vous avec votre téléphone.
e. Présentez votre visite guidée à la classe.
f. La classe vote pour le meilleur audioguide.

► Expressions utiles p. 170

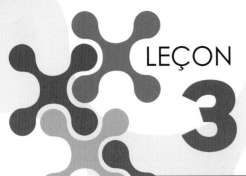

LEÇON 3

Week-end à Aoste

Situer un lieu et indiquer un mode de déplacement

1. Lisez la page Internet de l'office de tourisme (doc. 1). Répondez.

a. Quelle région est présentée ? Dans quel pays elle se trouve ?

b. Quelles sont les langues parlées dans la région ?

c. Quelle est la ville principale de la région ?

2. Par deux. Observez les photos (doc. 1). Choisissez.
En Vallée d'Aoste, il y a :

a. des châteaux.

b. des musées.

c. des parcs nationaux.

d. des montagnes.

e. des thermes.

f. des cathédrales.

---

document 2 🎧 44 et 45

3. 🎧▶44 Écoutez le flash info tourisme (doc. 2). Situez sur la carte p. 220 : la France, Chamonix, la Suisse et l'Italie.

> ## FOCUS LANGUE ▶ p. 208 et 211

Les articles *au, à la, à l', aux* et les points cardinaux pour situer un lieu (1)

a. 🎧▶45 Réécoutez (doc. 2). Complétez.
La Vallée d'Aoste se trouve … est de la France, … sud de la Suisse et … nord de l'Italie. Dans la Vallée d'Aoste, il y a beaucoup de choses à voir et à faire : aller … thermes de Pré-Saint-Didier ; partir … conquête du Grand Paradis, une montagne de 4 000 mètres.

b. Complétez le tableau.

à + le	à + la	à + l'	à + les
= …	= …	= …	= …

au NORD de   la Suisse

à l' OUEST ⟷ à l' EST   de le du Portugal
                          de les des États-Unis

au SUD de   l'Italie

▶ p. 168

---

document 1

www.regione.vda.it

Vallée d'Aoste

La Vallée d'Aoste est une région italienne bilingue (français-italien) située entre la France et la Suisse. Ses paysages sont magnifiques.
Capitale : Aoste.

Bien-être
Les thermes de Pré-Saint-Didier

Nature
Le Grand Paradis

Culture
Le fort de Bard
La vallée centrale et le Mont-Avic

---

4. Sons du français

L'élision du [ə] et du [a] devant une voyelle

🎧▶46 Écoutez. Complétez avec *le, la* ou *l'*.
Exemples : *une avenue → l'avenue* ;
un château → le château.

a. J'habite près de … Suisse et près de … Italie.

b. Je travaille loin de … Belgique et loin de … Allemagne.

c. C'est un beau parc. C'est … parc du Grand Paradis.

d. C'est une belle église. C'est … église Saint-Didier d'Aoste.

▶ p. 168

Par deux.

a. Choisissez une région que vous aimez.

b. Présentez la région à la classe sans la nommer.
   Indiquez :
   1. le pays où se trouve la région ;
   2. la localisation de la région ;
   3. des choses à voir / à faire dans la région.

c. La classe devine la région.

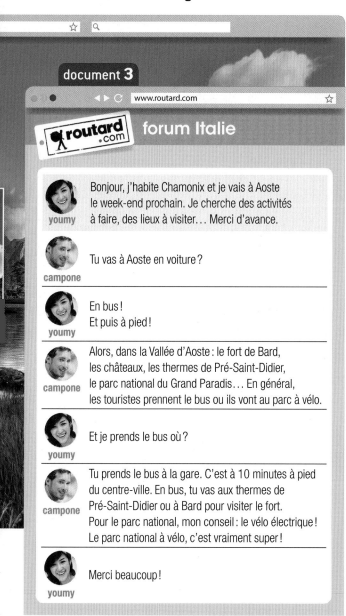

document **3**

www.routard.com

routard.com   forum Italie

youmy — Bonjour, j'habite Chamonix et je vais à Aoste le week-end prochain. Je cherche des activités à faire, des lieux à visiter… Merci d'avance.

campone — Tu vas à Aoste en voiture ?

youmy — En bus !
Et puis à pied !

campone — Alors, dans la Vallée d'Aoste : le fort de Bard, les châteaux, les thermes de Pré-Saint-Didier, le parc national du Grand Paradis… En général, les touristes prennent le bus ou ils vont au parc à vélo.

youmy — Et je prends le bus où ?

campone — Tu prends le bus à la gare. C'est à 10 minutes à pied du centre-ville. En bus, tu vas aux thermes de Pré-Saint-Didier ou à Bard pour visiter le fort. Pour le parc national, mon conseil : le vélo électrique ! Le parc national à vélo, c'est vraiment super !

youmy — Merci beaucoup !

6. Lisez la discussion (doc. 3). Répondez.

a. Où habite Youmy ?

b. Pourquoi elle écrit sur le forum ?

c. Associez les lieux proposés par Campone aux photos du document 1.

d. Relevez les moyens de transport.

► FOCUS LANGUE   ► p. 212

Les prépositions pour indiquer un mode de déplacement

a. **Observez.**
   en bus • en voiture • à pied • à vélo

b. **Complétez avec *en* ou *à*.**
   1. J'utilise … quand je suis dans le moyen de transport.
   2. J'utilise … quand je suis sur le moyen de transport.

c. **Classez les moyens de transport.**
   en : …   à : …

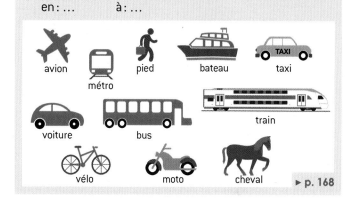

► p. 168

► FOCUS LANGUE   ► p. 214 et 218

Les verbes *aller* et *prendre* pour indiquer une manière de se déplacer

a. **Relisez (doc. 3). Complétez.**

je …	nous allons
tu …	vous allez
il/elle va	ils/elles …

b. 🎧 ►47 **Écoutez et répétez.**

je prends	[ɑ̃]	nous prenons	[ə]
tu prends	[ɑ̃]	vous prenez	[ə]
il/elle prend	[ɑ̃]	ils/elles prennent	[ɛ]

► p. 168

À NOUS !

7. Nous écrivons un message pour un forum de voyage.

Par deux.

a. Choisissez deux lieux à visiter dans une région (activité 5).

b. Illustrez les lieux avec des photos.

c. Expliquez par écrit quels moyens de transport prendre pour visiter les lieux.

d. Lisez votre message à la classe.

En groupe.

e. Choisissez le meilleur message. Trouvez un titre.

f. Publiez le message sur un forum de voyage.

► Expressions utiles p. 170

LEÇON
4 Parle avec moi

document **1**

Café Mila
ISTANBUL

À Paris, Berlin, New York ou Istanbul, les amoureux du voyage se rencontrent dans des cafés. À Istanbul, les francophones se retrouvent au *Café Mila*, dans le quartier de Kadiköy. Rendez-vous le lundi soir pour prendre un café, boire un verre et parler français.

1
Les cours, c'est bien, mais il y a beaucoup d'étudiants dans la classe. Ici, c'est plus sympa et j'apprends vite !
Baris, 55 ans, agent immobilier

2
Au café Mila, je parle beaucoup et je rencontre des passionnés de voyage !
Damla, 22 ans, étudiante en traduction à l'université Marmara

3
Je parle français, je bois un verre, c'est super !
Soner, 32 ans, ingénieur web

4
Je viens ici pour parler français, parce que mon rêve, c'est d'aller en France, au Festival de Cannes.
Mehmeti, 23 ans, acteur

Café Mila, Istanbul | 13

12

1. Lisez la page 12 de l'article (doc. 1). Répondez.
- a. Qui sont les personnes sur la photo ?
- b. Elles sont où ?
- c. Elles se rencontrent quand ?
- d. Quel est l'objectif de leur rencontre ?

2. Lisez les témoignages des quatre francophones (doc. 1). Associez chaque personne à une photo.

| a | b | c | d |

3

Par deux.
- a. Cherchez dans votre ville des lieux de rencontres francophones.
- b. Décrivez les lieux (où ? qui ? quand ? pourquoi ?).
- c. Comparez vos résultats avec les autres groupes.

document **2** 🎧 48

4. 🎧 48 Écoutez la conversation (doc. 2). Identifiez :
- a. le lieu de rencontre francophone ;
- b. le prénom et la nationalité des personnes.

5. 🎧)48 Par deux. Réécoutez (doc. 2).

a. Lisez le tableau. Associez les questions aux réponses.

b. À qui correspondent les réponse : Joëlle ou Damla ?

Questions	Réponses
1. Tu es d'où ? De Paris ?	a. Je suis étudiante en traduction.
2. Tu es née ici ?	b. Non. Je n'habite pas dans le quartier.
3. Tu es en vacances en Turquie ?	c. Non, je ne suis pas parisienne.
4. Tu habites où ? Dans le quartier ?	d. J'habite dans le quartier.
5. Tu habites où ?	e. Oui, je suis née à Istanbul.
6. Qu'est-ce que tu fais dans la vie ?	f. Non, je ne suis pas en vacances.

> ▶ **FOCUS LANGUE**   ▶ p. 217

La négation

Observez et complétez.

Pour former la négation en français		
en général	sujet + … + verbe conjugué + …	Je _ne_ suis _pas_ parisienne.
avec un verbe qui commence par une voyelle ou un _h_ muet	sujet + … + verbe conjugué + …	Je _n'habite pas_ dans le quartier.

▶ p. 168

> ▶ **FOCUS LANGUE**   ▶ p. 214

Le verbe _habiter_ pour situer son lieu de vie

🎧)49 **Observez et écoutez. Que remarquez-vous ?**

j'habite	nous habitons
tu **habites**	vous habitez
il/elle **habite**	ils/elles **habitent**

▶ p. 169

6. Sons du français

> **Le son [z] et la liaison avec _nous_, _vous_**
>
> a. 🎧)50 En groupe. Écoutez. Vous entendez le son [z], levez-vous.
>
> b. Recopiez les questions et les réponses. Ajoutez les liaisons.
> Par deux. Lisez la première question à votre camarade. Il/Elle répond, puis pose la question suivante. Vous répondez.
>
> Exemple : _Vous habitez dans quel pays ?_
> _Nous habitons en Turquie._
>
> 1. Vous habitez dans quelle ville ?
>   Nous habitons à Istanbul.
> 2. Vous étudiez le français où ?
>   Nous étudions le français à l'université.
> 3. Vous allez où pour parler avec des francophones ?
>   Nous allons au café Mila.

▶ p. 169

📖**7.** Apprenons ensemble !

Je m'appelle Vittoria Orrantia. J'ai vingt ans. Je ne suis mariée pas. Je suis mexicaine. Je suis née à Puebla mais je ne habite pas au Mexique. J'habite à Paris. Je suis étudiante en architecture. Je ne suis sportive.

a. Lisez la présentation de Vittoria.

b. Retrouvez à quelles questions elle répond.

c. Corrigez les erreurs.

d. En petits groupes. Trouvez un moyen de mémoriser la place de la négation en français.

e. Partagez vos idées avec la classe.

À NOUS 🗨/

8. Nous faisons connaissance.

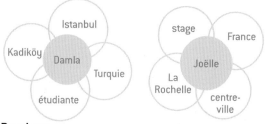

Par deux.

a. Choisissez une fleur (Damla ou Joëlle).

b. Lisez les informations.

c. Écrivez les questions correspondant à ces informations.
Exemple : Damla. → _Comment tu t'appelles ?_

d. Dessinez une fleur avec quatre pétales. Écrivez le prénom de votre camarade au centre. Posez les quatre questions à votre camarade. Écrivez les réponses.

e. Regroupez les fleurs de la classe. Le professeur choisit une fleur et demande à un(e) étudiant(e) de présenter les informations.

▶ Expressions utiles p. 170

LEÇON
5 Nous couchsurfons

Parler d'un type d'hébergement

document **1**

D'un canapé à un autre...

Visiter Buenos Aires, Los Angeles, la France ou l'Italie, ces villes et ces pays merveilleux, c'est possible avec le couchsurfing !

Cette pratique internationale est très populaire. Aujourd'hui, 10 millions de voyageurs choisissent ce type d'hébergement. Ils « surfent » d'un canapé en Europe à un lit en Asie. Ils passent d'une chambre en Amérique à une banquette en Afrique. Les francophones couchsurfent aussi. Le français est la deuxième langue du couchsurfing après l'anglais. CouchSurfing, c'est aussi une association internationale. Les voyageurs s'inscrivent sur ce site www.couchsurfing.com et entrent en contact avec les membres de l'association. Ils offrent un canapé ou un lit. Cet hébergement est interculturel et gratuit !

« Cet hébergement, avec un lit, est gratuit ! »
Justin, Los Angeles

« Ce canapé est pour vous ! »
Angela, Buenos Aires

« Cette banquette est pour toi ! »
Antoine, Limoges

📖 1. Lisez l'article (doc. 1). Répondez.
   a. Quel est le thème de l'article ?
   b. Vous connaissez ce type d'hébergement ?
   c. Pourquoi ce type d'hébergement est populaire ?

📖 2. Par deux. Relisez (doc. 1). Vrai ou faux ? Pourquoi ?
   a. C'est possible de couchsurfer dans les villes et les pays francophones.
   b. Il existe différents types de couchsurfing.
   c. Le couchsurfing, c'est une association, une pratique et un site web.

▶ FOCUS LANGUE   ▶ p. 208

Les adjectifs démonstratifs pour désigner une chose ou une personne

a. **Lisez encore (doc. 1). Complétez le schéma avec** *ce, cet, cette, ces.*

b. **Complétez la règle.**
J'utilise un adjectif démonstratif pour désigner quelque chose (1) ou quelqu'un (2) :
   – ... *canapé* (1) *est pour vous.*
   – ... *voyageurs* (2) *couchsurfent.*

Adjectifs démonstratifs

Singulier
  Masculin
    ... site canapé
  Féminin
    ... banquette pratique

Pluriel
  Masculin
    ... villes pays
  Féminin
    ... villes pays

devant une voyelle ou un *h* muet
  ... hébergement

▶ p. 169

document 2 🎧 51 et 52

3. 🎧▶51 Écoutez l'introduction du reportage sur le couchsurfing (doc. 2). Indiquez :

　a. la ville où se trouve la journaliste. Situez cette ville sur la carte de France p. 220 ;

　b. le lieu de la rencontre entre les couchsurfeurs.

LIMOGES

MUSÉE BEAUX ARTS PALAIS DE L'EVECHE

4. 🎧▶52 Écoutez le reportage (doc. 2). Complétez.

	Âge	Ville d'origine	Pourquoi le couchsurfing ?	Impressions
Steffi	26 ans.	…	Parce que…	C'est super. C'est…
Antoine	…	…	Pour…	C'est…
Kóstas	…	Je viens d'Athènes.	Parce que…	C'est…

5. 🎧▶52 Réécoutez (doc. 2). D'où viennent les couchsurfeurs hébergés chez Antoine (pays et/ou continents d'origine) ?

Les couchsurfeurs viennent : d'Europe • du Japon • d'Espagne • d'Angleterre • du Brésil • des États-Unis • de Chine • d'Afrique • d'Italie.

> **FOCUS LANGUE**　▶ p. 211, 214 et 219

Le verbe *venir* pour exprimer l'origine géographique

a. Associez les terminaisons aux personnes.

-ons • -ent • -s- • -ez • -s

je vien…	nous ven…
tu vien…	vous ven…
il/elle vien**t**	ils/elles vienn…

b. 🎧▶53 Écoutez le verbe *venir*. Par deux, répétez. Que remarquez-vous ?

c. Relisez l'activité 5. Complétez la règle.

Ils viennent {
　– … + pays masculin
　– … + pays féminin
　– … + pays qui commence par une voyelle
　– … + pays au pluriel

d. En petits groupes. Un(e) étudiant(e) choisit une nationalité et dit, par exemple : « Je suis américain(e). » Le groupe répond : « Tu viens des États-Unis. »　▶ p. 169

6 ☁

En petits groupes.

a. Choisissez un pays et une ville pour voyager en couchsurfing.

b. Indiquez un lieu de rencontre entre couchsurfers (un café, un parc pour pique-niquer, etc.).

7. Sons du français　▶ p. 203

[ə] et [e] pour désigner des mots au singulier et au pluriel

a. 🎧▶54 Singulier ou pluriel ? Écoutez. Dites ce que vous entendez.

　1. ce site / ces sites
　2. ce canapé / ces canapés
　3. ce voyageur / ces voyageurs

b. 🎧▶55 Par deux. Écoutez. Dites si vous entendez [ə] ou [e].

　Exemple : *Ce couchsurfer vient d'Italie.*
　→ [ə] : *singulier.*　▶ p. 169

À NOUS ! ☁🖉

8. Nous parlons du couchsurfing à la radio.

Par groupes de quatre :
trois couchsurfers et un(e) journaliste.

a. Rédigez l'introduction du journaliste. Précisez le lieu de rencontre entre les couchsurfers (activité 6).

b. Préparez par écrit les témoignages des couchsurfers. Vous vous présentez. Vous dites si vous hébergez ou si vous voyagez. Vous expliquez pourquoi vous couchsurfez.

c. Présentez votre reportage à la classe.

d. Enregistrez le reportage avec un téléphone.

e. Envoyez l'enregistrement à votre professeur.

▶ Expressions utiles p. 170

LEÇON 6
En route !

Échanger des informations sur un hébergement

document 1 🎧 56, 57 et 58

1. 🎧▸56 Écoutez le début de la conversation (doc. 1). Répondez.

a. Qui est Magnus ?
b. Qu'est-ce qu'il cherche ?
c. Que propose Cyril ?

2. 🎧▸57 Écoutez la deuxième partie de la conversation (doc. 1). Quelles photos correspondent à la proposition de Cyril ? Pourquoi ?

3. 🎧▸58 Par deux. Réécoutez la conversation (doc. 1). Reconstituez chaque question.

a. annonce – libre – chambre – est – de – Est-ce que – l' – la – ?
b. où – L' – est – appartement – ?
c. dans – Est-ce qu'il – centre – le – est – ?
d. japonais – Qu'est-ce que – jardin – le – c'est – ?
e. Wi-Fi – as – connexion – Tu – une – ?
f. cuisine – possible – la – de – faire – C'est – ?

▶ FOCUS LANGUE
▶ p. 217

Poser des questions (1) pour s'informer

a. Classez les questions de l'activité 3.
– Questions fermées (réponse « oui » ou « non ») : *a*, …
– Questions ouvertes : *b*, …

b. Observez.

Pour poser une question fermée (réponse : « oui » / « non »)	*Tu **as** une connexion Wi-Fi ?*
	un sujet + un verbe + un complément
	*Est-ce que l'appartement **est** dans le centre ?*
	Est-ce que + un sujet + un verbe + un complément
Pour poser une question ouverte	*L'appartement **est** où ?*
	un sujet + un verbe + un mot interrogatif
	Qu'est-ce que c'est le jardin japonais ?
	Qu'est-ce que + un sujet + un verbe + un complément

▶ p. 169

Caroline G.
Anglais + Français + Art +
Gastronomie + Nature

Christopher
Anglais + Catalan +
Espagnol + Français + Art +
Gastronomie + Street Culture

Thomas
Anglais + Français + Art +
Italien + Street Culture

Découvrir Toulouse avec un Greeter

Le mot *greeter* signifie «hôte» ou «comité d'accueil» en anglais.
Un greeter est un habitant d'une ville. Il est membre d'une association.
Il fait découvrir sa ville gratuitement à un visiteur.

Vous êtes plutôt nature, culture, gastronomie… ? Faites votre choix !

En petits groupes.

a. Préparez cinq questions pour vous informer sur un hébergement (trois questions fermées et deux questions ouvertes).

b. Comparez vos questions avec celles des autres groupes.

c. Choisissez les trois questions les plus importantes pour vous.

5. Lisez la définition de *greeter* (doc. 2). **Vrai ou faux ? Pourquoi ?**

a. Un greeter est un professionnel du tourisme.

b. Un greeter héberge des visiteurs.

c. Un greeter propose des visites gratuites.

6. 🎧►59 Écoutez les témoignages de Caroline, Christopher et Thomas (doc. 2). Par deux, aidez Magnus à choisir son greeter.

À NOUS !

7. Nous proposons ou nous cherchons un hébergement.

a. Divisez la classe en deux.
Les groupes (A) proposent un hébergement.
Les groupes (B) cherchent un hébergement.

b. Par deux.
Groupes A : écrivez une annonce pour proposer un hébergement.
Vous vous présentez et vous donnez cinq caractéristiques.
Groupes B : écrivez un message pour chercher un hébergement. Vous vous présentez et vous posez cinq questions pour demander des informations.

c. Les groupes A affichent les annonces au tableau.
Les groupes B cherchent l'annonce qui correspond à leur recherche.

d. Les groupes B expliquent le choix de leur annonce.

▶ Expressions utiles p. 170

CULTURES

1 Vivre à l'étranger ▶ Vidéo **2**

a. En petits groupes. Répondez aux questions et mettez en commun.
1. Déjà parti(e) ?
2. Pourquoi partir ?
3. Partir pour aller où ?

b. Regardez cette image extraite de la vidéo. Qui sont ces personnes ? Faites des hypothèses.

c. Regardez la vidéo. Divisez la classe en trois groupes. Notez :
– groupe 1 → les pays et les villes que ces Français connaissent (« Déjà parti(e) ? ») ;
– groupe 2 → pourquoi ces Français partent (« Pourquoi partir ? ») ;
– groupe 3 → les continents, les pays et les villes où ces Français rêvent de partir (« Partir pour aller où ? »).
Mettez en commun. Regardez à nouveau la vidéo si nécessaire.

d. En groupe. Comparez vos réponses avec celles des Français.

2 Que font les Français à l'étranger ?

a. Lisez les portraits.

www.lepetitjournal.com

LEPETITJOURNAL.COM
Le media des Français et francophones à l'étranger

ÉDITION INTERNATIONALE | EXPAT | EXPAT & EMPLOI | EXPAT & POLITIQUE | LES TROPHÉE 2015 | CONTACTEZ-NOUS | OUVRIR UNE ÉDITION

LES TROPHÉES DU PETIT JOURNAL • PORTRAITS

TROPHÉES des FRANÇAIS de L'ÉTRANGER

a. Valérie Tutaz réalise des sculptures en Thaïlande.
b. Emmanuelle Assenza crée sa propre école franco-danoise.
c. Christian Legay est ingénieur agricole au Burkina Faso.
d. Benoît Duchâteau-Arminjon crée l'association Krousar Thmey au Cambodge.
e. Tanguy Rambaud crée la société Sutunam au Vietnam.
f. Christian Bayon fabrique des violons au Portugal.

b. Associez les photos aux portraits.

c. Associez les trophées aux portraits.
1. artisanat
2. entreprise
3. humanitaire
4. enseignement
5. environnement
6. Art

3 Comment rencontrer des Français à l'étranger ?

http://unpetitcoindefrance.com

Lisez le document.

a. Choisissez la réponse correcte. Ce prospectus propose des rencontres pour :
1. la Suède.
2. la France.
3. le monde entier.

b. Associez. Quelle activité pour quoi faire ?
1. Soirée du jeudi   a. sport
2. École du coin   b. soirée dansante
3. Touch STHLM   c. apprentissage du français – activités pour les enfants
4. Soirée du vendredi   d. rugby
5. B-B STHLM   e. écouter de la musique, faire des jeux

c. Choisissez vos activités préférées dans les rendez-vous de « Un petit coin de France ».

COMPLÉTEZ VOTRE CARNET CULTUREL

1. Des Français dans ma ville, dans mon pays (nom, prénom, âge, sexe) : …
2. Que font les Français dans ma ville, dans mon pays ? *Travail*…
3. Les sites et les lieux de rencontres francophones (adresse, activités) : …

 Retournez aux pages 36-37. Répondez à nouveau aux questions.
Mettez en commun avec le groupe.

PROJETS

Projet de classe

Nous découvrons un kit de survie en français.

Observez les rubriques du kit de survie du ministère français des Affaires étrangères pour la Coupe du monde de rugby. Associez les titres aux phrases.

a. Faire connaissance   **b.** Indispensable   **c.** Aller au stade   **d.** Se loger

1
– Vous parlez français / espagnol / anglais ?
– Je ne comprends pas.
– Je ne parle pas français.

2
– Comment vous appelez-vous ?
– Je m'appelle…
– D'où venez-vous ?
– Je viens…

3
– Avez-vous une chambre ?
– Je cherche une chambre pour une personne / pour deux personnes.

4
– Pouvez-vous m'aider s'il vous plaît ?
– Je suis perdu(e).
– Où est le stade / l'office de tourisme ?

Nous créons un kit de survie en français.

1. En groupe. Trouvez un titre pour les rubriques b, c et d.

[Indispensable]
Notre kit pour :
➔ Saluer, prendre congé
➔ Demander / Dire comment ça va
➔ Se présenter
➔ Questionner / Informer sur l'identité (nom, nationalité, profession, langues parlées)

a

[…]
Notre kit pour :
➔ Une première rencontre (accueillir, s'excuser, faire répéter…)
➔ Demander / Dire où on habite
➔ Demander / Dire d'où on vient
➔ Demander / Dire le lieu de naissance
➔ Demander / Dire ce qu'on fait (vacances, travail)

b

[…]
Notre kit pour :
➔ Chercher un logement en couchsurfing (expliquer pourquoi nous couchsurfons)
➔ Demander / Dire l'origine géographique
➔ Poser des questions pour s'informer sur l'hébergement
➔ Situer et localiser un lieu

c

[…]
Notre kit pour :
➔ Demander / Donner des informations sur le chemin à prendre
➔ Nommer des lieux de la ville
➔ Localiser un lieu
➔ Donner des informations sur un lieu
➔ Se déplacer dans une ville

d

2. Par groupes de quatre.

a. Choisissez une rubrique.

b. Complétez et présentez votre rubrique à la classe.

3. En groupe. Réalisez le kit de survie en français (présentation du kit, choix des illustrations et du support).

Projet ouvert sur le monde ▸ 📖 GP

Nous traduisons le kit de survie dans la langue / les langues de notre pays (kit bilingue ou multilingue) pour aider les francophones qui visitent le pays. Nous enregistrons le kit de survie en français pour le partager avec d'autres classes de français.

DELF 2

I Compréhension des écrits

Lisez ce programme touristique et répondez.

> **PROGRAMME** Journée de samedi
>
> ◆ **Le matin :** visite de la Porte prétorienne. Prendre le bus et descendre place Manzetti. Aller tout droit, avenue Conseil des Commis. Prendre à droite sur la place Émile Chanoux et continuer tout droit : la Porte est rue Saint-Anselme.
>
> ◆ **À midi :** rendez-vous au restaurant *Le Bar à vin*, rue Porta Pretoria.
>
> ◆ **L'après-midi :** visite de la collégiale Saint-Ours et direction le café *L'Atelier du chocolat*.

1. Pour aller place Manzetti, vous prenez…

a   b   c

2. Tracez sur le plan le chemin pour aller à la Porte prétorienne.

3. Où est-ce que vous allez à midi ?

4. Vous allez à *L'Atelier du chocolat* à quel moment de la journée ?

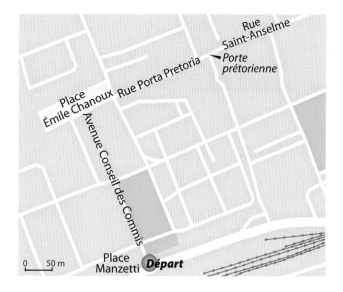

II Production orale

Exercice 1   Pour s'entraîner à la partie 1 de l'épreuve orale : l'entretien dirigé

Vous vous présentez et vous parlez de vous (nom, prénom, âge, nationalité, pays, etc.).

Exercice 2   Pour s'entraîner à la partie 2 de l'épreuve orale : le monologue suivi

Vous posez des questions à un(e) étudiant(e) de votre cours à partir des mots suivants.

Prénom ?   Âge ?   Habiter ?   Pays ?   Centre-ville ?

Visiter ?   Bus ?   Café ?   Français ?

DOSSIER **3**

Nous parlons la même langue

La famille française, les Français et la France

En petits groupes. Répondez. À votre avis…

1 La famille en France, c'est :

2 Les Français sont :

Et dans votre pays ?

Et les habitants de votre pays ?

3 La France, c'est :

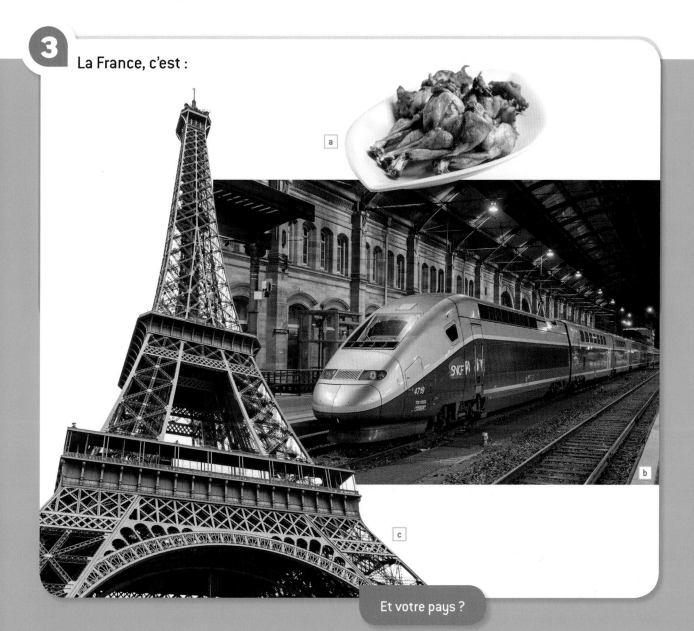

a

b

c

Et votre pays ?

En groupe. Comparez vos réponses.

PROJETS

- **Un projet de classe**

  Créer un roman-photo pour faire connaître les élèves de notre classe.

- **Et un projet ouvert sur le monde**

  Réaliser un portrait de la classe (goûts, activités, centres d'intérêt, professions, familles…) pour l'inscrire sur un site de rencontres amicales et commencer une correspondance.

Pour réaliser ces projets, nous allons apprendre à :

▶ parler de la famille

▶ décrire et caractériser une/des personne(s)

▶ parler de nos goûts

▶ parler de nous (de notre profession, de nos passions, de nos rêves)

▶ parler de nos activités

▶ expliquer un problème de santé

LEÇON 1 En famille

Parler de la famille

document **1**

www.aupairworld.com/fr

AuPairWorld we connect · we care | Espace au pair ▼ | Espace familles ▼ | À propos d'AuPairWorld ▼ | Français ✔ ▼ | Connexion

Devenir au pair : informations sur le séjour au pair

Au pair : définition

Qui ? Un jeune homme ou une jeune femme de 18 à 30 ans.

Quoi ? Un séjour à l'étranger dans une famille d'accueil. Garde d'enfants.

Pour quoi ? Un échange culturel, la pratique de la langue du pays.

Témoignages de familles d'accueil et de jeunes au pair

Séverine, mère d'accueil en France
La famille de Séverine habite à la montagne près du Mont-Blanc.
En savoir plus

Élodie, au pair à San Francisco
Élodie, jeune française, parle de son expérience aux États-Unis.
En savoir plus

Marie, mère d'accueil en France
Marie est divorcée. Elle vit seule avec ses deux enfants près de Lyon.
En savoir plus

Carine, mère d'accueil en France
Carine a deux petites filles et son mari voyage beaucoup.
En savoir plus

Paul, jeune homme au pair en Norvège
Paul est le premier jeune homme à témoigner.
En savoir plus

Véronique et Jeanne, deux jeunes filles au pair en Espagne
« Nous sommes deux pour quatre enfants ! Le bonheur ? »
En savoir plus

1. Observez la page d'accueil du site Internet (doc. 1). Choisissez la réponse correcte.

C'est le site :

a. d'une agence de voyage.

b. d'une agence au pair.

c. d'une agence pour l'emploi.

2. Lisez la définition de *au pair* (doc. 1). Vrai ou faux ? Pourquoi ?

a. Les « au pair » sont des jeunes femmes.

b. Il n'y a pas d'âge maximum pour être au pair.

c. Les jeunes au pair gardent les enfants d'une famille d'accueil.

d. Ils habitent et travaillent à l'étranger.

e. Ils parlent la langue de leur pays d'accueil.

3

En petits groupes. Répondez.

a. Est-ce qu'il y a des familles d'accueil dans votre pays ?

b. Est-ce qu'il y a des jeunes de votre pays qui sont au pair à l'étranger ? Dans quels pays ?

4. Lisez la rubrique « Témoignages » (doc. 1). Répondez.

a. Qui sont Séverine, Marie et Carine ?

b. Qui sont Élodie, Paul, Véronique et Jeanne ?

c. Pourquoi ils écrivent sur le site ?

document **2** 🎧 60

5. 🎧 60 Écoutez les mères d'accueil (doc. 2). Associez un témoignage (doc. 1) à une mère d'accueil.

6. 🎧 60 Par deux. Réécoutez (doc. 2). Associez les phrases suivantes à Séverine, Marie ou Carine.

a. Un conseil pour vos problèmes de garde d'enfants : aupairworld.com.

b. Notre fille est née cet hiver.

c. L'objectif pour mes enfants : communiquer en italien avec leurs cousins.

d. Ses grands-parents habitent près de la mer Méditerranée, nos frères et sœurs habitent à Paris.

e. Mon oncle et ma tante habitent dans notre village. Ils sont âgés et fatigués.

7. 🎧▶60 **Écoutez encore (doc. 2). Relevez les membres de la famille de Séverine, Marie et Carine.**

▶ FOCUS LANGUE ▶ p. 209

Les adjectifs possessifs (2) singuliers et pluriels pour exprimer la possession

Relisez l'activité 6. Complétez.

Possesseur	Nom singulier		Nom pluriel
	Masculin	Féminin	Masculin / Féminin
(je)	…	…	**mes** enfants
(tu)	**ton** frère	**ta** sœur	**tes** enfants
(il/elle)	**son** oncle	**sa** tante	…
(nous)	…		…
(vous)	**votre** mère d'accueil		…
(ils/elles)	**leur** famille d'accueil		…

▶ p. 171

▶ FOCUS LANGUE

La famille

a. Observez l'arbre généalogique de Simon.

b. En petits groupes. Aidez Simon à présenter sa famille à Marcelo, son jeune homme au pair.
Exemple : Ma mère s'appelle Marie et mon père Gabriel.

grands-parents

le grand-père   la grand-mère

Jean   Marie-Louise   André   Yvonne

parents

la tante   l'oncle   le père   la mère

Doriane   Franck   Gabriel   Marie   Frédéric   Élise

enfants

la sœur   le frère   le cousin   la cousine

Zoé   Simon   Sacha   Célestin   Léonie

c. En petits groupes. Échangez sur vos familles.

▶ p. 171

8. Sons du français ▶ p. 203

Reconnaître et différencier les sons [e] et [ɛ]

a. 🎧▶61 **Écoutez. Dites dans quelle syllabe vous entendez [e].**
Exemple : *Il est né.* → *3ᵉ syllabe.*

b. 🎧▶62 **Écoutez. Dites dans quels mots vous entendez [ɛ].**
Exemple : *Ma cousine s'appelle Noémie.*
→ *J'entends [ɛ] dans « s'app<u>e</u>lle ».*

c. 🎧▶63 **Écoutez. Dites quelle consonne vient après la voyelle [ɛ].**
Exemple : *Je suis célibat<u>ai</u>re.* → [ʁ].

▶ p. 171

À NOUS !

9. Nous rencontrons notre famille ou notre jeune au pair.

a. Divisez la classe en deux :
– groupe 1 : le groupe « familles d'accueil » ;
– groupe 2 : le groupe « au pair ».

b. Chaque groupe répond aux questions pour préparer la rencontre.

Familles d'accueil	Au pair
1. Où habite votre famille d'accueil (pays et ville) ?	1. Vous venez d'où (pays et ville) ?
2. Il y a combien de personnes ? Combien d'enfants ? Quel âge ils ont ?	2. Quel âge vous avez ? Quelles langues vous parlez ?
3. Vous habitez dans le centre-ville ? Près de la mer ? À la montagne ?	3. Vous cherchez une famille d'accueil dans quel pays ? Dans quelle ville ? Dans le centre-ville ? Près de la mer ? À la montagne ?
4. Quel jeune au pair vous souhaitez (langues parlées, pays d'origine, âge, etc.) ?	4. Il y a combien d'enfants dans votre famille d'accueil idéale ? Combien de garçons ? Combien de filles ? Quel âge ils ont ?

c. Chaque jeune au pair rencontre les familles d'accueil.

d. Chaque famille d'accueil choisit son jeune au pair et dit pourquoi.

▶ Expressions utiles p. 174

LEÇON
2 Concours de selfies

Décrire et caractériser une/des personne(s)

document 1

www.affrenchfilmfestival.org/

alliance française french film festival

Festival du film français en Nouvelle-Zélande : concours de selfies

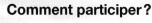

Comment participer ?

1 Prendre une photo de vous avec vos amis ou votre famille.

2 Décrire la photo (400 caractères maximum).

3 Donner le titre d'un film francophone à la photo.

4 Poster la photo et la description sur Instagram (@frenchfilmfestivalnz) ou Twitter (@French_FilmFest).

alliance française
french film festival
celebrating 10 years

document 2

Instagram

@frenchfilmfestivalnz

Comme des frères

Like
Comment

C'est l'histoire d'une amitié sincère.
Les garçons s'appellent Bruce et Alex.
Personnalité : optimistes, décontractés, généreux.
La fille blonde, c'est Emma. Caractéristique : super romantique.
Les trois filles brunes, ce sont Jo, Lara et Clara.
Carte d'identité : intelligentes, drôles, sportives.
La fille brune, à droite, c'est moi, Lucy.
Ma mission : prendre la photo pour le concours de selfies !

410 car.

@French_FilmFest — Suivre

Histoire de famille

Le père (moi) : grand, calme, sportif…
La mère : élégante, cultivée, indépendante…
Les enfants : adorables, sympathiques, gentils… Mais aussi agités, bruyants, bavards… 😊

168 car.

1. Observez la page Internet (doc. 1).
Qui propose quoi ?

2. Lisez la rubrique « Comment participer ? » (doc. 1).
Associez les quatre instructions aux éléments
ci-dessous.

a **Comme des frères**

 Instagram
@frenchfilmfestivalnz
Comme des frères

@frenchfilmfestivalnz
AF French Film Festival NZ

@frenchfilmfestivalnz
French Film Festival NZ

C'est l'histoire d'une amitié sincère. Les garçons s'appellent Bruce et Alex. Personnalité : optimistes, décontractés, généreux.
La fille blonde, c'est Emma. Caractéristique : super romantique.
Les trois filles brunes, ce sont Jo, Lara et Clara. Carte d'identité : intelligentes, drôles, sportives.
La fille brune, à droite, c'est moi, Lucy. Ma mission : prendre la photo pour le concours de selfie!
410 car.

a b c d

3. Par deux. Observez les selfies (doc. 2).
Pour quel selfie vous votez ? Pourquoi ?

4. 🎧64 Lisez la description du selfie *Comme des frères* (doc. 2). Écoutez la conversation du jury. Associez les mots de sens équivalent.

a. sincère   1. cool
b. décontractés 2. amusantes
c. drôles   3. authentique

5. Par deux. Lisez les selfies (doc. 2). Repérez les mots pour caractériser une personne :
a. physiquement ; b. psychologiquement.

6
En petits groupes.
a. Choisissez un adjectif dans la leçon.
Exemples : *romantique, sincère, drôle, décontracté…*
b. Faites un selfie de votre groupe.
Exemples : *un selfie romantique, un selfie drôle…*
c. Trouvez un titre pour votre selfie.

FOCUS LANGUE   ▶ p. 210-211

Le masculin, le féminin et le pluriel des adjectifs qualificatifs pour caractériser une ou des personne(s)

a. **Associez.**
1. La fille **blonde**, c'est Emma.
2. Elles sont **intelligentes**.
3. Le père est **grand**.
4. Les enfants sont **bruyants** et **bavards**.

a. masculin singulier
b. féminin singulier
c. masculin pluriel
d. féminin pluriel

b. **Complétez la règle.**
Masculin singulier + … = féminin singulier.
Masculin singulier ou féminin singulier + … = masculin pluriel ou féminin pluriel.

c. **Associez.**
1. Leur amitié est **sincère**.
2. Bruce et Alex sont **optimistes**.
3. Jo, Lara et Clara sont **drôles**.
4. Le père est **calme**.

a. masculin et féminin singulier
b. masculin et féminin pluriels

d. **Complétez la règle.**
– Le masculin singulier et le féminin singulier sont … .
– Le masculin pluriel et le féminin pluriel sont … .

Attention ! Il est sportif. → Elle est sportive.
Il est gentil. → Elle est gentille.
Il est généreux. → Elle est généreuse.
Ils sont généreux. → Elles sont généreuses.
▶ p. 171-172

7. Sons du français

Les voyelles nasales [ɛ̃], [ɑ̃], [ɔ̃]
a. 🎧65 Écoutez les voyelles nasales [ɛ̃], [ɑ̃], [ɔ̃].
b. 🎧66 Écoutez les descriptions. Vous entendez une voyelle nasale, montrez oui .
Exemple : *C'est une amitié sincère.* → oui (« s<u>in</u>cère »).   ▶ p. 172

8. 🎧67 Apprenons ensemble !
Écoutez le témoignage de Nathan. Répondez.
a. Comment Nathan caractérise son père ?
Relevez les adjectifs utilisés. Que remarquez-vous ?
b. Comment pouvez-vous aider Nathan à corriger sa prononciation ?
c. Quand doit-on prononcer [ɑ̃] ? Quand doit-on prononcer [ɑ̃t] ? [ɑ̃d] ?

À NOUS !

9. Nous décrivons nos camarades.

En petits groupes.
a. Observez le selfie de votre groupe (activité 6).
b. Écrivez une description des personnes de votre groupe.
c. Présentez votre selfie à la classe.

▶ Expressions utiles p. 174

LEÇON
3 La France et nous

Parler de nos goûts

1. Observez le document (doc. 1).
  a. Relevez les éléments qui représentent la France.
  b. Identifiez l'information principale.

2. Lisez l'introduction de l'article (doc. 2). Pourquoi la France est la première destination touristique mondiale ?

3. Lisez les témoignages des touristes étrangers (doc. 2).
  a. Par deux. Associez les photos aux témoignages.

document **1**

LA FRANCE

PREMIÈRE DESTINATION TOURISTIQUE MONDIALE

83,7 MILLIONS DE VISITEURS ÉTRANGERS EN 2014

#FIERSDELAFRANCE

document **2**

Que pensent les touristes de la France ?

La France est la première destination touristique mondiale. Chaque année, 80 millions de touristes étrangers choisissent l'hexagone pour leurs vacances.

Ils adorent nos régions, nos villes, nos villages, nos plages. Ils aiment nos traditions, nos marchés, notre cuisine. Culture, patrimoine, gastronomie… Que pensent les touristes étrangers de notre pays ?

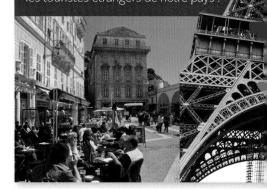

b. Complétez.

La France ?	👍	👎
Culture	– J'aime la culture française.	– …
Gastronomie	– …	– Je n'aime pas le foie gras.
	– …	– …
Patrimoine	– Nous adorons l'architecture, les monuments.	
	– …	

> **FOCUS LANGUE**

Des verbes pour exprimer ses goûts (1)
Complétez avec les témoignages (doc. 2).

J'aime la culture française. — **AIMER** + un nom · Nous aimons… + un verbe à l'infinitif

Je n'aime pas… — **NE PAS AIMER** · Nous n'aimons pas…

Parler de ses goûts

Nous adorons l'architecture. — **ADORER** + un nom · J'adore… + un verbe à l'infinitif

Je déteste… — **DÉTESTER** · Je déteste faire du sport.

▸ p. 172

4 🗨

En petits groupes. Dites quels sont vos goûts.

les cuisses de grenouilles • le foie gras • la cuisine française • le fromage • l'architecture • les monuments • la culture française • marcher dans les petits villages

Exemple : *J'aime le foie gras et j'adore marcher dans les petits villages. Je déteste le fromage.*

La France ?
👍 J'aime la culture française et j'adore marcher dans les petits villages.
👎 Je n'aime pas le foie gras et je déteste les cuisses de grenouilles !
Et les Français ?
👍 Ils sont gentils et aimables. Ils lisent beaucoup et vont au théâtre. C'est chouette !

Ana Lucia,
30 ans, mexicaine

La France ?
👍 J'aime le fromage et la cuisine française ! J'adore découvrir des restaurants.
👎 Quand je suis en France, je prends des kilos… et je déteste faire du sport.
Et les Français ?
👍 Ils sont sympas et joyeux.

Hicham, 30 ans, turc

La France ?
👍 Nous adorons l'architecture, les monuments, et nous aimons voyager en TGV !
👎 Le français ! C'est une langue très difficile ! Nous n'aimons pas parler français !
Et les Français ?
👍 Ils sont très élégants et bien habillés… mais ils sont très froids !

Alison et Susan,
40 ans, anglaises

Le tourisme français • 14

`document 3` 🎧 68

5. 🎧 ▸68 **Écoutez le micro-trottoir (doc. 3).**

a. **Identifiez la situation : qui parle ? De quoi ?**

b. **Relevez les caractéristiques de la ville.**
sympathique • belle • romantique • décontractée • calme • culturelle • généreuse • bruyante • agitée • sportive

6. 🎧 ▸68 **Réécoutez (doc. 3). Dites :**
a. ce que les étudiants aiment 👍 ;
b. ce que les étudiants n'aiment pas 👎.
Exemples : Tiffany →
👍 *« J'adore la culture française. »*
👎 *« Je déteste sortir l'hiver. »*

7. Sons du français
▸ p. 203

Le son [ɛ]

🎧 ▸69 **Écoutez. Vous entendez [ɛ] : répétez le son puis répétez le mot.**
Exemple : *Je m'appelle Tiffany.* → [ɛ] – *m'appelle.*

▸ p. 172

> **FOCUS LANGUE**

Des expressions pour exprimer ses goûts (2)
a. **Classez les expressions (de – à +).**
   1. J'aime beaucoup. • J'adore. • J'aime bien.
   2. Je n'aime pas beaucoup. • Je n'aime pas. • Je n'aime pas du tout.
b. **Par deux. Parlez de vos goûts.**
   Exemple : Aimer l'hiver. → *J'aime beaucoup l'hiver.*

▸ p. 172

`À NOUS !` 🗨 ✏

8. Nous imaginons les témoignages de touristes français sur notre pays.

Par groupes de trois ou quatre.

a. **Répondez : que pensent les touristes de votre pays (culture, gastronomie, patrimoine) ? Des habitants de votre pays ? Si nécessaire, cherchez des informations sur Internet.**

b. **Rédigez les témoignages de trois touristes français.**

c. **Illustrez chaque témoignage.**

d. **Affichez vos témoignages dans la classe.**

▸ Expressions utiles p. 174

LEÇON

4 Vive le speak dating !

Parler de nous (de notre profession, de nos passions, de nos rêves)

FRENCH MORNING
LOS ANGELES

ACCUEIL | MAGAZINE | ACTU ET POLITIQUE | STYLES | CULTURE | VIE PRATIQUE | ANNONCES

FrenchMEETenglish :
LA soirée linguistique du Three Club

Bruce Smith est un auteur et journaliste américain francophile. Il rêve de créer des contacts entre deux communautés : les 20 000 francophones expatriés à Los Angeles et les milliers de Californiens francophiles.

Le 10 février, il réalise son rêve avec la soirée FrenchMEETenglish. Le concept est simple.
Un anglophone rencontre un francophone : sept minutes en français, puis sept minutes en anglais.

Ensuite, ils passent à un autre partenaire.
Après le speed dating, voici le speak dating linguistique !
Thèmes de la soirée : travail et loisirs.

1. Lisez l'article (doc. 1).
  a. Identifiez le type de soirée.
  b. Relevez la date, le lieu et l'objectif de la soirée.
  c. Répondez.
    1. Qui est à l'origine du concept à Los Angeles ?
    2. Quel est le rêve de cette personne ?
    3. Quels sont les thèmes de la soirée ?

2. En petits groupes. Vous connaissez le concept du speak dating linguistique ? Vous aimez ce concept ? Pourquoi ?

3. 🎧▸70 Écoutez la conversation (doc. 2).
Par deux, associez les photos à Pierre ou à Suzan.

a

b

c

e

d

f

4. 🎧▸70 Réécoutez (doc. 2). Vrai ou faux ?
Pourquoi ?
  a. Suzan n'aime pas son travail.
  b. Aux urgences, les médecins sauvent la vie des enfants.
  c. Pierre informe la presse américaine.
  d. La passion de Pierre, c'est le théâtre.
  e. Après le travail, Suzan étudie la médecine.
  f. Suzan rêve de faire du théâtre.

5. En petits groupes (groupes « Suzan » et groupes « Pierre »).
  a. 🎧▸70 Écoutez encore (doc. 2).
  Dites comment Suzan et Pierre expriment :
  1. leur rêve ;   2. leur passion.
  b. Vérifiez avec la transcription (livret p. 6).

> FOCUS LANGUE ▸ p. 214

Le présent des verbes en -er (synthèse)

En petits groupes.

a. Relisez vos réponses à l'activité 4.
Observez la conjugaison des verbes *travailler*, *aimer*,
informer, *rêver* et *sauver*. Complétez le tableau.

	Travailler	Aimer	Informer	Rêver	Sauver
j'/je			informe		
tu				rêves	
il/elle					sauve
nous		aimons			
vous	travaillez				
ils/elles			informent		

b. **Complétez la règle.**
– Pour conjuguer les verbes en -*er* au présent :
   1. j'identifie la base du verbe. Par exemple, pour le verbe
      travailler, la base est : … ;
   2. j'ajoute les terminaisons : *e*, …, *e*, …, *ez*, …
– À l'oral, la prononciation est identique pour *je*, …, *il/elle*, …

c. **Trouvez un maximum de verbes en -*er*.**
Comparez avec les autres groupes. ▸ p. 173

---

6 🗨️

En petits groupes.
Cherchez s'il existe des soirées linguistiques
dans votre ville ou dans votre pays.

7. Sons du français

> ### Poser des questions
>
> 🎧►71 Réécoutez les questions du speak dating.
> La voix monte à la fin de la question,
> montrez 1.
> La voix descend à la fin de la question,
> montrez 2.
> Exemples :
> *Tu aimes beaucoup ton travail ?* → 1
> *Où est-ce que tu travailles ?* → 2

> FOCUS LANGUE ▸ p. 210

Le masculin et le féminin des professions (2)

a. **Observez.**

1 chant**eur**
  chant**euse**

2 infirm**ier**
  infirm**ière**

3 ac**teur**
  ac**trice**

4 coméd**ien**
  coméd**ienne**

5 étudiant
  étudian**te**

6 journalist**e**
  journalist**e**

b. **Par deux. Associez chaque profession au numéro
correspondant dans l'activité a.**

coiffeuse

musicienne

dessinateur

boulanger

diplomate

président

▸ p. 173

À NOUS 🗨️

8. Nous préparons une rencontre.

Par deux.

a. Préparez votre rencontre avec un(e) inconnu(e)
   francophone. Aidez-vous des éléments suivants :
   – ma situation de famille ;
   – mes études / mon travail ;
   – mon lieu de travail ;
   – j'aime / je n'aime pas mes cours / mon travail
     parce que… ;
   – mes goûts / mes passions ;
   – mes rêves personnels / professionnels.

b. **Jouez la conversation devant la classe.**

c. **La classe vote pour la meilleure conversation.**

▸ **Expressions utiles p. 174**

LEÇON 5 Quartier Libre

document **1**

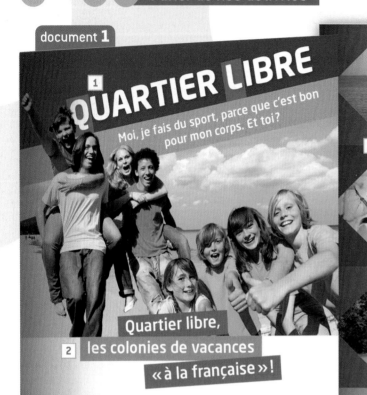

QUARTIER LIBRE

Moi, je fais du sport, parce que c'est bon pour mon corps. Et toi?

Quartier libre,
les colonies de vacances
« à la française »!

L'association Quartier Libre organise des séjours de loisirs éducatifs, culturels ou sportifs pour les enfants et les adolescents de 6 à 16 ans de la communauté française en Thaïlande.

4 • **Les séjours d'une semaine :**

– séjour **« Artistes créatifs »** à Pranburi du 17 au 21 octobre

– séjour **« Voile à Pattaya »** du 23 au 28 octobre

• **Les week-ends à thèmes :**

– **week-ends sportifs** (escalade, accrobranche, orientation) à Saraburi du 11 au 13 novembre et du 9 au 11 décembre

– **week-end éco-citoyen** à Chaam (parc national de Siridhorn) du 23 au 25 novembre

5 **Inscrivez-vous sans attendre sur notre site Internet www.quartierlibreasia.com** ou contactez-nous par e-mail.
Devenez aussi l'ami(e) Facebook de Quartier Libre en cliquant sur
http://www.facebook.com/Quartier.Libre.Asie.com

1. Par deux. Observez la publicité (doc. 1).
Identifiez :
a. le logo et le slogan ;
b. les contacts ;
c. les photos ;
d. le titre et l'introduction ;
e. les séjours et les week-ends.

2. Lisez le titre et l'introduction (doc. 1). Répondez.
a. Qu'est-ce que Quartier Libre ?
b. Qu'est-ce que Quartier Libre propose ?
c. À qui ?
d. Dans quel pays ?

3. Lisez la rubrique sur les séjours et les week-ends (doc. 1).
a. Identifiez les deux types de séjours et de week-ends.
b. Relevez les activités proposées.
c. Associez les activités aux photos.
a. la voile   b. l'escalade   c. l'accrobranche   d. l'orientation

1

2

3

4

document 2 🎧 72 et 73

4. 🎧 72 Écoutez l'interview de Sylvain, animateur
à Quartier Libre (doc. 2). Vrai ou faux ? Pourquoi ?

a. Quartier Libre propose des activités pour
les enfants de toutes les nationalités.

b. Les enfants communiquent en anglais.

c. À Quartier Libre, des enfants de cultures
différentes se rencontrent.

d. Quartier Libre propose des cours de langue.

5. 🎧 73 Par deux. Réécoutez (doc. 2). Relevez
les activités.

Les activités sportives	Les activités artistiques
Faire de la voile, …	Faire de la peinture, …

➤ FOCUS LANGUE   ▸ p. 218

**Le verbe *faire* + *du* / *de la* / *de l'* / *des* pour parler
de ses activités**

a. Observez vos réponses à l'activité 5.
Complétez la règle.

faire {
  – … + nom masculin
  – … + nom féminin
  – … + nom masculin ou féminin
    qui commence par une voyelle
  – … + nom pluriel

Attention ! Avec la négation : *Je ne fais pas de / d'.*
Je ne fais pas de voile / pas de théâtre /
pas d'équitation.

b. 🎧 74 Écoutez le verbe *faire*.
Associez à la prononciation correspondante.

je fais
tu fais   1. [fɛt]
il/elle fait   ➤ 2. [fɛ]
nous faisons   3. [fəzɔ̃]
vous faites   4. [fɔ̃]
ils/elles font   ▸ p. 173

6 💬

Divisez la classe en deux groupes :
– groupe 1 : activités sportives ;
– groupe 2 : activités culturelles et artistiques.

Chaque groupe échange sur ses pratiques pour former
la ligne suivante :
– à gauche, la personne qui pratique le plus grand nombre
d'activités (exemple : peinture + chant + guitare) ;
– à droite, la personne qui pratique le moins grand
nombre d'activités (exemple : théâtre).

document 3 🎧 75

7. 🎧 75 Les animateurs de Quartier Libre
rencontrent les enfants. Écoutez (doc. 3).
Répondez.

a. Qui est Chayan ?

b. Chayan présente combien d'enfants ?

c. Que font les enfants ce matin ?

8. 🎧 75 Réécoutez (doc. 3). Complétez.

…, c'est Tatiana, et …, c'est Thierry.
Chayan ? Tu présentes le groupe ?
Alors …, je suis Chayan. …, ils s'appellent Pierre
et Chao Fah et …, elles s'appellent Jeanne
et Élodie.
Ce matin, …, vous faites de la voile avec Thierry.

➤ FOCUS LANGUE   ▸ p. 212

**Les pronoms toniques pour parler
des personnes**

Observez vos réponses à l'activité 8. Complétez.

Pronoms personnels sujets	Pronoms toniques
je	…
tu	toi
il	…
elle	…
nous	nous
vous	…
ils	…
elles	…

▸ p. 173

À NOUS ! 💬 ✏

9. Nous présentons des activités.

En petits groupes.

a. Choisissez trois activités (sportives et/ou
artistiques).

b. Observez le slogan publicitaire (doc. 1).
Imaginez trois slogans pour vos activités.

c. Présentez vos slogans à la classe.

d. La classe vote pour les meilleurs slogans.

▸ **Expressions utiles p. 174**

LEÇON

6 Vous avez mal où ?

Expliquer un problème de santé

document 1

> www.routard.com ☆ 🔍 forum Roumanie

✈ Vols 🛏 Hôtels 🚗 Voitures 💼 Séjours

routard.com

> Forums de voyage > Forum Roumanie > Santé

Forum Roumanie

Malade en voyage

💬 3 réponses

Sourire 13013

Salut,
Je m'appelle Julien. Je suis en vacances à Bucarest, en Roumanie.
Je suis malade. J'ai de la fièvre, j'ai mal à la tête. Je suis très fatigué.
Je cherche un médecin mais je ne parle pas roumain et je parle
un peu anglais.
Je suis stressé… Un conseil ?

💬 Répondre   Répondre en citant   ❤ S'abonner   Signaler

Malade en voyage

Posté par Vlad
(673 messages)

Salut Julien,
Moi, c'est Vlad. Mon conseil : le site de l'Ambassade de France,
liste de médecins francophones :
http://www.ambafrance-ro.org/Liste-indicative-References

📖 **1.** Observez la page Internet (doc. 1). Identifiez le type de site et le thème de la discussion.

📖 **2.** Lisez la discussion (doc. 1). Répondez.
   a. Où est Julien ?
   b. Quel est son problème ?
   c. Pourquoi il écrit sur le forum ?
   d. Qu'est-ce que Vlad propose à Julien ?

document 2

> www.ambafrance-ro.org/Liste-indicative-References ☆

Liberté • Égalité • Fraternité
RÉPUBLIQUE FRANÇAISE

Médecins francophones, hôpitaux et cliniques disponibles à Bucarest

A B C D E F G H I J K L **M** N O P Q R S T U V W X Y Z

Nom, prénom	Téléphone(s)	Spécialité	Langues parlées	Consultations
Dr. Constantin MARICA	Portable : 004 0723 309 417	Dentiste.	Français, roumain	Clinique Colentina, lundi et jeudi matin, bâtiment A.
Dr. Bogdan MASDTALIER	Portable : 004 0722 541 601	Chirurgien.	Français, roumain, anglais	Hôpital Caritas, tous les matins, bâtiment C.
Dr. Monica MCU	Fixe : 004 0212 010 980 Portable : 004 0745 070 054	Cardiologue.	Français, espagnol, roumain	Hôpital Caritas, tous les matins, bâtiment B.
Dr. Adriana MIHAELA	Portable : 004 0723 647 621	Médecin généraliste. Médecin conseil de l'Ambassade de France.	Français, anglais, roumain	Hôpital Obregia, mardi, jeudi et vendredi, bâtiment B. Cabinet médical individuel. Rendez-vous par téléphone.
Dr. Mircea MORARU	Fixe : 004 0213 178 070/71/72/73	Médecin généraliste. Médecin conseil de l'Ambassade de Suisse.	Français, roumain	Hôpital Obregia, lundi, mercredi et jeudi, bâtiment B. Cabinet médical individuel. Sur rendez-vous.

3. Lisez la liste des médecins francophones (doc. 2).

a. Qui fait quoi ? Associez.

1. Il soigne tout le corps.
2. Il opère les patients.
3. Il est spécialiste du cœur.
4. Il soigne les dents.

a   b   c   d

b. Quel médecin conseillez-vous à Julien ? Pourquoi ?

4

Par deux.

a. Cherchez des médecins qui parlent français dans votre ville.

b. Rédigez une fiche.

c. Comparez avec les autres groupes.

> Médecins
> francophones :
> – Nom : …
> – Téléphone : …
> – Spécialité : …

document 3 🎧 76

5. 🎧▸76 Écoutez la conversation (doc. 3). Identifiez la situation.

6. 🎧▸76 Par deux. Réécoutez (doc. 3). Relevez les questions de la secrétaire médicale sur l'état de santé de Julien.

7. 🎧▸76 Par deux. Écoutez encore (doc. 3). Complétez la fiche de la secrétaire médicale.

SECRÉTARIAT
MÉDICAL
TÉLÉPHONIQUE

M. Muret Julien
40 ans
A de la …
Se sent …
Le patient a mal …

aux yeux   aux oreilles

au nez   au coude   au pied

à la tête   au ventre   à la poitrine   à la gorge

au dos   au genou   à l'œil gauche   à l'oreille droite

◗ FOCUS LANGUE ▸ p. 208

Avoir mal à + les parties du corps

a. Observez la fiche (activité 7). Associez.

1. J'ai mal **au** +   a. nom pluriel.
2. J'ai mal **à la** +   b. nom féminin.
3. J'ai mal **à l'** +   c. nom masculin.
4. J'ai mal **aux** +   d. nom masculin ou féminin commençant par une voyelle.

b. Complétez avec les parties du corps.

la bouche
la gorge
le bras
le dos
la main
le genou

c. En groupe :
– levez-vous et formez deux lignes, une ligne en face de l'autre ;
– à tour de rôle, mimez où vous avez mal. La personne en face de vous devine où vous avez mal.
Exemple : *Tu as mal au dos ?*

▸ p. 173

À NOUS !

8. Nous créons un kit de survie : « Chez le médecin ».

En petits groupes.

a. Complétez votre kit de survie.

Notre kit pour…	
trouver un médecin et prendre rendez-vous	…
comprendre les questions du médecin	…
expliquer un problème de santé	J'ai mal à la / à l' / au / aux…
Notre carnet d'adresses : les médecins francophones de notre ville (noms, coordonnées, spécialités) (activité 4).	

En groupe.

b. Comparez votre kit.

c. Publiez le kit de la classe sur un forum de voyage, rubrique « Santé ».

CULTURES

a. Regardez les vidéos sans le son. Où se passent les interviews ? Associez.

1. devant un monument national   2. dans un restaurant   3. dans un hôtel

b. Regardez les vidéos avec le son. Quel verbe est utilisé dans les trois interviews ? Pourquoi ?
1. travailler
2. accueillir
3. voir

c. Associez les informations sur les langues parlées aux lieux.
1. 5 ou 6 langues, dépliants dans 11 langues, audioguides dans 7 langues
2. anglais, allemand, japonais
3. anglais, russe

a. le restaurant
b. l'hôtel
c. le monument national

d. Associez le pourcentage (%) de touristes étrangers aux lieux.
1. le restaurant L'Épi Dupin   a. 90 %
2. l'hôtel Mistral   b. 70 %
3. la Sainte-Chapelle   c. 25 %

e. Qui dit quoi ? Associez.

1. Francis, à la Sainte Chapelle
2. François, au restaurant L'Épi Dupin
3. Nicole, à l'hôtel Mistral

a. Il y a un échange culturel.
b. Très souvent, ce qui est souligné, c'est la gentillesse. Tout simplement la gentillesse, et la qualité de l'accueil.
c. C'est très intéressant de voir la réaction des gens quand on parle leur langue. Si on parle leur langue, ça change tout.

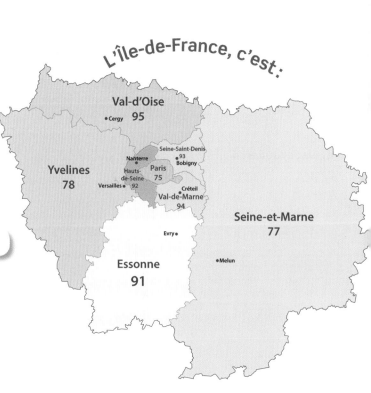

L'île-de-France, c'est :

Val-d'Oise 95
• Cergy

Seine-Saint-Denis
• 93 Bobigny
Nanterre •
Yvelines 78
Hauts-de-Seine Paris 75
Versailles • 92
Créteil •
Val-de-Marne 94

Seine-et-Marne 77

Evry •

Essonne 91

• Melun

2 Qui sont les touristes en Île-de-France ?

a. En petits groupes.
Dans votre pays, on parle plusieurs langues dans les hôtels et les restaurants ?
Si oui, lesquelles ? Il y a des dépliants et des audioguides en plusieurs langues dans les monuments à visiter ?

b. Par deux. Lisez cette page d'un guide touristique. Associez les caractéristiques de chaque nationalité à une émoticône. (Plusieurs réponses possibles.)

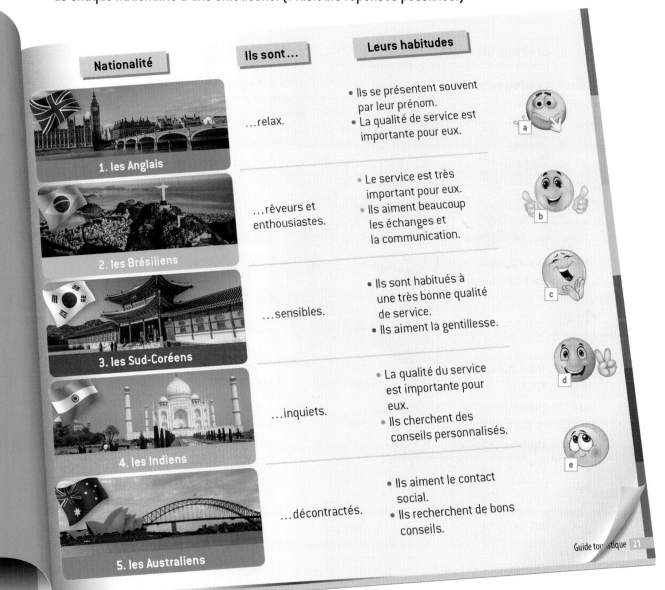

c. Par deux. Relisez. Complétez avec les nationalités.

Ils aiment la qualité de service.
- les *Brésiliens (le service est très important pour eux)*
- les…
- les…
- les…

Ils aiment les échanges, la gentillesse, la communication…
- les…
- les…
- les…

Ils aiment les conseils.
- les…
- les…

COMPLÉTEZ VOTRE CARNET CULTUREL

1. Mes lieux préférés dans une ville étrangère : …
2. Quand je voyage à l'étranger, j'aime : …
3. Je pense que les Français sont (*deux adjectifs*) : … parce que…

 Retournez aux pages 54-55. Répondez à nouveau aux questions. Mettez en commun avec le groupe.

PROJETS

Projet de classe

Nous créons un roman-photo pour faire connaître les élèves de notre classe.

1. Lisez le roman-photo.

2. En petits groupes.

a. Identifiez :
- le nombre de photos ;
- le nombre de bulles de parole ⌇ ;
- le nombre de bulles de pensée ⌇.

b. Qu'est-ce qu'un roman-photo ? Choisissez.
- Une histoire racontée avec du son.
- Une histoire racontée avec des photos et du texte.
- Une histoire racontée avec des dessins et du texte.
- Une histoire racontée avec des images animées (comme dans un film).

c. Réalisez le story-board de votre roman-photo (six photos).

Exemple :

Où ? (Lieux et décors)	Quoi ? (L'action)	Qui fait quoi ? (Rôles : acteurs, metteur en scène, photographe…)	Dialogue (Texte de la bulle)	Dessin pour illustrer la scène
Salle de classe Tables et chaises.	Une étudiante regarde quelque chose. Elle est surprise.	Metteur en scène : un étudiant. Photographe : un étudiant. Actrice : une étudiante.	C'est Tomer ? Pourquoi il fait des photos ?	

d. Montez les photos et intégrez les bulles (avec PowerPoint ou Word).

3. Présentez votre roman-photo à la classe.

Projet ouvert sur le monde ▸ 📖 GP

Nous réalisons un portrait de la classe (goûts, activités, centres d'intérêt, professions, familles…) pour l'inscrire sur un site de rencontres amicales et commencer une correspondance.

70 soixante-dix

DELF 3

I Compréhension de l'oral

Vous écoutez la radio.
Lisez les questions, écoutez deux fois le document, puis répondez.

1. Quelle est la nationalité de Bérangère ?

2. Que pense Bérangère de la France ?

3. Pour Bérangère, les Français sont…

    a. gentils.

    b. désagréables.

    c. décontractés.

4. Bérangère déteste quel produit français ?

a

b

c

5. En France, où est-ce que Bérangère adore marcher ?

II Production orale

Exercice 1 Pour s'entraîner à la partie 1 de l'épreuve orale : l'entretien dirigé

Vous vous présentez (nom, prénom, âge, nationalité, pays). Vous parlez de vous (goûts / passions, caractéristiques psychologiques). Vous parlez de votre famille (combien de personnes, nombre de frères et sœurs, caractéristiques physiques).

Exercice 2 Pour s'entraîner à la partie 2 de l'épreuve orale : le monologue suivi

Vous posez des questions à un(e) étudiant(e) de votre cours à partir des mots suivants.

Fromage ?   Détester ?   Adorer ?   Activités ?   Passion ?   Sport ?

III Production écrite

Vous voulez partir au pair. Vous remplissez cette fiche pour une agence de séjours au pair.

FICHE	
NOM : _____	Ville : _____
Prénom : _____	Pays : _____
Âge : _____	Nationalité : _____

Pour vous décrire, donnez :

– une caractéristique physique ;

– une caractéristique psychologique ;

– une activité sportive que vous adorez ;

– une passion.

Nous parlons de notre quotidien

Les habitudes quotidiennes des Français

1. Lisez les opinions de ces étudiants de français.
2. En petits groupes. Dites avec qui vous êtes d'accord et avec qui vous n'êtes pas d'accord. Pourquoi ?

Le lever

« Les Français n'aiment pas se lever tôt. Ils commencent le travail vers 9 h 30 ou 10 h le matin. »

Chung, chinois, étudiant, Bordeaux.

« Je ne suis pas d'accord. Les Français se lèvent en général vers 6 h 30 ou 7 h. Ils commencent le travail entre 8 h 15 et 8 h 30. »

Daniel, suédois, étudiant, Stockholm.

Les réseaux sociaux

« Les Français ne sont pas connectés. Ils n'utilisent pas beaucoup les réseaux sociaux (Twitter, Instagram, Facebook…). »

Lara, américaine, mannequin, Paris.

« Ce n'est pas vrai ! 84 % des Français utilisent Internet et 45 % utilisent les réseaux sociaux. »

Akamaru, japonais, ingénieur, Lyon.

« En France, le café, c'est très important !
Et la pause-café au travail est obligatoire ! »
Benedikta, allemande, musicienne, Berlin.

« Les Italiens boivent du café toute la journée,
pas les Français ! »
Aldo, italien, concepteur de sites web, Naples.

Le café

« À midi, les Français déjeunent au restaurant.
Pause-déjeuner : 1 h 30 ou 2 h ! »
Mark, canadien, artiste peintre, Avignon.

« Pas d'accord ! La pause-déjeuner moyenne
en France aujourd'hui : 36 minutes ! »
Jenny, hollandaise, secrétaire, Tours.

En groupe. **Comparez vos réponses.**

Le déjeuner

PROJETS

**Pour réaliser ces projets,
nous allons apprendre à :**

- **Un projet de classe**

  Inviter un(e) Français(e) ou un(e)
  francophone dans notre école / Alliance /
  Institut / université pour parler de ses
  habitudes et de ses activités quotidiennes.

- **Et un projet ouvert sur le monde**

  Réaliser un flyer pour inviter tous
  les étudiants de français de l'école /
  l'Alliance / l'Institut / l'université de
  notre ville.

▶ indiquer l'heure et les horaires

▶ parler de nos activités et de nos habitudes
  quotidiennes

▶ parler de notre journée de travail

▶ nous informer sur les sorties, parler de nos sorties

▶ proposer une sortie, inviter, accepter et refuser
  une invitation

LEÇON 1

Une journée sur Terre

Indiquer l'heure et les horaires

document 1

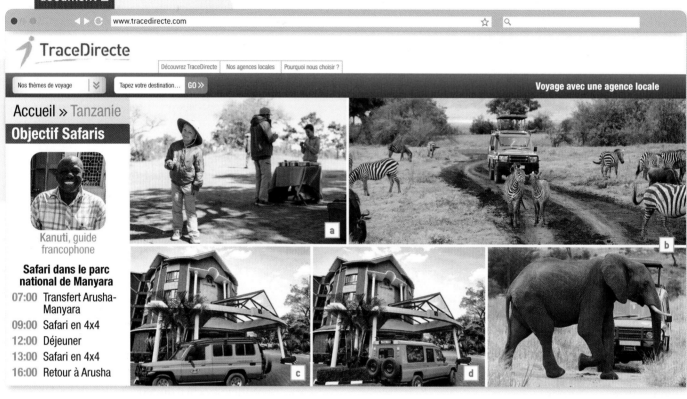

www.tracedirecte.com

TraceDirecte

Découvrez TraceDirecte | Nos agences locales | Pourquoi nous choisir ?

Nos thèmes de voyage | Tapez votre destination… | GO »

Voyage avec une agence locale

Accueil » Tanzanie

Objectif Safaris

Kanuti, guide francophone

Safari dans le parc national de Manyara

07:00	Transfert Arusha-Manyara
09:00	Safari en 4x4
12:00	Déjeuner
13:00	Safari en 4x4
16:00	Retour à Arusha

1. Observez la page Internet (doc. 1). Répondez.

a. Que propose l'agence Trace Directe ?
Dans quel pays ?

b. Quelles informations trouve-t-on sur cette page ?

2. Lisez le programme du safari (doc. 1).
Associez les photos aux étapes du programme.

c. Mettez les photos a, b, c, d (doc. 1) et e, f, g (doc. 2) dans l'ordre chronologique.

document 2 🎧 78 et 79

3. 🎧▶78 Écoutez (doc. 2). Qui parle ? De quoi ?

4. 🎧▶78 Par deux. Réécoutez (doc. 2).

a. Légendez les photos a, c et d (doc. 1).
Notez l'heure quand vous l'entendez.

Exemple : photo b → *Au programme, une journée complète de safari.*

b. Légendez les photos e, f et g. Notez l'heure entendue.

🔖 FOCUS LANGUE

Quelques articulateurs pour indiquer une progression dans le temps

🎧▶79 **Réécoutez cet extrait du document 2.
Complétez avec** *puis, ensuite, après, d'abord.*

…, je prends mon petit déjeuner vers cinq heures et demie, six heures moins le quart. …, vers six heures et quart, je prépare le pique-nique de midi et le Thermos pour le thé et le café. … le déjeuner, une petite sieste de vingt minutes. … nous continuons la balade dans le parc. ▶ p. 175

5

En petits groupes. Dites dans quel ordre vous faites ces activités. Utilisez les articulateurs. Vous pouvez ajouter d'autres activités.

aller au travail, à l'école ou à l'université • faire du sport • prendre le petit déjeuner • rentrer à la maison • déjeuner

FOCUS LANGUE

Indiquer l'heure formelle et informelle

a. **Observez et complétez avec l'heure informelle (activité 4).**

Quelle heure est-il ?

■ heure informelle (conversation)
■ heure formelle (officielle)

Il est…

 cinq heures trente

 … cinq heures quarante-cinq

 … (du matin) six heures quinze

 … douze heures

 … (de l'après-midi) seize heures

 six heures (du soir) dix-huit heures

Attention ! midi douze heures   minuit zéro heure

b. **Comment dites-vous l'heure dans votre langue ? Existe-t-il une heure informelle ? Formelle ?**   ▶ p. 175

6. Sons du français

Dire l'heure

a. 🎧▸80 **Écoutez et observez. Pour dire l'heure en français, je fais :**

1. un enchaînement entre le nombre et le mot « heure(s) » ;
   Exemples : *une heure* [ynœʁ] – *quatre heures* [katʁœʁ] – *cinq heures* [sɛ̃kœʁ] – *sept heures* [sɛtœʁ].
2. une liaison avec [z] ;
   Exemples : *deux heures* [døzœʁ] – *trois heures* [tʁwazœʁ].
3. un enchaînement avec [v]. Attention : le « f » se prononce [v].
   Exemple : *neuf heures* [nœvœʁ].

b. 🎧▸81 **Trouvez la différence de prononciation. Écoutez pour vérifier.**

1. dix minutes – dix heures
2. huit minutes – huit heures
3. neuf minutes – neuf heures   ▶ p. 175

---

7. 🎧▸82 **Écoutez le répondeur de l'agence Trace Directe (doc. 3). Associez les jours aux horaires d'ouverture.**

a. de 9 heures à 18 heures
b. de 10 heures à 13 heures
c. de 9 heures à 19 heures
d. de 14 heures à 18 heures 30

1. du lundi au jeudi
2. le vendredi
3. le samedi

FOCUS LANGUE

Indiquer les horaires

• **Pour exprimer la régularité :**
  Le vendredi de 9 heures à 18 heures.

• **Pour indiquer une période de temps :**
  Du lundi au jeudi de 9 heures à 19 heures.

8. 🎧▸83 **Apprenons ensemble !**

Écoutez. Par deux.
a. Relevez les heures et les activités de Mikaël.
b. Deux heures sont incorrectes. Pourquoi ?
c. Réfléchissez à un moyen de mémoriser les différences entre l'heure formelle et l'heure informelle.
d. Partagez votre idée avec la classe.

À NOUS !

9. Nous racontons notre journée.

En petits groupes.

a. Reprenez la liste de l'activité 5. Dites à quelle heure vous faites ces activités.
b. Présentez votre journée avec l'heure formelle ou l'heure informelle.

Exemples :
– heure informelle → *D'abord, à huit heures et demie (du matin), nous prenons notre petit déjeuner…*
– heure formelle → *D'abord, à huit heures trente, nous prenons notre petit déjeuner…*

LEÇON 2
Une journée « écolo »

Parler de nos activités et de nos habitudes quotidiennes (1)

1. Observez l'article (doc. 1). Identifiez la région présentée. Situez la région sur la carte p. 220.

2. Lisez les titres de l'article (doc. 1). Répondez.
   a. Quel est le thème de l'article ? Qui est Marc ?
   b. Quel est le lien entre Marc et le thème de l'article ?
   c. Comment découvre-t-on Marc dans cet article ?

3. Par deux. Lisez l'article (doc. 1). Relevez les habitudes quotidiennes de Marc et de sa famille :
   a. le matin ;   c. l'après-midi ;
   b. à midi ;   d. le soir.

4. Par deux. Associez les habitudes de Marc aux photos de l'article (doc. 1).

5

En petits groupes.
Listez et illustrez (dessins, photos) les activités quotidiennes de votre journée type (huit activités). Précisez les heures.

Exemples :

07 h 30 : je prends mon petit déjeuner.

08 h 00 : je fais du sport.

document 2 🎧 84

6. 🎧▶84 Écoutez l'interview (doc. 2). Vrai ou faux ? Pourquoi ?
   a. Natasha est l'auteure d'un blog.
   b. Elle décrit sa journée entière, comme Marc.
   c. Elle explique comment elle commence et termine sa journée.

7. 🎧▶84 Par deux. Réécoutez (doc. 2). Associez les photos aux moments de la journée.

a b c

d e f

document 1

La Normandie,
une région « écolo » et coopérative

> **Marc**, un modèle d'économie coopérative (Caen, Normandie)

07 h 00 Marc se lève, se douche, se rase et s'habille.

07 h 15 Marc prend son café commerce équitable.

07 h 30 Léa et Matthieu, les enfants de Marc, se réveillent et se préparent pour l'école.

08 h 05 En route pour l'école, à pied ! Zéro pollution et du sport pour les enfants. Chaque jour, un parent différent s'occupe du groupe.

08 h 30 Marc n'a pas de voiture. Il va au travail à vélo.

8. 🎧›84 **En petits groupes. Écoutez encore (doc. 2). Relevez les habitudes quotidiennes de Natasha.**

   a. Le matin, …, …, je sors sur le balcon, …, …, … .
   b. Le soir, …, je lis, j'écris, …, …, … .

> **FOCUS LANGUE**   ► p. 212 et 214

Les verbes pronominaux (1) pour parler de ses habitudes quotidiennes

| je … douche |
| tu **te** douches |
| il/elle … douche |
| nous **nous** douchons |
| vous **vous** douchez |
| ils/elles … douchent |

   a. **Complétez la conjugaison du verbe** *se doucher* **au présent.**

   b. **Comparez vos habitudes quotidiennes avec les habitudes de Marc et de Natasha.**

   Exemple : *Natasha se réveille à six heures du matin et elle reste dans son lit. Moi, je me réveille vers sept heures et je ne reste pas au lit.*
                                    ► p. 175-176

08 h 57 Marc est ingénieur. Il travaille dans un bureau partagé. Il aime beaucoup le coworking parce qu'il fait connaissance avec des dessinateurs, des journalistes…

12 h 00 Déjeuner en colunch. Marc découvre des restaurants sympas et rencontre des personnes nouvelles. En quelques clics.

18 h 00 Marc quitte son travail, à vélo.

19 h 30 Marc accueille Juan, un couchsurfer, pour la nuit. Juan dort sur le canapé. Il est comme ça, Marc, il héberge des inconnus gratuitement.

22 h 45 Juan s'endort. Marc prend son ordinateur et se connecte à un site d'échange d'objets et de services.

23 h 00 Marc se brosse les dents et se couche, heureux. Une bonne journée «coopérative» ! ■

COMMERCE ÉQUITABLE

---

9. **Sons du français**

> **L'intonation pour exprimer plusieurs actions**

   a. 🎧›85 **Écoutez à nouveau les moments de la journée de Natasha. Natasha parle en continu, faites un geste de la main vers le haut ↗. Natasha marque une pause, faites un geste de la main vers le bas ↘.**
   Exemple : *Je me réveille à six heures.* ↘

   b. 🎧›86 **Écoutez. Complétez comme dans l'exemple avec —— et ⌐ et répétez.**
   Exemple : *Le matin, Natasha se lève, regarde le ciel, fait du sport et se douche.*

   1. Le matin, Marc se lève, il se douche, il se rase et il s'habille.
   2. Le soir, Natasha regarde une série, elle lit, elle écrit, elle se couche et elle s'endort.

À NOUS 🔊🍽✏

10. Nous parlons de nos habitudes.

En petits groupes.

   a. Observez la journée type d'un autre groupe (activité 5). Identifiez les bonnes habitudes pour bien commencer et bien terminer la journée.
   b. Partagez ces habitudes avec les autres groupes.

En groupe.

   c. Listez les habitudes de la classe pour bien commencer et bien terminer la journée.

   Exemple : Nos habitudes pour bien commencer la journée → Nous nous levons à 7 heures et nous faisons un peu de sport. Nous prenons un bon petit déjeuner.
                           ► Expressions utiles p. 178

LEÇON

3 Une journée avec...

Parler de nos activités et de nos habitudes quotidiennes (2)

---

document 1 🎧 87 et 88

1. 🎧▶87 Écoutez l'introduction du micro-trottoir (doc. 1). Identifiez le prénom et la profession de chaque personne.

2. 🎧▶88 En petits groupes. Écoutez le micro-trottoir (doc. 1). Repérez les activités quotidiennes de chaque personne.

a. Frédérique

En général, je suis à la maison à 18 h.

b. Stéphane

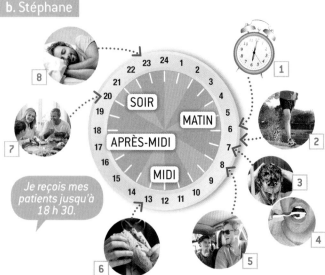

Je reçois mes patients jusqu'à 18 h 30.

---

3 💬✏

a. En petits groupes : groupes « fonctionnaire » et groupes « médecin ».
   Décrivez la journée type d'un fonctionnaire et d'un médecin dans votre pays.

b. En groupe.
   Présentez vos journées types à la classe.

📖 **4.** Par deux. Observez les comptes Instagram et Twitter (doc. 2). Répondez.
   a. Qui publie (nom, prénom, profession) ?
   b. Qu'est-ce qu'elle publie ? Est-elle populaire ?

💬 **5.** Vous utilisez Instagram ? Twitter ? Pour partager quoi ? Avec qui ?

📖 **6.** Lisez l'article (doc. 2). Vrai ou faux ? Pourquoi ?
   a. Elle a trois enfants : deux garçons et une fille.
   b. Ses enfants vont à l'école.
   c. Elle fait du sport tous les jours.
   d. Elle s'occupe de ses enfants le matin et le soir.
   e. Elle se connecte à Internet le soir.
   f. L'article raconte une journée exceptionnelle pour Émilie.

▶ FOCUS LANGUE ▶ p. 214 et 219

Les verbes *lire* et *écrire*

a. **Relisez l'article (doc. 2). Complétez.**

Lire	Écrire
je li…	j'écri…
tu lis	tu écris
il/elle li…	il/elle écri…
nous li**sons**	nous écri**vons**
vous li**sez**	vous écri**vez**
ils/elles li**sent**	ils/elles écri**vent**

b. **Répondez. Vous lisez quoi ? Vous écrivez quoi ? Quand ?**
   Exemples : Je lis des livres le soir.
   J'écris des méls le matin. ▶ p. 176

document **2**

Une journée avec Émilie Frèche

Émilie Frèche est écrivaine et scénariste. Elle lit, elle écrit et nous raconte sa journée.

07:00	Je me réveille chaque matin à sept heures, avec les bisous de mes fils, Swann, Roméo et Melvil. Ensuite, je regarde les actualités sur Twitter. Puis, je dépose les enfants à l'école, j'allume mon ordinateur et j'écris.
13:00	Je prends vingt minutes pour déjeuner. Et l'après-midi, j'écris encore.
16:00	En général, vers seize heures, je fais du sport. Du jogging.
18:00	Vers dix-huit heures, je vais chercher mes enfants à l'école. Je joue avec eux, puis c'est le bain, le dîner, l'histoire…
21:30	Le soir, je me repose. Je tweete et je lis.

emiliefreche

Une maison pour écrire

TWEETS	ABONNEMENTS	ABONNÉS	J'AIME	
6 282	1 006	5 434	3 765	➕ Suivre

Émilie Frèche
@EmilieFreche

Écrivain : *Un homme dangereux, Deux étrangers, Chouquette, 24 jours…*
Scénariste : *Le Ciel attendra, Ils sont partout, 24 jours*
🔗 emilie-freche.com
📅 Inscrit en janvier 2012

Tweets | Tweets & réponses | Médias

Emilie Frèche @EmilieFreche
"Un homme dangereux" sur la première liste du prix de Flore – La fête !

▶ FOCUS LANGUE   ▶ p. 216

Exprimer l'habitude et la fréquence

a. Relisez ces extraits de témoignages. Relevez les mots qui expriment l'habitude et la fréquence.

> Le matin, je me lève vers sept heures et quart. Je fais souvent une pause-café. En général, je suis à la maison vers dix-huit heures trente. Mon mari et moi dînons toujours à vingt heures. D'habitude, nous regardons un film.

> Je me réveille chaque matin à sept heures. L'après-midi, j'écris encore. En général, vers seize heures, je fais du sport. Le soir, je me repose.

> Tous les matins, je me lève tôt. Parfois, j'ai des patients à l'heure du déjeuner, alors je mange un sandwich ! Le soir, je me couche vers vingt-trois heures. Je ne regarde jamais la télé.

b. Classez ces quatre adverbes selon leur fréquence (de 0 à 100 % du temps).
parfois • souvent • jamais • toujours   ▶ p. 176

À NOUS !

7. Nous décrivons une journée type.

En petits groupes.

a. À la manière d'Émilie Frèche, rédigez la journée type d'une personne de votre pays.

b. Citez les différences et les similitudes avec les journées des Français.

c. Présentez la journée type de la personne choisie à la classe.

▶ Expressions utiles p. 178

LEÇON

4 Une journée en Pologne

Parler de notre journée de travail

document 1

Outlook.com | Envoyer Insérer ⌄ Enregistrer le brouillon Options ⌄ Annuler

De
romainduri@hotmail.com

À

Cc Cci

Raph × éric × stephexpert@yahoo.fr ×
stéphanie Guihéneuf × alex2re@gmail.com ×

3 téléchargé(s) sur 3 (0.30 Mo)

Objet : Nouvelles

G / S Aa Aᶻ ∠ ≔ ≣ ≣ ≣ ⚭ ☺

Bonjour à tous !
Ça y est ! Je suis en Pologne ! Premières impressions… Je ne parle pas encore très bien polonais, mais je veux progresser ! Euh… non, je DOIS progresser, c'est urgent !
Je commence le travail chez ATOS la semaine prochaine. Bien sûr, je peux parler français au travail, ATOS est une société française, mais pour la vie quotidienne, j'ai besoin de parler polonais.
Ce soir, je dors chez moi… mais je n'ai pas encore de lit. Je dois dormir par terre. Wroclaw, c'est très beau : il y a beaucoup de parcs, des ponts, des îles.
Je peux marcher jusqu'à mon bureau ou prendre le bus. Ce n'est pas très loin de mon appartement. Allez, je vais à mon cours de polonais !
Vous pouvez me contacter par mél ou via Skype. Je n'ai pas de lit mais j'ai Internet !
À bientôt,
Bises,
Romain

1. Observez les photos (doc. 1). À votre avis, dans quel pays se trouve l'auteur du message ?

2. Observez le mél (doc. 1). Répondez.
   a. Qui écrit ? À qui ?
   b. Où ?
   c. Pourquoi il écrit ?

3. Par deux. Lisez le mél (doc. 1). Relevez :
   a. les informations correspondant aux trois photos ;
   b. les informations sur :
      – le travail de Romain ;
      – son apprentissage de la langue.

4. Par deux. Classez ces extraits du mél de Romain dans la colonne qui convient.
~~Je veux progresser.~~ • Non, je dois progresser, c'est urgent ! • Je peux parler français au travail. • Je dois dormir par terre. • Je peux marcher jusqu'à mon bureau. • Vous pouvez me contacter par mél.

Possibilité	Obligation	Souhait, volonté
…	…	Je veux progresser.

5.
En petits groupes.
   a. Cherchez s'il existe des entreprises ou des sociétés françaises dans votre ville ou dans votre pays. Dans quel secteur (commerce, industrie, culture, etc.) ?
   b. Partagez vos résultats avec la classe.

document 2 🎧 89

6. 🎧▷89 Écoutez la conversation téléphonique (doc. 2). Répondez.
   a. Qui téléphone à Romain ? Pourquoi ?
   b. Quel est le sujet principal de cette conversation ? Choisissez et justifiez.
      • l'apprentissage de la langue
      • l'emploi du temps au travail
      • les moyens de transport
   c. Est-ce qu'il y a des Français dans l'entreprise de Romain ?

7. 🎧H89 **Par deux. Réécoutez (doc. 2). Retrouvez les caractéristiques de la journée de Romain.**

Exemples : *En Pologne, on arrive quand on veut. En Pologne, on part quand on veut.*

En Pologne, on arrive
En Pologne, on peut
En Pologne, on doit
Pierre et moi, on sort
Pierre et moi, on peut
En Pologne, on part

pour acheter
manger
parler
faire
quand

français au boulot.
à manger.
des journées de huit heures.
on veut.
dans les bureaux.

> **FOCUS LANGUE**   ▶ p. 212

Le pronom *on*

Classez les phrases de l'activité 7.
On = Les gens : …
On = Nous : …

> **Attention !** Après *on*, le verbe est conjugué
> à la 3ᵉ personne du singulier.
> Exemples : *On est dans le même bureau.*
> *En Pologne, on arrive quand on veut.*

▶ p. 176

> **FOCUS LANGUE**   ▶ p. 214 et 218

Les verbes *pouvoir*, *devoir* et *vouloir* au présent

a. Complétez.
peut • veut • doivent • dois • voulez • veux •
peux • pouvez • dois • doit • veux • peux •
devez • veulent • peuvent

Pouvoir	Devoir	Vouloir
je …	je …	je …
tu …	tu …	tu …
il/elle/on …	il/elle/on …	il/elle/on …
nous **pouvons**	nous **devons**	nous **voulons**
vous …	vous …	vous …
ils/elles …	ils/elles …	ils/elles …

> **Attention !** Les verbes *vouloir*, *pouvoir* et *devoir*
> sont suivis d'un verbe à l'infinitif.

**b. En petits groupes. Dites ce que vous pouvez,
devez ou voulez faire en classe de français.
Chaque groupe propose six phrases.**
Exemples : *On peut <u>chercher</u> des mots dans
le dictionnaire. On doit <u>étudier</u>. Nous voulons <u>découvrir</u>
la culture française.*

▶ p. 176

---

8. Sons du français   ▶ p. 204

> **Le son [ø] pour dire *on v<u>eu</u>t***
>
> **a.** 🎧H90 **Écoutez. Vous entendez le son [ø] dans
> le premier mot, montrez** ⬛1⬛ **. Vous entendez
> le son [ø] dans le deuxième mot, montrez** ⬛2⬛ **.
> Puis répétez le mot.**
>
> Exemple : *douze – deux →* ⬛2⬛
>
> **Pour prononcer les lettres *eu* en français,
> il y a deux possibilités : [ø] et [œ].**
>
> Exemple : *il v<u>eu</u>t* [ø] *(la bouche est un peu fermée)* –
> *ils v<u>eu</u>lent* [œ] *(la bouche est un peu ouverte).*
>
> **b.** 🎧H91 **Écoutez. Vous entendez le son [ø],
> levez la main.**
>
> Exemple : *On p<u>eu</u>t parler français.*
> *→ Vous entendez [ø], levez la main.*

▶ p. 177

À NOUS ! 🎙 ✏

**9. Nous imaginons une semaine de travail idéale
au bureau.**

En petits groupes.

a. Choisissez votre entreprise (activité 5).
b. Parlez de vos activités et de vos horaires préférés.
c. Rédigez l'emploi du temps de votre semaine idéale.
d. Affichez votre emploi du temps dans la classe.
e. La classe vote pour la semaine idéale.

Exemple : *On fait des journées de six heures, quatre
jours par semaine. On peut faire des pauses-café
pour parler avec des collègues. On peut rester
à la maison le lundi.*

▶ Expressions utiles p. 178

LEÇON 5

Sortir « à la française »

Nous informer sur les sorties, parler de nos sorties

1. Observez la page du site de *La Gazette de Berlin* (doc. 1).

a. À qui s'adresse ce magazine en ligne ?

b. Identifiez le thème de l'article.

c. Repérez le nombre de parties.

2. Lisez l'article (doc. 1).

a. Relevez l'information principale de chaque partie.

b. Associez les éléments des deux parties.

Exemple : *a-2*.

FOCUS LANGUE ▶ p. 214 et 219

Les verbes *choisir* et *sortir* au présent pour parler de ses sorties

Relisez (doc. 1). Complétez.

Choisir
je **choisis**
tu **choisis**
il/elle/on **choisit**
nous **choisissons**
vous …
ils/elles …

Sortir
je **sors**
tu **sors**
il/elle/on …
nous **sortons**
vous …
ils/elles …

document 1

www.lagazettedeberlin.com/

La Gazette
de Berlin

Politique	Enquête	Culture	Économie	Société	Eve

Les Berlinois sortent-ils souvent « à la française » ? Qui sort ? Et où sortent-ils ?

Questions posées aux Berlinois francophiles sur notre site

a Où sortez-vous ?

b Comment choisissez-vous vos sorties ?

c Avec qui sortez-vous ?

d Pourquoi sortez-vous « à la française » ?

e Sortez-vous souvent « à la française » ?

f Combien dépensez-vous quand vous sortez ?

3.

En petits groupes.

a. Répondez aux questions a, b, c et f de l'enquête (doc. 1).

b. Cherchez des sorties « à la française » dans votre ville ou dans votre pays :

– est-ce que ces lieux ou ces activités sont populaires ou non ?

– répondez aux questions d et e de l'enquête.

document 2 🎧 92

4. 🎧▸92 Écoutez l'émission de RFI (doc. 2). Répondez.

a. Où se trouve la journaliste ?

b. À qui elle parle ? De quoi ?

5. 🎧▸92 Par deux. Réécoutez (doc. 2). Relevez les questions de l'enquête posées par la journaliste (doc. 1).

6. 🎧▶92 **Par deux. Écoutez encore (doc. 2). Associez.**

a. Pourquoi vous sortez « à la française » ?

b. Vous sortez avec qui ? Vous faites quoi ?

c. Cette librairie a une particularité ?

d. Et c'est où ?

e. Pourquoi vous venez à la médiathèque ? Qu'est-ce que vous appréciez ?

f. Qu'est-ce que c'est ?

1. Une fois par mois, on peut présenter un livre français.

2. Parce que j'adore les restaurants français.

3. Nous, on sort avec des amis français. On va souvent au cinéma.

4. Oui, c'est une librairie franco-allemande.

5. Dans le quartier de Neukölln.

6. Le comité des lecteurs.

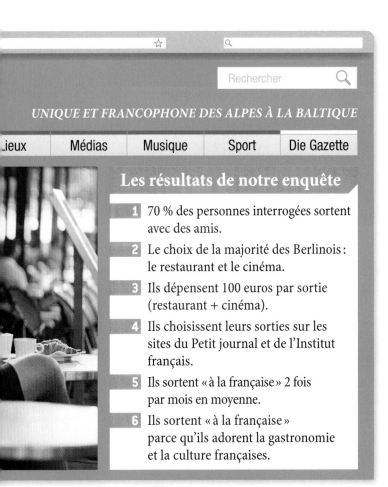

UNIQUE ET FRANCOPHONE DES ALPES À LA BALTIQUE

| Lieux | Médias | Musique | Sport | Die Gazette |

Les résultats de notre enquête

1 70 % des personnes interrogées sortent avec des amis.

2 Le choix de la majorité des Berlinois : le restaurant et le cinéma.

3 Ils dépensent 100 euros par sortie (restaurant + cinéma).

4 Ils choisissent leurs sorties sur les sites du Petit journal et de l'Institut français.

5 Ils sortent «à la française» 2 fois par mois en moyenne.

6 Ils sortent «à la française» parce qu'ils adorent la gastronomie et la culture françaises.

▶ **FOCUS LANGUE** ▶ p. 217

Poser des questions (2) à l'oral ou en situation informelle / à l'écrit ou en situation formelle

a. **Observez les questions du document 1 et de l'activité 6.**

b. **Identifiez les questions qui ont le même sens.**
Exemple : Document 1 : « Pourquoi sortez-vous à la française ? » – Document 2 : « Pourquoi vous sortez à la française ? » = Pourquoi ?

c. **Classez ces questions.**

	Question ouverte	Question fermée
À l'oral ou en situation informelle	…	…
À l'écrit ou en situation formelle	…	…

d. **Associez.**
– Le mot interrogatif est au début de la phrase.
– Le mot interrogatif est à la fin de la phrase.   • à l'écrit
– Le sujet se place avant le verbe.   • à l'oral
– Le verbe se place avant le sujet.

▶ p. 177

---

7. Sons du français ▶ p. 204

Le son [ɔ̃]

a. 🎧▶93 **Écoutez.**

b. 🎧▶94 **Écoutez. Vous entendez [ɔ̃], levez la main.**
Exemple : On va au cinéma. → Vous entendez [ɔ̃], levez la main.

c. 🎧▶95 **Écoutez, observez et complétez la règle.**
un concert • combien • un nom • nous avons • une réception • nous sortons • compliqué

1. Dans les mots … et …, le son [ɔ̃] s'écrit *on*.

2. Dans les mots …, … et …, le son [ɔ̃] s'écrit *om* (devant *b/p* ou à la fin d'un mot).

3. Dans les mots … et …, le son [ɔ̃] s'écrit *ons* et on ne prononce pas la lettre *s*.

À NOUS ! 💬✏️

8. Nous enquêtons sur les sorties de la classe.

En petits groupes.

a. **Choisissez : enquête écrite ou micro-trottoir.**

b. **Préparez votre questionnaire écrit (sur le modèle du document 1) ou oral (sur le modèle du document 2, activité 6).**

c. **Interrogez chaque membre du groupe.**

d. **Présentez vos résultats à la classe.**
Exemple : Dans notre groupe, on sort le vendredi soir. On dîne au restaurant. On choisit nos sorties entre amis.

▶ **Expressions utiles p. 178**

LEÇON

6 Soyez les bienvenus !

Proposer une sortie, inviter, accepter et refuser une invitation

document 1 🎧 96

1. 🎧►96 **Écoutez la conversation téléphonique (doc. 1). Répondez.**

   a. Pourquoi Endris téléphone à Barbara ?

   b. Ils parlent de quels artistes ?
   1. Benjamin Clementine.
   2. Asaf Avidan.
   3. Kurt Elling.
   4. Grégory Privat.

2. 🎧►96 **Par deux. Réécoutez (doc. 1). Complétez l'agenda partagé de Barbara.**

	Calendrier (+)	Jour	Semaine	Mois	Année		🔍 Rechercher
6 au 12 juillet							
	Lundi **6**	Mardi **7**	Mercredi **8**	Jeudi **9**	Vendredi **10**	Samedi **11**	Dimanche **12**
13:00							
14:00	Cours de français 13:30-17:30	Cours de français 13:30-17:30		Cours de français 13:30-17:30			Plage avec Roger et Sissi
15:00							
16:00							
17:00					Pizzeria		
18:00							
19:00				...	⌚ ~19:00-20:00 ✏ Modifier ✕ Annuler		
20:00							
21:00	Ciné avec Sissi	...	...		Anniversaire d'Émilie 20:00-23:00		
22:00				Soirée Institut Langues			
23:00							
00:00							

▶ FOCUS LANGUE

Proposer / accepter / refuser une sortie

🎧►96 **Par deux. Écoutez encore (doc. 1). Classez les extraits de la conversation.**

J'ai rendez-vous pour un speakdating franco-polonais. • ça me va. • désolée, je ne peux pas. • c'est bien ça ? • On se retrouve où ? • Tu veux venir avec moi ? • Tu es libre jeudi ?

Mercredi, il y a un concert de Benjamin Clementine.	Jeudi, il y a un concert de Grégory Privat.
Proposer une sortie : ...	Proposer une sortie : ...
Refuser : *Non, mercredi à vingt heures, ...*	Accepter : *Oui, jeudi...*
Justifier son refus : ...	Fixer un rendez-vous : ... *La pizzeria Attimi, ...*

▶ p. 177

3

En petits groupes. Répondez.
Dans votre pays, on invite à quel type d'événement ?
Pour quoi faire (fêtes de famille, sorties individuelles...) ?
Comment invite-t-on (de vive voix, par téléphone, par mél, via les réseaux sociaux...) ?

📖4. **En petits groupes. Lisez les invitations (doc. 2a et b). Repérez les deux soirées dans l'agenda de Barbara (doc. 1).**

document 2   a

De : Pajak Barbara < barbarapajak@hotmail.pl >
Date : 4 juillet 10:35:12
À : endris@gmail.com

Anniversaire surprise !

G *I* <u>S</u> Aa A² ✎ ≔ ≣ ≣ ≣ ∞ ☺

Salut Endris,

Samedi prochain, c'est l'anniversaire de notre professeure, Émilie. Fêtons ça !

Je veux organiser une soirée. Tu es le bienvenu ! Viens à 20 heures. J'invite tous les élèves de notre classe.

J'habite au 10, rue d'Alsace-Lorraine. Prends le bus numéro 7 à la gare de Nice et descends à l'arrêt Poste Thiers.

Si tu veux participer à l'organisation, parle avec Sissi, Enrico, Roger et Paolo, et apporte un plat typique de chez vous, par exemple.

Réponds à ce message pour confirmer, ou téléphone.

À samedi j'espère !

Bises

Barbara

5. Relisez (doc. 2a et b). Dites si on trouve les informations suivantes dans chaque message.

qui invite et pourquoi • le jour • l'heure • le lieu de l'événement • qui on invite • comment venir • avec qui venir • quoi apporter • comment confirmer sa participation

> ## FOCUS LANGUE ▸ p. 216

L'impératif présent (1) pour inviter et donner des instructions

a. **Par deux.** Reprenez les phrases relevées dans l'activité 6.

b. **Complétez avec des exemples.**

1. À l'impératif, il n'y a pas de sujet avant le verbe.
   → *Prends le bus numéro 3. Venez nombreux !*
2. Les verbes se conjuguent seulement avec :
   – la 2ᵉ personne du singulier → …
   – la 1ʳᵉ personne du pluriel → …
   – la 2ᵉ personne du pluriel → …
3. En général, les formes verbales sont identiques à l'impératif et au présent.

> **Attention** ❗ Les verbes en *-er* n'ont jamais de « s » à la 2ᵉ personne du singulier. → …

▸ p. 177

INSTITUT LANGUES Nice

Institut Langues
10 juillet
Nice

L'Institut Langues fête ses 25 ans.
Quand ? Ce vendredi à 20 h.
Où ? Au 7 rue Chartin.
Quoi ? Un cocktail dînatoire !
Venez nombreux ! Fêtons l'événement ensemble !
Faites de la publicité autour de vous, amenez des amis !
Partageons un moment très sympathique et souhaitons un bon anniversaire à l'Institut Langues de Nice !
Pour confirmer votre présence, écrivez à :
info@institutlangues.com

6. En petits groupes.

a. **Repérez les éléments suivants dans l'invitation personnalisée (doc. 2a).**

l'objet • la formule d'appel • l'introduction • le développement • la conclusion • la formule de prise de congé • la signature

b. **Quelles sont les différences entre une invitation personnalisée (doc. 2a) et une invitation non personnalisée (doc. 2b) ?**

7. Sons du français

> **Le son** [y]

a. 🎧 ▸97 Écoutez et répétez. Avancez les lèvres pour dire [y].

b. **Par deux.** Saluez un(e) camarade de classe. Demandez : « Salut ! Samedi, tu viens en bus ou en voiture ? » Votre camarade répond : « Je préfère venir en bus » ou « Je préfère venir en voiture ».
Avancez les lèvres pour prononcer « tu », « bus », « voiture ». Prononcez le son [y] pendant cinq secondes.

▸ p. 177

> **À NOUS !** 🎭 ✏️

8. Nous proposons une sortie.

En petits groupes.

a. **Choisissez un événement de votre école de langues.**

b. **Divisez la classe en deux groupes :** groupe « méls », groupe « téléphone ».

Groupe méls : écrivez un mél pour inviter des personnes de la classe à la soirée choisie. Précisez qui vous invitez, la date, l'heure, le lieu, avec qui venir. Donnez aussi des instructions pour venir et confirmer la participation.

Groupe téléphone (par deux) : téléphonez à votre camarade pour lui proposer la soirée choisie. Il/Elle confirme sa participation. Vous fixez un rendez-vous avant le début de la soirée OU il/elle refuse et justifie son refus.

c. **Le groupe « méls » envoie ses messages à la classe et au professeur. Le groupe « téléphone » joue les conversations téléphoniques devant la classe.**

▸ **Expressions utiles p. 178**

CULTURES

a. Regardez cette image extraite de la vidéo. Faites des hypothèses.
  1. Qui sont les deux personnes ?
  2. Qu'est-ce qu'elles font ?

b. Regardez la première partie de la vidéo avec le son (jusqu'à 0'41"). Vérifiez vos hypothèses.

c. Regardez encore la première partie de la vidéo avec le son.
  1. Associez chaque tâche ménagère à un dessin.

a

b

c

d

  2. Les personnes interrogées réalisent quelles tâches ?

d. Associez chaque personne à son opinion.

1

2

3

Cette personne pense que les hommes doivent travailler et les femmes s'occuper de la maison.

Cette personne pense que les tâches ménagères ne sont pas intéressantes.

Cette personne pense que les hommes doivent participer aux tâches ménagères.

e. Regardez la deuxième partie de la vidéo sans le son (de 0'41" à la fin). Faites des hypothèses.
  1. Qui sont les deux femmes ?
  2. Où sont-elles ?
  3. De quoi parlent-elles ?

f. Regardez la deuxième partie de la vidéo avec le son. Vérifiez vos hypothèses.

g. Vrai ou faux ? Pourquoi ? Justifiez avec des éléments de la vidéo.

    1. Les hommes et les femmes se partagent les tâches ménagères.

    2. Les femmes s'occupent de la maison quatre heures et sept minutes par jour.

    3. Les hommes s'occupent un peu plus des tâches ménagères aujourd'hui.

h. En petits groupes. Et dans votre pays ? Les femmes et les hommes partagent les tâches ménagères ? Vous partagez les tâches ménagères chez vous ?

2 Différents rythmes de vie dans quatre pays du monde

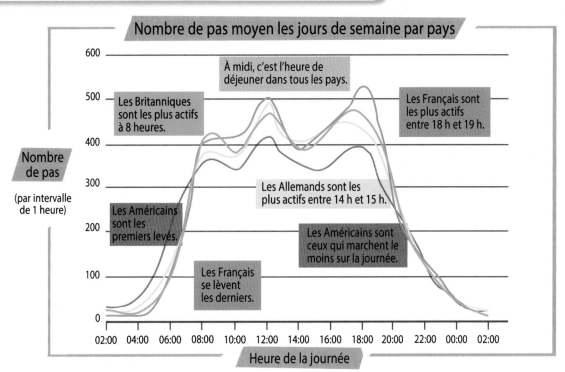

Nombre de pas moyen les jours de semaine par pays

À midi, c'est l'heure de déjeuner dans tous les pays.

Les Britanniques sont les plus actifs à 8 heures.

Les Français sont les plus actifs entre 18 h et 19 h.

Nombre de pas (par intervalle de 1 heure)

Les Allemands sont les plus actifs entre 14 h et 15 h.

Les Américains sont les premiers levés.

Les Américains sont ceux qui marchent le moins sur la journée.

Les Français se lèvent les derniers.

Heure de la journée

a. Observez le document. Identifiez :

    1. le type de document ;

    2. le titre du document ;

    3. les pays concernés ;

    4. ce qui permet de mesurer l'activité des personnes.

b. Observez le graphique. Répondez.

    1. Qui se lève tôt ?

    2. Qui se lève tard ?

    3. Qui déjeune à midi ?

    4. Qui sort du travail tard le soir ?

COMPLÉTEZ VOTRE CARNET CULTUREL

En France :

1. on se lève vers…

2. on commence la journée vers…

3. on déjeune vers…

4. on termine la journée vers…

5. on se couche vers…

6. la semaine de travail est du… au…

Et dans mon pays : …

Retournez aux pages 72-73. Répondez à nouveau aux questions.
Mettez en commun avec le groupe.

PROJETS

Projet de classe

Nous invitons un(e) Français(e) ou un(e) francophone dans notre école / Alliance / Institut / université pour parler de ses habitudes et de ses activités quotidiennes.

1. En groupe.

a. Identifiez les Français ou les francophones de votre ville.

→ Cherchez-les dans les lieux de rencontres francophones de votre ville (dossier 2, leçon 4).

b. Choisissez la personne à inviter.

→ Votez pour votre personne préférée.

2. En petits groupes.

c. Planifiez les tâches à réaliser.

→ Faites un planning. Identifiez les tâches nécessaires à la réalisation du projet.
Mettez en commun avec le groupe.

d. Contactez le/la Français(e) ou le/la francophone par mél.

→ Rédigez un mél. Mettez en commun avec le groupe.

e. Recherchez des informations sur la personne choisie.

→ Effectuez des recherches sur Internet, etc.

f. Préparez des questions pour le/la Français(e) ou le/la francophone.

→ Rédigez une liste de questions à poser. Mettez en commun avec le groupe.

g. Accueillez le/la Français(e) ou le/la francophone et les invités.

→ Rédigez un mot de bienvenue. Mettez en commun avec le groupe.

h. Présentez la personne choisie au début de l'intervention et remerciez-la à la fin.

→ Préparez une présentation de l'intervenant(e) et un mot de fin. Mettez en commun avec le groupe.

À :

Objet : Invitation

Cher Monsieur… / Chère Madame…,

Nom de l'organisateur organise une journée *« thème de la journée ».*
Date : …
Horaires : …

Pouvez-vous participer à cette journée, pour parler de *« thème de l'intervention »* ?

Êtes-vous disponible le *(date)* à *(horaires)* ?

Merci beaucoup pour votre réponse.
Formule de politesse.

Mot de bienvenue

Mesdames, Messieurs,

Nom de l'organisateur vous souhaite la bienvenue à cette journée *« thème de la journée ».*

Nous sommes heureux d'accueillir *Monsieur / Madame…, nationalité, profession,* pour parler de *« thème de l'intervention ».*

Nom de l'organisateur vous souhaite une agréable journée.

Projet ouvert sur le monde ▸ 📖 GP

Nous réalisons un flyer pour inviter tous les étudiants de français de l'école / l'Alliance / l'Institut / l'université de notre ville.

I Compréhension des écrits

Lisez ce message d'un ami français et répondez aux questions.

1. Pourquoi Gauthier est à Bruxelles cette semaine ?

2. Gauthier se lève à quelle heure le matin ?

3. À 7 h 30, Gauthier…
   a. prend son petit déjeuner.
   b. va au travail.
   c. est au bureau.

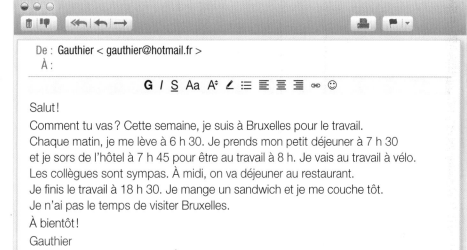

De : Gauthier < gauthier@hotmail.fr >
À :

G *I* <u>S</u> Aa A⁺ ✎ ☰ ☰ ☰ ☰ ∞ ☺

Salut !
Comment tu vas ? Cette semaine, je suis à Bruxelles pour le travail.
Chaque matin, je me lève à 6 h 30. Je prends mon petit déjeuner à 7 h 30
et je sors de l'hôtel à 7 h 45 pour être au travail à 8 h. Je vais au travail à vélo.
Les collègues sont sympas. À midi, on va déjeuner au restaurant.
Je finis le travail à 18 h 30. Je mange un sandwich et je me couche tôt.
Je n'ai pas le temps de visiter Bruxelles.
À bientôt !
Gauthier

4. Quel moyen de transport prend Gauthier pour aller travailler ?

a b c

5. Le soir, Gauthier…
   a. va au restaurant.   b. mange un sandwich.   c. n'a pas le temps de dîner.

II Production écrite

Exercice 1 Remplir un formulaire

Vous êtes en France. Vous voulez rencontrer de nouveaux amis. Vous complétez cette fiche d'inscription pour vous présenter.

Prénom :
Âge : _____ Métier : _____
Le week-end, vous êtes libre à quelle heure ? _____
2 types de sorties préférés : _____
2 activités préférées : _____

Exercice 2 Écrire un message court

Vous étudiez dans une école de langue française de Bordeaux. Vous recevez ce message de Cédric, un ami français. Vous lui répondez. Vous lui proposez de venir à une soirée organisée par l'école. Vous lui précisez le type de soirée, l'heure, et vous lui expliquez comment venir à l'école. (40 mots minimum)

Conv. **CEDRIC** vu aujourd'hui à 14:20

Salut ! Tu fais quoi samedi soir ?
On peut se voir ?
Écris-moi s'il te plaît. À bientôt !
Cédric

DOSSIER 5

Nous nous informons en français

La langue française dans le monde

En petits groupes. Répondez. À votre avis…

1 Vous pouvez voir ou écouter quels médias en langue française dans votre pays ?

2 Est-ce qu'il y a des journaux ou des magazines francophones en Asie ? En Europe ? En Amérique ? En Afrique ? En Océanie ?

3 Ces auteurs étrangers écrivent en français ou leurs livres sont traduits en français ?

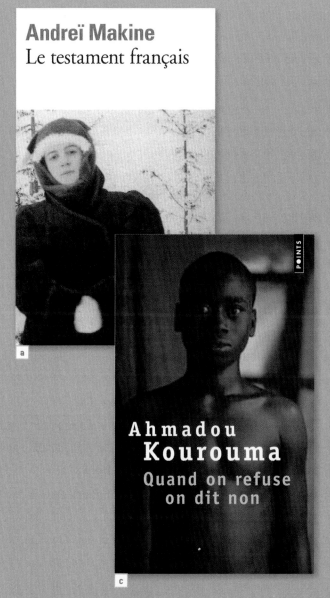

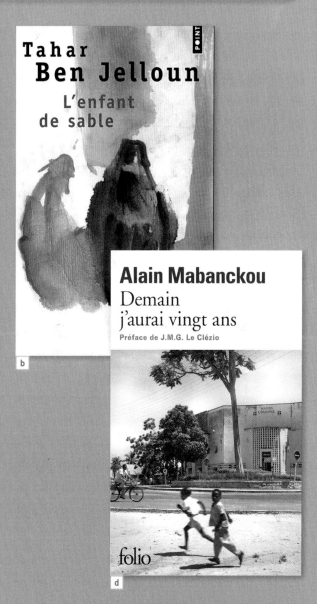

En groupe. Comparez vos réponses.

PROJETS

Un projet de classe

Réaliser le portrait d'une personnalité étrangère qui s'exprime en français.

Et un projet ouvert sur le monde

Créer un mur virtuel pour partager nos ressources et progresser en français.

Pour réaliser ces projets, nous allons apprendre à :

▶ raconter des événements passés

▶ parler d'expériences récentes ou de projets

▶ comprendre des informations biographiques

▶ décrire physiquement une personne

▶ parler d'événements passés et actuels

▶ donner des conseils

LEÇON

1 Apprendre autrement

Raconter des événements passés

document 1

ZOOM sur **Sachiko, professeure de français à l'université de Tsukuba, au Japon**

Sachiko est professeure de français à l'université de Tsukuba, au Japon. Elle a un projet pédagogique : le journal d'apprentissage.

Pour bien apprendre le français, ses étudiants doivent se poser des questions (*Qu'est-ce que j'ai fait pour améliorer mon français ? Qu'est-ce que j'ai appris en cours ?*). Puis ils répondent à ces questions à l'écrit, chaque semaine et en français.

document 2

1. Lisez le titre de l'article (doc. 1). Identifiez l'institution et le lieu où elle se trouve.

2. Lisez l'article (doc. 1). Répondez.
 a. Qui est Sachiko ?
 b. Pourquoi parle-t-on de Sachiko ?
 c. Quel est l'objectif de son projet ?

3. En petits groupes. Vous connaissez le principe du journal d'apprentissage ? Vous aimez l'idée ? Pourquoi ?

4. Par deux. Lisez les journaux d'apprentissage d'Akahiko et de Chizu (doc. 2).
 a. Repérez la semaine présentée dans les deux journaux.
 b. Relevez l'action qui correspond à chaque photo.

Exemple : *Akahiko. J'ai étudié le français lundi, mardi et jeudi.*

Akahiko

La semaine dernière :
- j'ai étudié le français lundi, mardi et jeudi ;
- en classe, nous avons appris à raconter des événements passés ;
- j'ai utilisé le français pour faire des recherches sur Internet ;
- des étudiants de l'université Sophia sont venus, nous avons parlé français avec eux ;
- je n'ai pas fait beaucoup d'erreurs ;
- j'ai bien compris le cours, je n'ai pas eu de difficultés.

Chizu

La semaine dernière, pour progresser en français :
- j'ai écrit en français dans mon journal de classe ;
- j'ai écouté la radio en français ;
- mes amis japonais sont sortis, je ne suis pas allée avec eux, je suis sortie avec des étudiantes françaises, nous sommes allées au *Café Berger* ;
- je suis allée à la bibliothèque, j'ai lu un article en français dans un journal ;
- je ne suis pas rentrée chez moi après les cours, je suis restée deux soirs à l'université, au ciné-club, pour regarder des films en français.

FOCUS LANGUE ► p. 215

Le passé composé (1) pour raconter des événements passés

a. Observez ces extraits des journaux d'apprentissage (doc. 2). Aidez Chizu à compléter la règle.

Nous avons parlé français avec eux.	Je suis allée à la bibliothèque.
J'ai écouté la radio en français.	Nous sommes allées au *Café Berger*.
Nous avons appris à raconter.	Mes amis sont sortis.
J'ai bien compris le cours.	Je suis sortie avec des étudiantes françaises.
J'ai écrit en français.	

> __IMPORTANT !__
>
> Je forme le passé composé avec (... ou ...) au présent + le (participe passé) du verbe.
>
> Avec avoir : le participe passé ne change pas.
> Exemples : ...
>
> Avec être : le participe passé s'accorde avec le sujet.
> Exemples :
> (Je) suis allé... (féminin) à la bibliothèque.
> (Mes amis) sont sorti... (pluriel).

b. Observez encore les extraits. Complétez.

	Verbe à l'infinitif	Participe passé
Verbes en -*er*	parler, ..., ...	..., ..., ...
Verbe en -*ir*	...	...
Autres verbes	apprendre, comprendre	..., ...
	écrire	...

> **Attention !** Faire → fait. Avoir → eu. Lire → lu.
> Venir → venu.

c. Observez ces phrases. Repérez la place de la négation. Complétez la règle.
Je n'ai **pas** fait beaucoup d'erreurs.
Je **ne** suis **pas** allée avec eux.
→ Au passé composé : sujet + … + *être / avoir* au présent + … + participe passé du verbe. ► p. 179

5

Par deux.
a. Listez ce que vous avez fait la semaine dernière pour progresser en français.
b. Comparez avec les autres groupes.
c. Faites une liste pour la classe.

document **3** 🎧 98

6. 🎧►98 Écoutez l'interview (doc. 3).
a. Qui est la personne interviewée ?
b. Relevez deux expressions du journaliste pour caractériser cette personne.

7. 🎧►98 Par deux. Réécoutez (doc. 3).
a. Sélectionnez les activités des étudiants.

PHONÉTIQUE
[ɑ̃] [ɔ̃]

a des exercices de phonétique **b** des interviews **c** de la traduction **d** des enquêtes

e des mots croisés **f** de la cuisine **g** un quiz

b. Relevez le moment précis pour chaque activité sélectionnée.
Exemple : d. *Cette semaine*, ils ont réalisé une enquête sur les habitudes des Français.

FOCUS LANGUE

Indiquer un moment précis dans le temps

Classez les expressions de l'activité 7b dans l'ordre chronologique.

← l'année dernière   …   …   …   ce matin →

► p. 179

À NOUS ! 💬✏️

8. Nous créons notre journal d'apprentissage.

En petits groupes.
a. Écrivez ce que vous avez fait la semaine dernière pour progresser en français (activité 5).
Exemples :
– *En classe, nous avons appris à raconter des événements passés.*
– *Après la classe, nous sommes sortis avec des étudiants français.*

b. Présentez vos journaux d'apprentissage à la classe.
c. La classe vote pour le journal d'apprentissage le plus complet.

► **Expressions utiles p. 182**

LEÇON

2 Jeunes talents

document 1

www.acadienouvelle.com/

acadienouvelle
le quotidien francophone du Nouveau-Brunswick

L'ACADIE S'EXPRIME ICI !

SUIVEZ-NOUS

ACTUALITÉS   SPORTS   **ARTS ET SPECTACLES**   ATLANTIQUE   ETC »   **S'ABONNER**

NOTRE TOP 5 DES JEUNES TALENTS

1 Lisa LeBlanc, auteure-compositrice-interprète. Révélation Radio Canada en 2012, Lisa LeBlanc a reçu le prix du meilleur album francophone en octobre 2013. Elle vient de lancer un mini-album de chansons anglophones. Elle va avoir un grand avenir, c'est sûr.

2 Christel Robichaud, athlète.
Cette athlète en fauteuil roulant va participer aux prochains Jeux paralympiques. Elle vient de recevoir le titre d'athlète de l'année par Acadie Nouvelle.

3 Les Hay Babies, groupe de musique.
Ce trio fantastique a eu une année exceptionnelle. Les Hay Babies viennent de lancer leur premier album complet. Elles vont très bientôt donner des concerts partout dans le pays et à l'étranger.

4 Sébastien Lord, étudiant en mathématiques.
Cet étudiant de troisième année en mathématiques, à l'université de Moncton, est très brillant. Il vient de publier des articles dans des magazines spécialisés. Il va bientôt donner une série de conférences.

5 Mika Cyr, hockeyeur.
Le jeune hockeyeur des Wildcats de Moncton n'a pas encore 20 ans mais il a gagné des matchs importants. Il va participer au prochain match de la Ligue de hockey junior majeur du Québec.

1. Observez le site (doc. 1). Identifiez le nom du journal et le titre de l'article.

2. Par deux. Lisez l'article (doc. 1).
   a. Dans quel pays se trouve l'Acadie ?
   b. Quels sont les points communs entre ces personnes ?
   c. Associez les photos aux personnes.

3. En petits groupes. Relisez (doc. 1). Associez chaque phrase à une personne du top 5.
   a. Elles vont chanter dans plusieurs pays.
   b. Il écrit des articles scientifiques.
   c. Elle chante en français et en anglais.
   d. Elles viennent de sortir un album.
   e. C'est une sportive reconnue.
   f. Il est très jeune et va participer à un grand match.
   g. Elle va représenter son pays aux JO.

4. Lisez encore (doc. 1). Pourquoi ces jeunes sont dans le top 5 ? Complétez.

	Événements dans le passé	Événements dans le futur / Projets
Lisa LeBlanc	Elle a reçu… …	…
Christel Robichaud	…	…
Les Hay Babies	… …	Elles vont très bientôt donner des concerts partout dans le pays et à l'étranger.
Sébastien Lord	…	…
Mika Cyr	…	…

5

En petits groupes.
Faites le top 5 des jeunes talents de votre pays. Pensez à différentes professions (sportifs, artistes, scientifiques, écrivains, ingénieurs, médecins, etc.).

FOCUS LANGUE ▶ p. 214

Le passé récent pour parler d'un événement dans le passé immédiat
Le futur proche pour parler d'un événement dans le futur immédiat

a. Par deux. Associez les événements dans le passé et les projets de l'activité 4 au temps qui correspond : passé composé, passé récent, futur proche.

b. Observez les phrases. Complétez la règle.

Le passé récent	Le futur proche
1. Elle vient de recevoir le titre d'athlète de l'année. 2. Les Hay Babies viennent de lancer leur premier album.	1. Elle va avoir un grand avenir. 2. Elles vont donner des concerts partout.
Pour former le **passé récent**, j'utilise le verbe … au présent + … + le verbe de l'action à l'infinitif.	Pour former le **futur proche**, j'utilise le verbe … au présent + le verbe de l'action à l'infinitif.
J'utilise le passé récent pour parler d'un événement dans un passé immédiat.	J'utilise le futur proche pour parler d'un événement dans le futur immédiat.

▶ p. 179

document 2 🎧 99

6. 🎧▶99 **Écoutez l'émission diffusée sur Acadie Web Radio (doc. 2). Répondez.**

a. Quel est le thème de l'émission ?

b. Combien de personnes s'expriment ?

c. Qui sont-elles ?

d. Quelles appréciations sont positives ? Négatives ? Pourquoi ?

7. 🎧▶99 **Par deux. Réécoutez (doc. 2). Reconstituez les témoignages.**

a. Alors moi, je dis bravo les jeunes !

b. Moi, je dis vive le Canada !

c. Nous disons félicitations les jeunes !

d. On dit souvent :

e. Nous travaillons dans une entreprise…

1. C'est un pays où les jeunes peuvent s'exprimer.

2. Et bravo au journal pour l'article !

3. les jeunes ne sont pas courageux.

4. et nos collègues disent parfois du mal des jeunes.

5. Ils vont avoir une carrière super !

FOCUS LANGUE ▶ p. 214

Le verbe *dire* au présent

a. Observez les phrases de l'activité 7. Complétez.

je …	nous …
tu dis	vous dites
il/elle/on …	ils/elles …

b. 🎧▶100 Écoutez la conjugaison du verbe *dire*. Répétez.

▶ p. 180

8. Sons du français ▶ p. 205

La prononciation de *viens* / *vient* [vjɛ̃] et *viennent* [vjɛn]

a. 🎧▶101 Écoutez. Vous entendez [vjɛ̃], montrez ①. Vous entendez [vjɛn], montrez ②.

Exemple : *Ils viennent de quitter l'école.* → ②

b. Par groupes de trois. L'étudiant(e) 1 dit ce qu'il/elle vient de faire. L'étudiant(e) 2 dit ce que l'étudiant(e) 1 vient de faire. L'étudiant(e) 3 dit ce que plusieurs étudiants viennent de faire.

Propositions d'actions : *étudier, danser, chanter, écrire, lire, sortir, entrer, recevoir un prix.*

Exemple : – Étudiant 1 : *Je viens de manger.*
　　　　　– Étudiant 2 : *Il vient de manger.*
　　　　　– Étudiant 3 : *Ils viennent de manger.*

▶ p. 180

À NOUS ! 🎤✏️

9. Nous créons le top 5 des jeunes talents de notre pays.

En petits groupes.

a. Présentez chaque jeune de votre top 5 (activité 5). Expliquez pourquoi ils sont dans le top 5 avec des événements passés et des projets.

b. Préparez une présentation écrite de votre top 5 (un diaporama avec une ou deux photos pour chaque personne).

c. Chaque groupe présente son top 5 à la classe.

▶ Expressions utiles p. 182

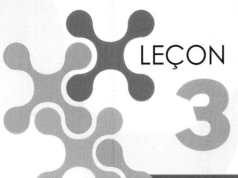

LEÇON 3
Écrivains francophones

Comprendre des informations biographiques

document 1 🎧 102

1. 🎧▶102 **Écoutez cette conversation entre amis (doc. 1). Répondez.**

a. De quels écrivains ils parlent ?

b. Quel est le point commun entre ces deux écrivains ?

2. 🎧▶102 **Réécoutez (doc. 1). Pourquoi ils parlent de ces écrivains ? Choisissez. (Plusieurs réponses possibles.)**

a. Ils ont lu leurs livres.

b. Ils ont vu un reportage.

c. Ils ont participé au jury du Goncourt des lycéens.

3. 🎧▶102 **Par deux. Écoutez encore (doc. 1). Complétez la biographie d'Ahmadou Kourouma.**

> **BIOGRAPHIE** Ahmadou Kourouma
>
>
>
> Ahmadou Kourouma est né en 1927 à Boundiali, en Côte d'Ivoire. Il … cinq livres pour adultes, tous des succès, et aussi des livres pour la jeunesse. Il … le Goncourt des lycéens avec *Allah n'est pas obligé*, en 2000. Il … en 2003. Son dernier livre, *Quand on refuse on dit non*, … après sa mort, en 2004.

FOCUS LANGUE

Les nombres (3) à partir de 100

100	cent	900	neuf cents
200	deux cents	1000	mille
300	trois cents	2000	deux mille
400	quatre cents	1927	mille neuf cent vingt-sept
500	cinq cents	1971	mille neuf cent soixante et onze
600	six cents	1990	mille neuf cent quatre-vingt-dix
700	sept cents	2003	deux mille trois
800	huit cents		▶ p. 180

4 ✏️

En petits groupes. Listez les écrivains de votre pays qui ont eu des prix littéraires. Cherchez s'ils sont francophones.

5. Sons du français

> **Identifier le e muet**
>
> a. **Recopiez ces extraits (doc. 1). Soulignez la lettre e quand elle n'est pas prononcée.**
>
> Exemple : *Ils ont passé un reportage sur Ahmadou Kourouma.*
>
> 1. Le reportage raconte sa vie.
> 2. Il a écrit cinq livres pour adultes, tous des succès, et aussi des livres pour la jeunesse.
> 3. Mais son dernier livre, *Quand on refuse on dit non*, est sorti après sa mort, en 2004.
>
> b. 🎧▶103 **Écoutez les extraits. Répétez.**

document 2

http://academie-goncourt.fr/?membre

Académie Goncourt

Accueil > Les membres > Tahar Ben Jelloun > Biographie

Tahar Ben Jelloun

Tahar Ben Jelloun est né à Fès, au Maroc, en 1944. Il a commencé sa scolarité en français à l'âge de six ans. À dix-huit ans, il est entré à l'université de Rabat. Il a fait des études supérieures de philosophie. En 1971, il a déménagé et s'est installé à Paris. Il s'est intéressé à la psychologie et a publié des articles dans le journal *Le Monde*.
L'année suivante, il s'est mis à écrire.
Il a rencontré son premier succès populaire en 1985, grâce au roman *L'Enfant de sable*.
Il a reçu deux ans plus tard le prix Goncourt pour *La Nuit sacrée*, suite de *L'Enfant de sable*.

document 3

Accueil   À propos   Plan du site   Bibliographie   Contact

ESPACE FRANÇAIS .COM
Le site de référence sur le français

Lumière sur... ▾   Histoires ▾   Langue ▾   Littérature ▾

AUTEUR FRANCOPHONE
Andreï Makine

Andreï Makine est devenu célèbre du jour au lendemain, en 1995. Cette année-là, il a reçu trois prix : le Goncourt, le Médicis ex aequo et le Goncourt des lycéens, pour *Le Testament français*. Né en Sibérie en 1957, il a fait ses études à Moscou. Il a enseigné la philologie et a collaboré à des revues littéraires. Il est resté en Russie jusqu'à la fin des années quatre-vingts. Il est arrivé à Paris en 1987 et s'est mis à écrire en français. Les critiques n'ont pas été positives tout de suite. Il a continué à écrire. Il a modifié le titre de ses livres, et il a aussi changé de nom. Son premier livre (*La Fille d'un héros de l'Union soviétique*) est sorti en 1990 aux Éditions Robert Laffont. Il est retourné seulement deux fois dans son pays.

6. Observez les deux sites Internet (doc. 2 et 3). Identifiez :
   a. les rubriques consultées ;
   b. le nom des personnes en photo.

7. En petits groupes. Lisez les deux biographies (doc. 2 et 3).
   a. Relevez un maximum de points communs entre les deux écrivains.
   b. Repérez, dans chaque texte, l'ordre d'apparition des éléments suivants. Justifiez.
   naissance • études • prix • installation en France • écriture en français
   c. Notez, pour chaque élément, les indications de temps (date, année ou âge de l'écrivain.)

FOCUS LANGUE ▸ p. 217

Les marqueurs temporels (1) pour situer des événements dans le temps

Par deux. Complétez avec les indications de temps relevées dans l'activité 7c.

Indiquer une date, une année	Indiquer l'âge de la personne	Préciser la chronologie des événements, des faits passés
cette année-là	à dix-huit ans	deux ans plus tard
…	…	…

▸ p. 180

8. En petits groupes.
   Parlez des événements importants de votre vie. Situez ces événements dans le temps.
   naissance • études • diplômes / prix • centres d'intérêt • apprentissage du français

FOCUS LANGUE ▸ p. 215

Le passé composé (2) pour évoquer des événements passés

a. Par deux. Observez ces extraits des biographies (doc. 2 et 3). Complétez la règle.
   Il a reçu trois prix.
   Il a fait ses études à Moscou.
   Il a changé de nom.
   → En général, pour former le passé composé : sujet + … + … .

   Il s'est installé à Paris.
   Il s'est intéressé à la psychologie.
   Il s'est mis à écrire en français.
   → En français, tous les verbes … se conjuguent avec … au passé composé.

   Attention ! Elle s'est installée. – Ils se sont installés. – Elles se sont installées.

b. Retrouvez dans les biographies (doc. 2 et 3) les sept autres verbes conjugués avec *être*.

c. Mettez ces verbes à l'infinitif. Complétez la liste.
   Les verbes conjugués avec *être* au passé composé : *monter – mourir – venir – tomber – aller – descendre – partir – passer – …*

d. Imaginez un moyen de mémoriser ces quinze verbes (une histoire, un dessin, une chanson, etc.).

e. Partagez vos idées avec la classe.
   ▸ p. 180

À NOUS !

9. Nous rédigeons la biographie d'un écrivain de notre pays.

En petits groupes.
   a. Choisissez un écrivain dans la liste de l'activité 4.
   b. Rédigez sa biographie à la manière de celle de Tahar Ben Jelloun ou d'Andreï Makine.
   c. Chaque groupe présente sa biographie à la classe sans dire le nom de l'écrivain. La classe devine de quel écrivain il s'agit.

▸ Expressions utiles p. 182

LEÇON

4 Un livre, un jour

Décrire physiquement une personne

1. Observez la page Internet (doc. 1). Quel est le titre de l'émission diffusée :
- a. du lundi au vendredi après-midi ?
- b. le jeudi matin ?
- c. le samedi après-midi ?

2. En petits groupes. Quel est le thème commun à ces trois émissions ? Ce type d'émissions existe dans votre pays ?

document 1

www.france3.fr/emissions/un-livre-un-jour

PROGRAMME TV   ÉMISSIONS   VIDÉOS   INFO   JEUX   PARTICIPEZ   ▶ DIRECT

ACCUEIL   TOUTES LES ÉMISSIONS   UN LIVRE UN JOUR   UN LIVRE TOUJOURS   UN LIVRE 2.0   VOS ENVIES   POLAR CHAOS

livre jour — Du lundi au vendredi à 17h25

livre TOUJOURS — Le samedi à 16h50

livre 2.0 — Le jeudi à 10h00

document 2 🎧 104

3. 🎧 104 Écoutez l'émission *Un livre, un jour* (doc. 2). Répondez.
- a. De quel écrivain parle le journaliste ?
- b. Quel est son pays d'origine ?
- c. Quel est le prénom du personnage principal ?

4. Par deux.
- a. 🎧 104 Réécoutez (doc. 2). Quand se passe l'histoire ? Quel est son sujet ?
- b. Associez chaque personnage à sa description.
Geneviève • Caroline • maman Martine • Yaya Gaston • Michel
  1. C'est une jolie jeune femme aux grands yeux verts.
  2. C'est un petit garçon. Il a les cheveux frisés, les yeux noirs.
  3. Elle est belle. Elle a les cheveux longs et bouclés.
  4. Il est musclé.
  5. Ses cheveux sont longs et blancs.

Handwritten notes: Gen / Michel, Caroline, Gaston, maman, curly

5. 💬✏️
En petits groupes.
- a. Parlez de vos livres préférés et choisissez un livre.
- b. Présentez le livre à la manière de *Un livre, un jour*. Indiquez l'auteur, où et quand se passe l'histoire et décrivez le personnage principal.

6. Lisez les extraits littéraires (doc. 3). Associez chaque extrait à son titre.
  1. *Cette femme qui dit être ma mère*, Judith Uyterlinde.
  2. *Un roman français*, Frédéric Beigbeder.
  3. *Les Femmes aux cheveux courts*, Patrice Leconte.

7. Par deux. Associez chaque avatar à un personnage.

a   b   c   d   e

  1. Papa a l'œil vert perçant.
  2. Sandrine, sérieuse, les cheveux châtains, attachés en chignon.
  3. La femme de ma vie, elle a les cheveux courts, elle est brune, elle a la peau mate.
  4. Maman, très jeune, une blonde.
  5. Louise, elle est rigolote, plutôt jolie, brune, les cheveux longs, mais toujours attachés.

8. Relisez l'extrait c (doc. 3). De qui parle l'auteur ? Pourquoi ?

document 3

Je m'appelle Thomas, je suis un chic type. Je travaille dans une papeterie.

J'ai 27 ans. J'aime les femmes aux cheveux courts.

Louise, c'est ma préférée. Elle est rigolote, plutôt jolie, brune, les cheveux longs, mais toujours attachés. Mais fiancée. A un fiancé.

Sandrine, sérieuse, les cheveux châtains, attachés en chignon, un peu forte.

La femme de ma vie, elle a les cheveux courts, elle est brune, elle a la peau mate.

a

Maman : très jeune, une blonde, aux cheveux fins en robe légère, aux yeux clairs, bleu azur, dents blanches.

Papa : un jeune homme mince et riche, studieux, il a fait le tour du monde à 18 ans, concentré et passionnant, il a l'œil vert perçant.

b

De mon côté, je ressemble à ma mère, nous avons la même allure, les mêmes jambes, la même voix. Pour une femme de son âge, ma mère est active et énergique.

c

FOCUS LANGUE ▸ p. 210 et 216

Décrire physiquement une personne

Complétez avec les extraits littéraires (doc. 3) et la description des personnages du roman de Mabanckou (activité 4b).

roux / rousse
…
…
… → **les cheveux**

être

un peu fort(e)
…
musclé(e) → **la silhouette**

petit(e)
grand(e) → **la taille**

LA DESCRIPTION PHYSIQUE — avoir

la peau — mate / bronzée

les yeux — clairs / … / … / bleus / gris / marron — bleu azur

les cheveux — mi-longs / courts / frisés / … / noirs / … / bruns / fins

Pour parler des ressemblances physiques

Nous avons la même allure, les mêmes jambes, la même voix. Je … ma mère.

▸ p. 180 et 181

À NOUS !

9. Nous faisons des portraits « à la manière de ».

a. Formez quatre groupes.

• **Groupe 1 : la femme / l'homme de nos rêves.**
À la manière de Thomas dans *Les Femmes aux cheveux courts*, décrivez la femme ou l'homme de votre vie. *Je m'appelle… J'ai… ans. J'aime les femmes / les hommes…*

• **Groupe 2 : Michel et nous !**
À la manière de Michel dans *Demain, j'aurai vingt ans*, décrivez-vous. *Dans les années…*

• **Groupe 3 : un roman espagnol / brésilien / russe…**
À la manière de F. Beigbeder dans *Un roman français*,

décrivez votre père et votre mère le jour de leur première rencontre. *Papa : … Maman : …*

• **Groupe 4 : nos ressemblances…**
À la manière de J. Uyterlinde dans *Cette femme qui dit être ma mère*, parlez de vos ressemblances physiques avec une personne de votre famille. *De mon côté, je ressemble à … Nous avons…*

b. Un(e) étudiant(e) de chaque groupe lit le portrait à la classe.

▸ Expressions utiles p. 182

LEÇON

5 Il a choisi la France

Parler d'événements passés et actuels

1. Observez l'article (doc. 1). Identifiez :
   a. le nom du magazine ;
   b. la rubrique ;
   c. le titre de l'article ;
   d. le thème de l'article.

2. Par deux. Lisez l'article (doc. 1).
   a. Relevez les éléments qui caractérisent Keisuke Matsushima : sa profession, sa nationalité, son type de cuisine, son niveau de français.
   b. Retrouvez la définition de la cuisine fusion.

3. En petits groupes. Vous connaissez la cuisine fusion ? Vous aimez ? Vous n'aimez pas ? Pourquoi ?

4. Par deux. Relisez (doc. 1). Associez chaque affirmation au(x) pays qui correspond(ent).
   a. Il a ouvert son premier restaurant en 2002.
   b. Il partage son temps entre deux villes.
   c. Il a appris les classiques de la cuisine française.
   d. Aujourd'hui, son restaurant est très connu.
   e. Il a commencé à travailler au restaurant *Vincennes*.
   f. Il recrée le goût de la cuisine française avec des produits japonais.

> **FOCUS LANGUE** ▸ p. 215

Le passé composé pour parler d'événements passés / Le présent pour parler de faits actuels

Classez les phrases de l'activité 4 dans le tableau.

J'utilise le passé composé pour parler d'événements passés	J'utilise le présent pour parler de faits actuels et d'habitudes
Il a ouvert son premier restaurant en 2002. …	Aujourd'hui, son restaurant est très connu. …

▸ p. 181

5. Sons du français

La différence entre le présent et le passé composé

a. 🎧)))105 Écoutez et répétez.
   1. Je finis [ʒə fini] → présent. ⌢
      J'ai fini [ʒe fini] → passé composé. ⌣
   2. Je mange [ʒə mɑ̃ʒ] → présent. ⌢
      J'ai mangé [ʒe mɑ̃ʒe] → passé composé. ⌣

b. 🎧)))106 Écoutez. Vous entendez le passé composé, levez-vous.

6

En petits groupes.
Quels chefs de votre pays ont du succès (dans le monde) ?
a. Listez ces chefs. Précisez qui ils sont, où est leur restaurant, quel est leur type de cuisine, etc.
b. Mettez en commun avec la classe.

document **1**

Le nouvel **Observateur**   Actualité

Actualité > Culture

Le chef Keisuke Matsushima, samouraï de la cuisine fusion.

Le chef japonais Keisuke Matsushima a ouvert son premier restaurant à Nice en décembre 2002. Il est célèbre pour sa cuisine fusion. Portrait d'un chef.

 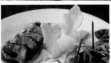

document 2 🎧 107

7. 🎧 107 Écoutez l'émission (doc. 2).
Quel est le lien avec l'article (doc. 1) ?

8. 🎧 107 Réécoutez (doc. 2). Vrai ou faux ? Pourquoi ?
  a. Les deux chefs se sont rencontrés à Nice.
  b. Les deux chefs font le même type de cuisine.
  c. La cuisine fusion est nouvelle.
  d. Il existe plusieurs types de cuisine fusion.

> **FOCUS LANGUE**

Mais pour exprimer une opposition ou une précision

a. Observez ces extraits de l'émission (doc. 2).

J'utilise *mais* pour :	
apporter une précision	exprimer une opposition
La cuisine fusion, c'est le mélange entre les cultures et les cuisines. **Mais** c'est aussi la passion du goût.	On ne fait pas la même cuisine **mais** on discute beaucoup des plats.

b. En petits groupes. Trouvez un exemple personnel pour chaque colonne.
► p. 181

---

9. Apprenons ensemble !

Rachel est américaine.
Elle répond à cette question :
« Pourquoi avez-vous choisi d'apprendre le français ? »

En petits groupes.

a. 🎧 108 Écoutez Rachel. Repérez :
  – pourquoi elle a choisi d'apprendre le français ;
  – ce qu'elle pense du français.

b. Aidez Rachel à corriger ses erreurs.

Le présent d'habitude
Aux États-Unis, en Californie, au lycée, on a appris une langue étrangère.
Et aujourd'hui, j'ai adoré le français.

Le passé composé pour parler d'événements passés
Je commence les cours et j'adore le son du français.

c. Réfléchissez à un moyen de ne pas faire ce type d'erreurs.

d. Partagez vos idées avec la classe.

1. on apprend
2. j'adore
3. J'ai commencé
4. j'ai adoré

À NOUS ! ✏️

10. Nous racontons la vie professionnelle d'un chef.

Par groupes de trois ou quatre.

a. Choisissez un chef dans la liste de l'activité 6.

b. Listez les événements de sa vie professionnelle.

c. Caractérisez sa cuisine.

d. Précisez s'il a aussi des restaurants dans d'autres pays.

e. Ajoutez une photo du chef et d'un de ses plats.

f. Rédigez l'article et envoyez-le à votre professeur.

éma   BibliObs   TéléObs   Le Plus   Rue89   ▷

Keisuke Matsushima est japonais. À 10 ans, il a décidé de devenir chef. Il a appris les classiques de la cuisine française à l'école Tsuji de Tokyo. Il a commencé à travailler au restaurant *Vincennes*, dans le quartier de Shibuya.
Il est arrivé en France en novembre 1998, à l'âge de 20 ans, avec un projet : ouvrir son restaurant de gastronomie française en France. Quatre ans plus tard, il a ouvert son premier restaurant à Nice, le *Kei's passion*, un petit restaurant avec quelques tables seulement. Aujourd'hui, c'est un restaurant très connu. Il a changé de nom et s'appelle maintenant *Keisuke Matsushima*. Keisuke recrée le goût de la cuisine française avec des produits japonais. Il partage son temps entre Nice et Tokyo, où il a ouvert son deuxième restaurant. Ses deux restaurants, en France et au Japon, ont reçu une étoile au guide Michelin. Keisuke parle très bien le français. Il a appris notre langue au Japon et s'est perfectionné à son arrivée en France.

6 Informons-nous !

Donner des conseils

document 1

www.giga-presse.com/

GIGA PRESSE
Le guide des meilleurs journaux du Net

ACCUEIL	PRESSE FRANCOPHONE	PRESSE MONDE	PRESSE KIOSQUE	DOCUMENTATION	LE BLOG DE GIGA PRESSE	VOTRE CARNET
RETOUR PAGE PRINCIPALE	SUR INTERNET FRANCE & FRANCOPHONIE	SUR INTERNET	VERSION PAPIER & NUMÉRIQUE	PRESSE & RESSOURCES NUMÉRIQUES	LES ARTICLES ET LES NEWS DE GIGA PRESSE	POUR GÉRER ET PARTAGER VOS FAV'

857 journaux et magazines à découvrir !   www.giga-presse.com   Connexion   S'inscrire

BIENVENUE SUR GIGA PRESSE

Suivez le guide ! → *Follow*

1. Posez-vous les bonnes questions, préparez une liste : un pays en particulier ? Une thématique ? Des mots-clés ?
2. Puis faites votre recherche. Saisissez un titre, un mot… *Type*
3. Soyez curieux ! Faites-vous plaisir ! 857 journaux et magazines *pleasure* francophones à découvrir !

DÉCOUVRIR GIGA PRESSE

- LES MEILLEURS JOURNAUX DU NET
- LES JOURNAUX DU MONDE

LE KIOSQUE MAGAZINE
Vous souhaitez tout savoir du nouveau numéro de votre magazine préféré sans sortir de chez vous ? Consultez la couverture et le sommaire du dernier numéro en…
Lire la suite

- ESPACE DOCUMENTATION
- LE KIOSQUE MAGAZINE

INSCRIVEZ-VOUS AU CARNET

Votre carnet
Avec le carnet, retrouvez vos journaux et magazines préférés dans votre espace personnel. *Worry* Ne vous inquiétez pas, c'est gratuit ! Inscrivez-vous ! Un dernier conseil : n'hésitez pas à vous connecter tous les jours. Nous avons souvent des nouveautés.

---

1. Observez la page Internet (doc. 1). Répondez.
   a. Quel est le nom du site ?
   b. Quelle est sa fonction ?

2. Lisez les rubriques (doc. 1). Identifiez trois types de presse.

3. Par deux. Lisez la rubrique « Suivez le guide ! » (doc. 1). Relevez les conseils donnés.
   Exemple : *se poser les bonnes questions* (« *posez-vous les bonnes questions* »).

4. Lisez la rubrique « Votre carnet » (doc. 1).
   a. Identifiez la fonction du carnet.
   b. Relevez les trois conseils donnés.

5
   a. En petits groupes. Vous vous intéressez à la presse francophone ? Quels titres connaissez-vous ?
   b. En groupe. Listez les médias francophones de la classe.

document 2 🎧 109

http://academie.france24-mcd-rfi.com/

Académie

FRANCE MÉDIAS MONDE

SE FORMER POUR MIEUX **INFORMER**

ACCUEIL   FORMATIONS   CONSULTING   L'ÉQUIPE   MODALITÉS   RÉFÉRENCES

Bienvenue à l'Académie France 24, Monte Carlo Doualiya et RFI

L'Académie forme les journalistes dans le monde entier. Nos experts, professionnels reconnus en matière de télévision, de radio, d'Internet et de nouvelles technologies, se déplacent pour coacher vos équipes et les sensibiliser aux meilleures pratiques journalistiques… Découvrez nos offres…

Pour en savoir plus sur les objectifs de cette formation, les contenus, la méthode pédagogique, le public concerné : cliquez ici.

TV – LE REPORTAGE

6. Lisez la page Internet (doc. 2). Répondez.

   a. Quel est l'objectif de l'Académie
     France 24 ?

   b. Quelle est la formation proposée ?

7. ◉ 109 Écoutez l'enregistrement (doc. 2).
Vrai ou faux ? Pourquoi ?

   a. C'est une émission de radio de RFI.

   b. Le thème de la formation est :
     comment réaliser un bon reportage.

   c. Le formateur liste dix conseils
     ou commandements.

8. ◉ 109 Réécoutez (doc. 2).

a. **En petits groupes. Classez les conseils
dans la colonne qui convient.**

Les 10 commandements	

A. Avant
   la réalisation
   du reportage
   3 • ... • ... •
   ... • ...
	B. Pendant
	   la réalisation
	   du reportage
	   9 • ... • ... •
	   ... • ...

   1. Fais-toi plaisir ! *B*

   2. Rends-toi sur place ! *A*

   3. Documente-toi ! *A*

   4. Vérifie ton matériel ! *A*

   5. Implique-toi, vis le reportage ! *B*

   6. N'hésite pas à donner ton opinion ! *B*

   7. Échange avec tes contacts ! *A*

   8. Prépare ton questionnaire ! *A*

   9. Concentre-toi sur les informations ! *B*

   10. Raconte une histoire ! *B*

b. **En groupe. Mettez en commun.**

> **FOCUS LANGUE**   ► p. 216

L'impératif présent (2) pour donner des conseils

Par groupes de quatre.

  a. **Observez ces extraits du site de Giga Presse (doc. 1)
      et de la formation de l'Académie France 24 (doc. 2).**

Groupe 1
Posez-**vous** les bonnes questions ! Faites-**vous** plaisir ! Ne **vous** inquiétez **pas** ! Documente-**toi** ! Rends-**toi** sur place !

Groupe 2
Préparez une liste ! Faites votre recherche ! N'hésitez **pas** à vous connecter ! N'ayez **pas** peur !

Groupe 3
Échange avec tes contacts ! Prépare ton questionnaire ! N'hésite **pas** à donner ton opinion !

Groupe 4
Reprenons le sujet de ce matin. Appelons ça nos dix commandements !

  b. **Répondez aux questions. Partagez vos réponses
     avec la classe.**

Groupe 1
– Retrouvez l'infinitif des verbes. De quel type de verbes s'agit-il ? – Où se place le pronom à l'impératif affirmatif et à l'impératif négatif ?

Groupe 2
– À qui s'adressent ces conseils ? (Deux réponses possibles.) – Où se place la négation à l'impératif négatif ?

Groupe 3
– À qui s'adressent ces conseils ? – Repérez la place de la négation à l'impératif négatif.

Groupe 4
À quelle personne (pronom personnel sujet) sont ces conseils ?

  c. ◉ 110 **Écoutez. Vous entendez un conseil, levez la main.**

                     ► p. 181 et 182

À NOUS ! 🗨 ✏

9. Nous imaginons dix commandements pour progresser en français.

Par groupes de trois :

– **groupe 1** : les trois commandements de l'étudiant ;
   Exemple : *Étudie tous les jours !*

– **groupe 2** : les trois commandements des étudiants ;
   Exemple : *N'oubliez pas d'écouter la radio en français !*

– **groupe 3** : les quatre commandements de la classe.
   Exemple : *Retrouvons-nous après les cours pour
   étudier ensemble !*

  a. **Rédigez vos commandements.**

  b. **Mettez en commun. Présentez-les à la classe.**

En groupe.

  c. **Réalisez l'affiche pour la classe : les commandements
     de l'étudiant, les commandements des étudiants,
     les commandements de la classe.**

  d. **Proposez votre affiche à d'autres classes.**

                ► Expressions utiles p. 182

CULTURES

a. Observez ces trois images extraites de la vidéo. Faites des hypothèses.
   1. Où se passe cette émission ?
   2. Quel est son sujet ?
   3. Qui sont les personnes ?

b. Regardez l'émission avec le son du début jusqu'à 1'04".
   1. Vérifiez vos hypothèses.
   2. Répondez.
      – Quelles sont les particularités de cette librairie ?
      – Qui la librairie accueille-t-elle ?

c. Regardez l'émission avec le son de 1'04" à 1'20" : Quel est l'objectif de la propriétaire de la librairie ?

d. Regardez l'émission de 1'20" à la fin.
   – Sans le son : À votre avis, de quoi parle la propriétaire de la librairie ?
   – Avec le son : Vrai ou faux ? Pourquoi ?
      1. Ce livre raconte l'histoire de la création d'une librairie.
      2. La littérature a joué un rôle essentiel dans la vie de Yohanna Uzan.

e. En petits groupes. Que pensez-vous du concept de cette librairie ? Vous aimeriez y aller ?
   Est-ce qu'il existe des librairies de ce type dans votre ville ? D'autres librairies originales ?
   Pour vous, une librairie peut proposer quels services ?

2 | Les médias pour s'ouvrir sur le monde

a. **Par deux. Observez cette page Internet. Répondez.**
   1. Quel est le média présenté ?
   2. Cette page donne quelles informations ?

b. **Lisez l'article « L'entreprise France 24 ». Vrai ou faux ? Pourquoi ?**
   1. France 24, c'est une seule chaîne de télévision.
   2. Les programmes de France 24 sont seulement en langue française.
   3. France 24 diffuse tous les jours et toute la journée.
   4. Les journalistes de France 24 viennent de trois chaînes différentes mais ils travaillent ensemble.

c. **Associez les rubriques du programme du jeudi aux images.**

d. **En petits groupes. Vous connaissez France 24 ? Vous regardez ce média ? À la télévision, quels sont les programmes que vous préférez ? Pourquoi ?**

COMPLÉTEZ VOTRE CARNET CULTUREL

Je connais déjà :
1. des journaux ou des magazines francophones : …
2. des chaînes de télévision françaises ou francophones (autres que TV5 Monde ou France 24) : …
3. des radios françaises ou francophones : …

Retournez aux pages 90-91. Répondez à nouveau aux questions.
Mettez en commun avec le groupe.

PROJETS

Projet de classe

Nous réalisons le portrait d'une personnalité étrangère qui s'exprime en français.

VIGGO MORTENSEN

ORLANDO BLOOM

JOHN MALKOVICH

Viggo

3 Il parle anglais, espagnol et danois.
Il a de bonnes notions en français, italien,
suédois et norvégien. Il est aussi poète,
peintre, photographe et musicien de jazz
alternatif. Viggo M

1 Il vient de jouer dans le film Captain
fanstastic et va sortir un album de jazz.
Viggo M

2 Il est devenu célèbre avec son interprétation
d'Aragorn, un des personnages principaux
de la trilogie du Seigneur des anneaux,
de Peter Jackson. Il a reçu de nombreux prix
pour son rôle dans ce film.
Orlando Bloom

4 C'est un acteur américain.
Il est grand, brun et il a les yeux
verts. Il est né le 20 octobre
1958 à New York, aux États-Unis.
Il a passé son enfance entre
le Venezuela, le Danemark et
l'Argentine.

13

En petits groupes.

1. Lisez le portrait. Identifiez la personnalité présentée.

2. Associez les éléments au portrait :

   4 a. Lieu et date de naissance, enfance, description physique.

   3 b. Langues parlées et centres d'intérêt.

   2 c. Prix.

   1 d. Événements importants.

3. Choisissez une personnalité étrangère (écrivain, artiste, scientifique, politique, etc.).

4. Rédigez le portrait de votre personnalité. Donnez des précisions sur son actualité (projets récents et projets à venir).

5. Présentez votre portrait à la classe. Les autres groupes devinent de qui vous parlez.

6. Illustrez votre portrait avec une photo.

Projet ouvert sur le monde   ▶ 📖 GP

Nous créons un mur virtuel pour partager nos ressources et progresser en français.

DELF 5

I Compréhension des écrits

Lisez la biographie d'Amin Maalouf et répondez.

www.academie-francaise.fr/les-immortels/amin-maalouf

Amin MAALOUF

Fils d'enseignants, Amin Maalouf est né au Liban le 25 février 1949. Il a fait des études d'économie et de sociologie, puis il a travaillé comme reporter. En 1976, il est parti s'installer en France avec sa femme et ses enfants. Quelques mois plus tard, il est devenu rédacteur en chef et éditorialiste du magazine *Jeune Afrique*. Il a rencontré son premier succès de librairie en 1986 avec le roman *Léon l'Africain*. Il a alors décidé de se consacrer à la littérature. En 1993, il a obtenu le prix Goncourt pour *Le Rocher de Tanios* et, le 23 juin 2011, il a été élu à l'Académie française, au fauteuil de Claude Lévi-Strauss (le n° 29).

1. Amin Maalouf est né en quelle année ?

2. Quelle est la profession des parents d'Amin Maalouf ?
   a. Écrivains.
   b. Reporters.
   c. Enseignants.

3. Qu'est-ce qu'Amin Maalouf a fait en 1976 ?

4. Quel est le titre du premier roman d'Amin Maalouf ?
   a. *Jeune Afrique*.
   b. *Léon l'Africain*.
   c. *Le Rocher de Tanios*.

5. D'après la biographie, qu'est-ce qui s'est passé en 1993 ?

II Production orale

Exercice 1   Pour s'entraîner à la partie 1 de l'épreuve orale : l'entretien dirigé

Vous vous présentez : vous parlez de vous et de votre famille (caractéristiques physiques, événements passés et actuels, projets).

Exercice 2   Pour s'entraîner à la partie 2 de l'épreuve orale : le monologue suivi

Vous posez des questions à un(e) étudiant(e) de votre cours à partir des mots suivants.

Hier ?   Livres ?   Demain ?   Langues ?   Apprendre ?   Améliorer ?

Nous rêvons d'aller dans un pays francophone

La francophonie

En petits groupes. Répondez. À votre avis…

1 Que représente cette carte ?

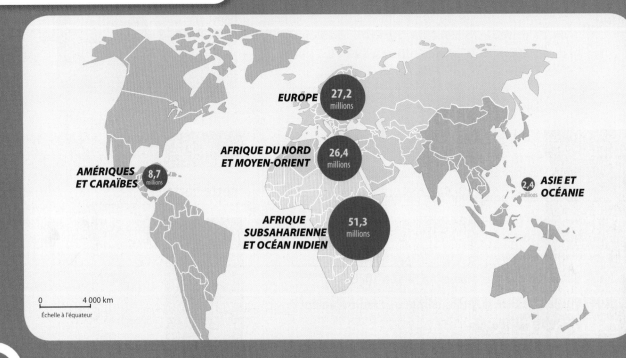

EUROPE **27,2** millions

AFRIQUE DU NORD ET MOYEN-ORIENT **26,4** millions

AMÉRIQUES ET CARAÏBES **8,7** millions

ASIE ET OCÉANIE **2,4** millions

AFRIQUE SUBSAHARIENNE ET OCÉAN INDIEN **51,3** millions

0   4 000 km
Échelle à l'équateur

2 Quelles photos représentent la francophonie ? Pourquoi ?

a

b

JE CRÉE EN FRANÇAIS

c

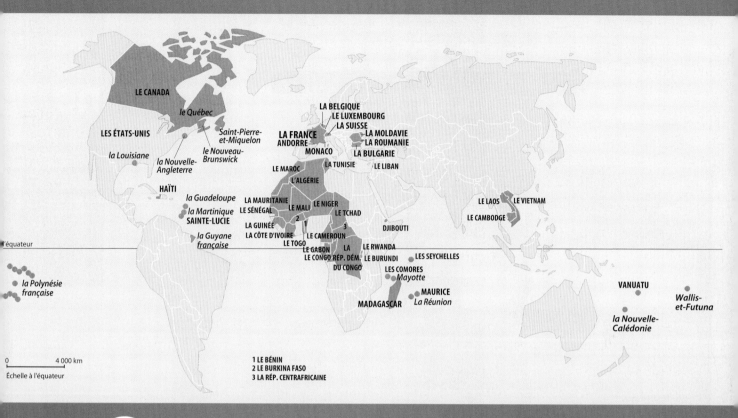

LE CANADA
le Québec
LES ÉTATS-UNIS
Saint-Pierre-et-Miquelon
le Nouveau-Brunswick
la Louisiane
la Nouvelle-Angleterre
HAÏTI
la Guadeloupe
la Martinique
SAINTE-LUCIE
la Guyane française
la Polynésie française

LA BELGIQUE
LE LUXEMBOURG
LA SUISSE
LA FRANCE
ANDORRE
MONACO
LA MOLDAVIE
LA ROUMANIE
LA BULGARIE
LE MAROC
LA TUNISIE
LE LIBAN
L'ALGÉRIE
LA MAURITANIE
LE SÉNÉGAL
LE MALI
LE NIGER
LE TCHAD
LA GUINÉE
LA CÔTE D'IVOIRE
LE TOGO
LE CAMEROUN
LE GABON
LE CONGO
RÉP. DÉM. DU CONGO
DJIBOUTI
LE RWANDA
LE BURUNDI
LES COMORES
Mayotte
LES SEYCHELLES
MAURICE
La Réunion
MADAGASCAR

LE LAOS
LE VIETNAM
LE CAMBODGE

VANUATU
Wallis-et-Futuna
la Nouvelle-Calédonie

l'équateur

0   4 000 km
Échelle à l'équateur

1 LE BÉNIN
2 LE BURKINA FASO
3 LA RÉP. CENTRAFRICAINE

3 À quoi correspond la couleur rouge sur cette carte ?

En groupe. Comparez vos réponses.

PROJETS

- **Un projet de classe**

  Organiser un voyage virtuel dans un pays francophone.

- **Et un projet ouvert sur le monde**

  Rédiger un carnet de voyage imaginaire et collaboratif. Le publier sur un site de carnets de voyages pour le partager avec les autres voyageurs.

Pour réaliser ces projets, nous allons apprendre à :

► comprendre le programme d'un séjour

► choisir une destination et une formule de voyage

► caractériser une ville, un lieu

► décrire une formule d'hébergement

► parler des saisons et du climat

► exprimer des émotions, des sensations

LEÇON 1

100 % photo

Comprendre le programme d'un séjour

document 1

www.aguila-voyages.com/voyage-photo-madagascar

aguila

> « Pendant quelques instants de fierté, se dire : je suis partie pour faire de la photo, je suis rentrée photographe. »

DESTINATIONS · **L'ESPRIT** · **PARLONS PHOTO** · **PHOTOGRAPHES** · **TÉLÉCHARGER** · **JE RÉSERVE !**

L'Afrique insulaire

Madagascar est une île africaine magnifique, située aux portes de l'Asie. Ses langues officielles sont le malgache et le français. Madagascar est membre de l'Organisation internationale de la francophonie.

Une question ?
APPELEZ-NOUS !
☎ 04 67 13 22 32
Un photographe vous conseille sur votre destination et votre matériel photo, du lundi au samedi de 9 h 30 à 19 h.

MON SÉJOUR PHOTO

Un photographe emmène les participants (10 maximum) en voyage à Madagascar. Avec lui, vous découvrirez des lieux magiques et vous ferez les photos de vos rêves. Vous vous lèverez tôt et vous rentrerez tard pour profiter de la lumière. Vous dormirez au milieu des baobabs. Vous ne vous presserez pas, vous prendrez le temps de regarder autour de vous. Le photographe apprendra à son groupe à repérer les lieux et les lumières. Il partagera ses techniques avec vous. Ensemble, vous ferez connaissance avec les populations locales et vous vivrez des moments magiques.

INFOS PRATIQUES

– Si vous êtes débutant, vous pouvez participer au voyage, bien sûr. Les conseils du photographe accompagnateur permettent aux débutants de progresser.
– Avant le départ, achetez et lisez un guide de voyage sur Madagascar. Sur place, vous aurez l'occasion de rencontrer des populations locales. Les Malgaches seront heureux si vous connaissez un peu leur pays.
– Et la bonne nouvelle : vous pourrez parler français pour faire connaissance avec les Malgaches.

1. Observez la page Internet (doc. 1). Identifiez :
   a. le nom de l'agence et le type de voyages proposé ;
   b. la destination proposée ;
   c. le programme du séjour ;
   d. les informations pratiques ;
   e. comment demander des informations.

2. En petits groupes. Lisez le document 1. Vrai ou faux ? Pourquoi ?
   a. Madagascar est une île asiatique.
   b. Madagascar est une île francophone.
   c. Le nombre de voyageurs est limité.
   d. Un photographe accompagne les voyageurs et partage ses techniques.
   e. Le voyage photo s'adresse à des photographes professionnels.

   f. L'agence conseille d'acheter un guide de voyage avant le séjour photo.
   g. Les voyageurs peuvent facilement rencontrer les habitants de l'île.

3. En petits groupes. Que pensez-vous de ce type de voyages ? Êtes-vous intéressés ?

4. Par deux. Relisez les rubriques « Mon séjour photo » et « Infos pratiques » (doc. 1). Relevez les informations sur :
   a. le programme des voyageurs ;
      Exemple : *Vous vous lèverez tôt et vous rentrerez tard*.
   b. le travail du photographe ;
   c. les échanges entre les voyageurs et les Malgaches.

FOCUS LANGUE ▸ p. 215

Le futur simple pour présenter le programme d'un séjour

a. Observez les informations relevées dans l'activité 4. Ces informations concernent des actions passées ou futures ?

b. Lisez ces extraits du programme (doc. 1). Complétez avec les verbes à l'infinitif.

Programme	Verbes à l'infinitif	Groupes verbaux
Vous <u>rentrer</u>ez tard.	*rentrer*	verbes en *-er*
Vous ne vous <u>presser</u>ez pas.	…	
Vous <u>découvrir</u>ez des lieux magiques.	…	verbes en *-ir*
Vous <u>dormir</u>ez au milieu des baobabs.	…	
Le photographe <u>apprendra</u> à…	*apprendre*	verbes en *-re*
Vous <u>prendr</u>ez le temps.	…	
Vous <u>vivr</u>ez des moments magiques.	…	
Vous <u>fer</u>ez connaissance avec les populations locales.	*faire (connaissance)*	verbes irréguliers
Vous <u>pourr</u>ez parler français.	*pouvoir*	
Vous <u>aur</u>ez l'occasion de rencontrer…	*avoir*	
Les Malgaches <u>ser</u>ont heureux.	*être*	

c. Complétez la règle.

1. Pour conjuguer les verbes en *-er* et en *-ir*, j'utilise le verbe à l'… et j'ajoute les terminaisons du futur simple.

2. Pour conjuguer les verbes en *-re*, j'utilise le verbe à l'… sans le … final et j'ajoute les terminaisons du futur simple.

d. Complétez avec les terminaisons du futur simple.

	Singulier	Pluriel
1re personne	*-ai*	*-ons*
2e personne	*-as*	…
3e personne	…	…

e. Par deux. Observez le verbe *faire*. Conjuguez les verbes *pouvoir*, *avoir* et *être*.

Faire : je ferai, tu feras, elle fera, nous ferons, vous ferez, ils feront. ▸ p. 183

5

En petits groupes.

a. Choisissez une destination francophone.

b. Listez différentes formules de voyage (culturel, sportif, gastronomique, etc.). Choisissez une formule.

c. Rédigez la rubrique « Mon séjour » à la manière de l'agence de voyage Aguila (doc. 1).

document 2 🎧 111, 112 et 113

6. 🎧111 Écoutez la conversation téléphonique (doc. 2). Identifiez la situation.

7. 🎧112 Par deux. Réécoutez (doc. 2). Relevez le programme :

a. des trois premiers jours ;

Exemple : *Vous découvrirez des paysages magnifiques entre Antananarivo et Antsirabe.*

b. des quatre derniers jours ;

c. de la fin de la première semaine.

8. 🎧113 Écoutez encore (doc. 2).

a. Choisissez dans la liste ce qui est obligatoire pour partir à Madagascar.

être un professionnel de la photo • avoir un visa • avoir un appareil photo • faire des vaccins

b. Relevez les phrases correspondantes dans la conversation. Vérifiez vos réponses avec la transcription (livret p. 10).

FOCUS LANGUE

Il faut pour exprimer une obligation

a. Observez ces extraits (doc. 2).

Il faut avoir un visa.

Vous devez avoir un visa.

b. Choisissez.

1. Ces deux phrases ont :
   – la même signification.
   – une signification différente.
2. Après *il faut*, le verbe est :
   – à l'infinitif.
   – au futur simple.

Attention ! *Il faut* se conjugue seulement avec la 3e personne du singulier. ▸ p. 183

À NOUS !

9. Nous imaginons le programme d'un voyage.

En petits groupes.

a. Choisissez une destination francophone, une formule de voyage et sa rubrique « mon séjour » (activité 5).

b. Complétez votre programme : descriptif de la destination, infos pratiques et formalités.

c. Présentez votre programme à la classe.

▸ **Expressions utiles p. 186**

LEÇON 2 — Voyager autrement

Choisir une destination et une formule de voyage

document **1**

www.doublesens.com

doublesens
voyage & partage

VOYAGES   DESTINATIONS   VOYAGEURS   SOLIDARITÉ   ACTUS   À PROPOS

VOYAGER AUTREMENT AVEC DOUBLE SENS

NOS DESTINATIONS

AMÉRIQUE DU SUD

AFRIQUE

ASIE

Voyage en mission

DÉCOUVRIR

Participez à la vie locale et **réalisez une action solidaire !**
Des **excursions** seront également au programme pour découvrir le pays.
Votre voyage : un **séjour touristique** et une mission utile pour aider au développement local.

Voyage en immersion

DÉCOUVRIR

Participez à la vie locale et **partagez le quotidien des communautés !**
Votre voyage : l'échange avec les populations locales et la découverte de la nature et de la culture du pays **en immersion.**

---

1. Par deux. Observez le site Internet (doc. 1). Identifiez :

   a. le nom de l'agence de voyage ;
   b. les deux types de voyage proposés ;
   c. les trois destinations.

2. Par deux. Lisez la page Internet (doc. 1).

   a. À quel type de voyage (en mission, en immersion ou les deux) correspondent les phrases suivantes ? Pourquoi ?
   1. Je découvre la culture du pays.
   2. Je travaille avec la communauté locale.
   3. Je partage la vie des gens.
   4. Je fais aussi du tourisme.

   b. Expliquez le slogan « Voyager autrement ».

3. En petits groupes. Quelle formule vous préférez ? Pourquoi ?

document **2**

www.doublesens.com

Burkina Faso
AFRIQUE

DÉCOUVRIR

CAPITALE :
Ouagadougou
LANGUE : français
POPULATION :
18 365 000 hab.
SUPERFICIE :
274 200 km²
MONNAIE :
franc CFA

Le Burkina Faso se trouve au milieu de l'Afrique de l'Ouest. Ce pays est entouré du Mali au nord et à l'ouest, du Niger à l'est, du Bénin au sud-est, du Togo et du Ghana au sud et de la Côte d'Ivoire au sud-ouest.
Le Burkina Faso est un pays surprenant. On y trouve un patrimoine culturel très riche et varié. On y découvre des traditions liées à la danse, à la musique, aux fêtes et un artisanat de qualité. On y parle français et les Burkinabé sont accueillants et sympathiques.

4. Observez le document 2. À quelle destination il correspond ? Choisissez.

   a. Amérique du Sud.

   b. Afrique.

   c. Asie.

5. Par deux. Lisez le document 2. Relevez les formules qui permettent de situer et de localiser le pays.

6. Relisez (doc. 2).

   a. Relevez les particularités du Burkina Faso.

     Exemple : *On y trouve un patrimoine culturel très riche.*

   b. Quelles particularités vous préférez ?

FOCUS LANGUE

Situer un lieu (2)

Complétez avec les formules relevées dans l'activité 5.

Pour situer un lieu : *Le Burkina Faso…*

Pour préciser sa localisation (voir les points cardinaux p. 42) : *Ce pays…* ▸ p. 183

7

En petits groupes.

   a. Choisissez un pays francophone : le Niger, le Togo, la Côte d'Ivoire ou le Mali.

   b. Situez votre pays à l'aide d'une carte.

   c. ⏯114 Préparez votre présentation : ajoutez des flèches ↗ pour indiquer une continuité et des flèches ↘ pour indiquer une pause. Écoutez.

     Exemple : *Le Burkina Faso, ↗ c'est un grand pays. ↘ Il est entouré du Mali ↗ au nord et à l'ouest, ↗ du Niger à l'est, ↗ du Bénin au sud-est, ↗ du Togo et du Ghana au sud ↗ et de la Côte d'Ivoire au sud-ouest. ↘*

   d. Enregistrez votre présentation.

document 3 🎧 115

8. ⏯115 Écoutez l'émission (doc. 3). Est-ce que la journaliste interroge les voyageurs avant ou après leur voyage ?

9. ⏯115 Par deux. Réécoutez (doc. 3). Pour chaque voyageur, relevez les informations sur :

   a. les régions et le pays visités ;

   b. la formule de voyage choisie.

10. Dites pourquoi chaque voyageur a choisi de faire un voyage pas comme les autres.

   Exemple : *On y rencontre des gens adorables…*

FOCUS LANGUE ▸ p. 212

Le pronom *y* pour remplacer un lieu

   a. Par deux. Relisez vos réponses aux activités 6a et 10. Répondez et complétez avec des exemples.

     1. Que remplace le pronom *y* dans ces phrases ?

     2. En général, *y* se place avant le verbe.

     Exemples : …

   b. En petits groupes. Choisissez une destination francophone. Décrivez votre destination en trois phrases, en utilisant *y*. Lisez votre description. Les autres groupes devinent la destination choisie.

     Exemple : *On y trouve des baobabs. On y découvre des paysages magnifiques. On y fait des séjours photo.* → *À Madagascar.*

     ▸ p. 183

11. Apprenons ensemble !

   a. 🎧116 Marcelo a enregistré son témoignage pour l'émission *Aller-Retour*. Écoutez. Où est-il allé ?

   b. Par deux. Aidez Marcelo à corriger ses **erreurs**.

	Constructions de Marcelo	Constructions correctes
Place du pronom *y*	Je suis y allé en juin.	…
Répétition du lieu	J'y vais à Dakar.	…

   c. En petits groupes. Réfléchissez à un moyen de ne pas faire ce type d'erreurs.

   d. Partagez vos idées avec la classe.

À NOUS !

12. **Nous rédigeons le descriptif d'une formule de voyage pour une destination francophone.**

En petits groupes.

   a. Reprenez la présentation de votre pays francophone (activité 7).

   b. Choisissez une formule de voyage : « en mission » ou « en immersion ».

   c. Rédigez le descriptif de votre formule sur le modèle du document 1.

   d. Présentez votre descriptif à la classe.

LEÇON

3 Tour de France

Caractériser une ville, un lieu

1. Lisez le document 1. Répondez.
   a. Qu'est-ce qu'une carte postale sonore ?
   Faites des hypothèses.
   b. Qu'est-ce qu'on peut gagner ?

2. 🎧 117 Écoutez (doc. 1).
   a. Vérifiez vos hypothèses.
   b. Quels éléments sonores composent la carte postale ?

3. 🎧 117 Par deux. Réécoutez (doc. 1). Répondez.
   a. Quelles sont les trois villes citées dans la carte postale sonore ?
   b. Quelle ville correspond à chaque description ?
      1. On y trouve des stations de métro, le centre Pompidou et la tour Eiffel.
      2. C'est une ancienne ville industrielle et une ville célèbre pour son club de football.
      3. Elle a inspiré une chanson à Claude Nougaro.

4. 🎧 117 Par deux. Écoutez encore (doc. 1). Identifiez les villes. Repérez les couleurs pour chaque ville.

Exemple : a → *Toulouse, c'est la ville rose. Sous le soleil, cette ville est rose et rouge.*

▶ FOCUS LANGUE ▶ p. 211

Les couleurs

bleu • noir • orange • rose • marron • blanc • violet • rouge • jaune • vert • gris

▶ p. 184

---

document 1 🎧 117

CONCOURS

Composez la carte postale sonore de votre été et passez sur Arte Radio

Vous passez un été formidable ? Le monde entier peut profiter de vos vacances ! Les audioblogs d'Arte Radio organisent un concours de cartes postales sonores. Envoyez vos cartes postales sonores pour passer à la radio et tenter de gagner de nombreux prix !

EN SAVOIR PLUS

5 💬
En petits groupes.
   a. Choisissez trois villes (de votre pays, des villes francophones, des villes découvertes dans votre livre, etc.).
   b. Caractérisez ces villes avec des couleurs. Précisez les lieux.
   Exemple : *À Paris, la tour Eiffel, la nuit, est orange.*

6. Observez le flyer (doc. 2). Identifiez la source et le thème.

7. Par deux.
   a. Observez le top 5 (doc. 2). Vous connaissez quelles villes ?
   b. Observez la carte de France p. 220. Retrouvez les villes :
      1. au bord de la mer ;
      2. dans le Nord de la France ;
      3. dans le Sud de la France ;
      4. à l'Ouest de la France ;
      5. à l'Est de la France.

document **2**

1 On y va parce que c'est une grande et belle ville, parce qu'on aime son architecture, son charme et ses monuments magnifiques.

PARIS

TOULOUSE

2 On adore la ville rose et son coucher de soleil sur le pont-Neuf. La lumière y est exceptionnelle.

TOP 5

DES VILLES FRANÇAISES À VISITER ABSOLUMENT

Be there! Do that!*
Rendez-vous en France!
*Allez-y! Faites ça!

3 On y va pour découvrir l'histoire de la ville, ses petits marchés et sa cuisine délicieuse.

4 On aime les balades sur la promenade des Anglais et dans la vieille ville. C'est la ville idéale, le paradis des promeneurs.

NICE

LYON

MARSEILLE

5 On y va pour les paysages, pour y faire de belles randonnées, pour les petites plages aux eaux bleues. On y respire le bon air de la Méditerranée.

ATOUT FRANCE | france

8. En petits groupes. Lisez le flyer (doc. 2).

a. Notez les choses à voir dans chaque ville.
Exemple : *Paris : l'architecture et les monuments.*

b. Relevez comment sont caractérisés les villes, les choses à voir et les lieux.
Exemple : *Paris est une grande et belle ville.*
Ses monuments sont magnifiques.

9. En petits groupes. Votez pour votre ville préférée. Expliquez votre choix.

FOCUS LANGUE ▸ p. 211

La place des adjectifs qualificatifs pour caractériser un lieu (1)

a. **Par deux. Relisez vos réponses à l'activité 8b. Complétez avec des adjectifs :**
– la ville : *une grande et belle ville (Paris)*, …
– les plages : …
– la lumière : …
– les monuments : …
– les marchés : …
– la cuisine : …

b. **Classez les adjectifs.**
– Groupe 1 : avant le nom → *grande, belle*, …
– Groupe 2 : après le nom → *rose*, …

c. **Complétez la règle.**
En général, les adjectifs qualificatifs se placent … le nom. Les adjectifs qualificatifs suivants (…) se placent … le nom.

▸ p. 184

À NOUS !

10. **Nous créons la carte postale sonore de nos trois villes préférées.**

En petits groupes.

a. **Choisissez comment caractériser vos villes (activité 5) : l'atmosphère (les sons, la musique), les couleurs, l'histoire, etc.**

b. **Rédigez le texte.**

c. **Enregistrez votre texte.**

d. **Ajoutez des sons ou de la musique.**

e. **Partagez votre carte postale sonore avec la classe.**

▸ Expressions utiles p. 186

LEÇON

4 Séjour au Maroc

Décrire une formule d'hébergement

document 1

www.kasbahtimidarte.com

Kasbah Timidarte – Maison d'hôtes – Vallée du Drâa – Agdz Maroc

| Accueil | Qui sommes-nous ? | Hébergement & Tarifs | Activités | Éco-tourisme solidaire | Infos pratiques | Contact |

Éco-tourisme solidaire

- Trophées du tourisme durable
- Tourisme solidaire
- Éco-tourisme
- Écolodge

Bienvenue à la Kasbah de Timidarte

Vous partez au Maroc ? Vous réfléchissez à votre formule d'hébergement ? La maison d'hôtes Kasbah de Timidarte vous ouvre ses portes.

La Kasbah offre confort et charme traditionnel. Hussein, Abdou et Kaltoum accueillent les visiteurs. Les touristes dorment dans des chambres authentiques et découvrent la cuisine traditionnelle berbère de Kaltoum. Ils visitent les villages de la région et font connaissance avec la population locale. Abdou est leur « ambassadeur ».

Avec la Kasbah, vous choisissez un hébergement pas comme les autres, différent des chambres d'hôtel et des voyages organisés. Et vous revenez quand vous voulez. Vous êtes les bienvenus.

 tripadvisor®
Certificat d'Excellence 2015

Abdou, Hassein, Kaltoum

1. Observez la page Internet (doc. 1).

a. Vrai ou faux ? Pourquoi ?
1. C'est la page Internet d'un hôtel.
2. La Kasbah se trouve en Afrique du Nord.
3. La Kasbah a reçu un prix.

b. Qui sont les personnes en photo ? Faites des hypothèses.

---

2. En petits groupes. Lisez l'article (doc. 1). Vérifiez vos hypothèses.

3. Relisez (doc. 1). Quelles sont les caractéristiques d'un séjour à Timidarte ?
Exemple : *Confort et charme traditionnel.*

4. Par deux. Observez les photos de la Kasbah Timidarte (doc. 2). Êtes-vous d'accord avec l'affirmation : « Avec la Kasbah, vous choisissez un hébergement pas comme les autres » ? Pourquoi ?

5

En petits groupes.
Quelle(s) pièce(s) de la Kasbah Timidarte vous préférez ? Pourquoi ? Présentez votre pièce préférée à la classe.

document 2

https://www.tripadvisor.fr/

 tripadvisor®

| Hôtels ⌄ | Vols ⌄ | Restaurants ⌄ | Acti |

Agdz, Maroc, Afrique

Kasbah Timidarte – Agdz

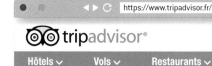 84 avis

Maison d'hôtes | Off Road to Zagora, 800m, Agdz 45050 Maroc

81 photos de cette chambre d'hôtes

Photos des voyageurs: Découvrez ce que des voyageurs comme vous ont vu.

La chambre

La salle de bains

> **FOCUS LANGUE** ▸ p. 214 et 219

Le présent des verbes en -ir (synthèse)

a. Lisez ces extraits de l'article (doc. 1).
Retrouvez l'infinitif des verbes.

Vous **partez** au Maroc ? • Vous **réfléchissez**
à votre formule d'hébergement ? • La maison d'hôtes
vous **ouvre** ses portes. • Hussein, Abdou et Kaltoum
accueillent les visiteurs. • Les touristes **découvrent**
la cuisine traditionnelle.

b. Observez les conjugaisons.

Offrir	Choisir	Dormir
j'offre	je choisis	je dors
tu offres	tu choisis	tu dors
il/elle/on offre	il/elle/on choisit	il/elle/on dort
nous offrons	nous choisissons	nous dormons
vous offrez	vous choisissez	vous dormez
ils/elles offrent	ils/elles choisissent	ils/elles dorment

c. Classez chaque verbe de l'activité a dans
la colonne qui correspond.

Offrir	Choisir	Dormir
… – … – …	…	*partir*

d. Par deux.
1. Choisissez deux verbes en -ir (activité c).
2. Conjuguez-les à l'écrit et vérifiez avec
la classe.

▸ p. 184

---

document 3 🎧 118

6. 🎧▸118 TV5 Canada est allée à la Kasbah Timidarte
interviewer des voyageurs. Écoutez Françoise
et Benoît (doc. 3). Pourquoi ont-ils choisi
cette formule d'hébergement ?

7. 🎧▸118 Réécoutez (doc. 3). Relevez dans les
commentaires de Françoise et Benoît les points
positifs de ce séjour. Vérifiez avec la transcription
(livret p. 11).

Exemples : *Une excellente maison d'hôtes.*
Un merveilleux moment.

> **FOCUS LANGUE** ▸ p. 211

La place des adjectifs qualificatifs pour caractériser un lieu ou une personne (2)

a. Relisez les commentaires de Françoise et Benoît
(activité 7). Listez les adjectifs utilisés.

b. Par deux. Complétez la liste.
– Groupe 1 : avant le nom → *bon, nouvel**, …
– Groupe 2 : après le nom → *confortable,
authentique*, …
* Devant une voyelle, l'adjectif *nouveau* devient
nouvel : *un nouvel ami*.

▸ p. 184

À NOUS ! 🗣✏

**8. Nous choisissons une formule d'hébergement
originale.**

En petits groupes.

a. Choisissez une formule d'hébergement originale
dans votre ville ou votre pays.

b. Écrivez un article (trois paragraphes) pour
présenter votre hébergement à des voyageurs
francophones.

1ᵉʳ paragraphe : *Vous partez…*
2ᵉ paragraphe : *(Nom du lieu) offre (description
des pièces)…*
3ᵉ paragraphe : *Avec (nom du lieu), vous choisissez…*

c. Présentez l'article à la classe.

d. Cherchez comment contacter les responsables
de l'hébergement (téléphone, mél ou rendez-vous
sur place).

e. Proposez votre article aux responsables de
l'hébergement.

☆ 🔍

✏ **avis** ⌄ | S'INSCRIRE | CONNECTEZ-VOUS

orum ⌄   Plus ⌄

🔍 Que recherchez-vous ?   **Rechercher**

La salle à manger — Le salon — Le couloir — La cuisine — Les toilettes — Le jardin — Le balcon

LEÇON

5 Quand partir ?

Parler des saisons et du climat

QUAND PARTIR

OÙ ET QUAND PARTIR EN VOYAGE ?

Recherchez votre destination

Je veux partir en — Février

Continent — Afrique

Température moyenne minimale — 0

Température moyenne maximale — 32

Nombre maximal de jours de pluie — 10

Rechercher

Résultats de votre recherche pour février en fonction de vos critères

Destination	🌡 T min (°C)	🌡 T max (°C)	☔ Jours de pluie
Dakar (Sénégal)	18	28	0
Casablanca (Maroc)	11	16	7
Djerba (Tunisie)	8	19	3
Marrakech (Maroc)	7	21	5
Rabat (Maroc)	9	19	8

L'HIVER
- Où partir en janvier
- Où partir en février
- Où partir en mars

LE PRINTEMPS
- Où partir en avril
- Où partir en mai
- Où partir en juin

L'ÉTÉ
- Où partir en juillet
- Où partir en août
- Où partir en septembre

L'AUTOMNE
- Où partir en octobre
- Où partir en novembre
- Où partir en décembre

Nos **coups de cœur** des destinations francophones

Février
En hiver : le Maroc

Mai
Au printemps : la Tunisie

Juin
Au printemps : le Canada

Décembre
En hiver : le Sénégal

www.quandpartir.com

LE CLIMAT

Au Maroc

Au Maroc, il y a une grosse différence de température entre le jour et la nuit et entre l'été et l'hiver. Il pleut souvent en automne et au printemps, mais il fait chaud et sec à partir du mois de mai. Il y a souvent du vent. Le début de l'année est une période idéale pour un trek dans le désert avant les périodes de grosses chaleurs.

En Tunisie

En Tunisie, le climat est méditerranéen : températures élevées dans le sud, étés chauds et secs, printemps et automne doux, hivers frais et humides. Il neige dans les montagnes et il ne pleut jamais dans certaines régions. Les mois à éviter sont janvier et février, parce qu'il fait froid, et le plein été, parce qu'il fait trop chaud : c'est la canicule.

Au Canada

Dans le Nord du Canada, les températures sont très basses. L'année est découpée en quatre saisons. Les côtes sont humides, l'intérieur du pays est sec. Juillet et août sont des mois assez chauds, avec des températures supérieures à 20 °C. L'hiver est long et très froid, il fait parfois –20 °C en janvier. Le printemps et l'automne y sont très agréables.

Au Sénégal

Au Sénégal, il y a deux saisons principales : de novembre à mai, la saison sèche, avec des températures autour de 25 °C, puis de juin à octobre, la saison des pluies, avec des températures de 30 °C. Notre conseil : visiter le Sénégal avant février. Les températures y sont encore douces.

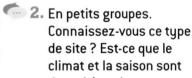

1. Lisez la page Internet (doc. 1). Répondez.
  - a. Quel est le nom du site ?
  - b. Qu'est-ce qu'il propose ?
  - c. En fonction de quels critères ?

2. En petits groupes. Connaissez-vous ce type de site ? Est-ce que le climat et la saison sont des critères importants pour préparer vos voyages ?

3. Observez la rubrique *Coups de cœur* (doc. 2).
  - a. Identifiez les quatre destinations préférées du site.
  - b. Quel est le point commun entre ces quatre destinations ?

4. En petits groupes. Lisez la rubrique *Coups de cœur* (doc. 2).

a. Pourquoi ce site conseille de partir :
1. au Maroc et au Sénégal en hiver ?
2. en Tunisie et au Canada au printemps ?

b. Parmi les destinations proposées, où et quand aimeriez-vous partir ? Pourquoi ?

5

En petits groupes.

a. Cherchez des informations sur le climat de votre pays : les températures minimales et maximales, le nombre de jours de pluie (mois et saisons).

b. Partagez vos résultats avec les autres groupes.

document 3 🎧 119

6. 🎧119 Par deux. Écoutez. Identifiez le média et le thème de l'émission.

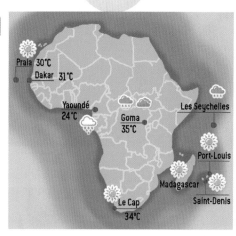

7. 🎧119 En petits groupes. Réécoutez (doc. 3).

a. Choisissez une zone géographique : l'ouest, le sud, l'est.

b. Relevez les expressions utilisées pour parler de la météo.
Exemple : *Il fera 31 degrés à Dakar.*

c. Associez ces expressions aux pictogrammes de la carte.
Exemple : *le Cap-Vert : beaucoup de soleil →* ☀

❯FOCUS LANGUE

Décrire le temps qu'il fait selon les mois et les saisons

a. Par deux. Légendez les pictogrammes. Utilisez les expressions relevées dans les activités 4 et 7b.

Pictogrammes	☀	31 °C	🌡	−20 °C	❄	💨	🌧
Parler du climat	Il fait chaud.		…	…	…	…	…
Faire des prévisions météo	…	…					…

b. Lisez les expressions utilisées pour parler du climat et faire des prévisions météo (activité a). Choisissez.
1. Pour parler du climat, j'utilise :
   – le présent.   – le futur simple.
2. Pour faire des prévisions météo, j'utilise :
   – le présent.   – le futur simple.

c. Choisissez.
Pour parler du temps et des températures
(*Il … chaud et beau. Il … 30 °C.*), j'utilise :
   – le verbe *être*.
   – le verbe *faire*.

▶ p. 185

8. Sons du français ▶ p. 205

La voyelle nasale [ɑ̃]

a. 🎧120 Écoutez ces informations sur le climat. Indiquez combien de fois vous entendez le son [ɑ̃].
Exemple : *<u>En</u> Tunisie, il neige <u>dans</u> les montagnes.* → 2

b. 🎧121 Écoutez et répétez.

▶ p. 185

À NOUS ! 🗨✏

9. Nous rédigeons la rubrique *Coups de cœur* de notre pays.

En petits groupes.

a. Répondez. Quelle est la meilleure saison pour visiter votre pays ? Quelle est la saison à éviter absolument ? Dans quelle(s) zone(s) géographique(s) / ville(s) aller ?

b. Échangez avec les autres groupes.

c. Rédigez une rubrique *Coups de cœur* (doc. 2) pour conseiller des voyageurs francophones.

▶ Expressions utiles p. 186

LEÇON

6 Carnets de voyages

Exprimer des émotions, des sensations

1. 🎧 ▶122 **Écoutez cet extrait de carnet sonore (doc. 1). Dans quel pays se passe le voyage ? Pourquoi ?**

2. 🎧 ▶122 **Par deux. Réécoutez (doc. 1). Expliquez :**

a. pourquoi l'auteur est triste et pourquoi il est content ;

b. pourquoi l'auteur dit :

1. J'ai un peu peur.
2. Je suis curieux.
3. Je suis surpris.
4. Je suis heureux.

3. Associez les phrases aux trois sens.

a. J'écoute de la musique.
b. J'entends parler ukrainien et russe.
c. Il y a beaucoup de bruits, d'odeurs.
d. Je sens la bonne odeur du pain chaud.
e. Je vois des gens sourire.

1. la vue   2. l'odorat   3. l'ouïe

---

document 1 🎧 122

Carnets sonores

france culture

L'Ukraine en train : carnet de voyage

FOCUS LANGUE

Exprimer des émotions

a. Complétez avec des émotions (activité 2).

Émotions		
Positives	Négatives	Positives et négatives
être content	être triste	être étonné / …
être …	être malheureux	être curieux
être intéressé	être …	

Attention !
Avoir …

b. En petits groupes.
1. Choisissez trois émotions.
2. Réalisez un selfie pour illustrer chaque émotion.
3. Partagez vos photos avec un autre groupe.
4. Chaque groupe retrouve les émotions photographiées.

▶ p. 185

---

document 2

Témoignage

CARNET D'UN TOUBAB EN AFRIQUE (extrait)

J'ai voyagé et habité en Afrique francophone pendant neuf ans. Je garde de cette expérience un merveilleux souvenir. De la lumière, beaucoup de lumière. Des levers et des couchers de soleil magiques. Des arbres immenses. Des couleurs, encore des couleurs, toujours des couleurs. L'Afrique apprend à voir, à regarder les choses et les gens autrement. Sentir les odeurs d'épices et de poisson. Écouter

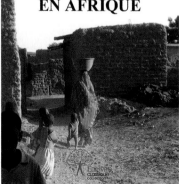

Daniel FRÈRE

CARNET D'UN TOUBAB EN AFRIQUE

Klaxons- car horns

le son des djembés, la musique traditionnelle, le bruit de la rue, entendre le son des klaxons. Toucher les tissus colorés des marchés. Goûter une cuisine pimentée.

EN AFRIQUE DE L'OUEST, LE MOT « TOUBAB » DÉSIGNE L'HOMME BLANC, L'EUROPÉEN.

Les touristes occidentaux, eux, viennent souvent en voyage organisé. Ils repartent indifférents, déçus. Ils sont surpris de la pollution des villes, étonnés de ne pas voir des éléphants traverser les routes. Tristes de ne pas réaliser l'album photo de leurs rêves.

4

En petits groupes.
En voyage, avez-vous déjà vécu une expérience surprenante ? Positive ? Négative ?
Comment racontez-vous vos voyages ?

5. Par deux. Lisez l'extrait du témoignage (doc. 2).

  a. Identifiez le nom de l'auteur et le titre.

  b. Faites des hypothèses sur le contenu du livre.

  c. Donnez un titre à chaque paragraphe.

6. Par deux. Relisez le premier paragraphe (doc. 2).

  a. Relevez les éléments qui caractérisent :

  1. une image : *des levers et des couchers de soleil magiques, des arbres immenses, …*
  2. une odeur : …
  3. un son, une musique : …
  4. un bruit : …
  5. un goût : …
  6. un objet : …

  b. À l'aide des éléments relevés, légendez les dessins de ce carnet de voyage.

7. Relisez le deuxième paragraphe (doc. 2).

  a. Associez les émotions contraires.

Émotions positives	Émotions négatives
1. Ils sont contents.	a. Ils sont indifférents.
2. Ils sont satisfaits.	b. Ils sont tristes.
3. Ils sont intéressés.	c. Ils sont déçus.

  b. Ces touristes vivent une expérience positive ou négative ? Pourquoi ?

> **FOCUS LANGUE**

Parler des sensations

En petits groupes. Complétez avec vos réponses à l'activité 6.

Les cinq sens	Les verbes	Les sensations
la vue	voir, …	des couleurs, …
l'odorat	…	…
l'ouïe	entendre	…
le toucher	…	…
le goût	…	…

▸ p. 185

8. Sons du français

Les groupes consonantiques

Divisez la classe en trois.

  a. Lisez encore l'extrait (doc. 2). Cherchez les mots avec des groupes consonantiques : groupe 1 → *fr* (*Af**r**ique*) ; groupe 2 → *br* (*ar**br**es*) ; groupe 3 → *tr* (*ex**tr**ait*).

  b. Connaissez-vous des mots avec des groupes consonantiques dans d'autres langues ?

  c. 🎧 ▸123 Écoutez les phrases. Essayez de les répéter le plus vite possible.

  1. J'ai très très très froid.
  2. Les arbres sont tristes en hiver.
  3. En Afrique, il y a trop de bruit dans les grandes rues.
  4. C'est une vraie surprise d'être là et de vivre ici.

▸ p. 185

À NOUS !

9. Nous rédigeons un extrait de carnet de voyage.

En petits groupes.

  a. Choisissez une destination que vous connaissez ou que vous aimez.

  b. Choisissez un titre.

  c. Parlez de vos sensations.
  Exemple : *la cuisine de la Kasbah, les bruits de la rue, etc.*

  d. Décrivez vos émotions.

  e. Rédigez votre extrait.
  Exemple : *Nous avons voyagé en… Nous gardons de cette expérience un merveilleux souvenir…*

  f. Lisez votre extrait à la classe.

▸ Expressions utiles p. 186

CULTURES

1 Planète francophonie  Vidéo **6**

a. **Regardez le générique de l'émission. Faites des hypothèses sur :**

   1. le sujet de l'émission ;
   2. les pays concernés ;
   3. les personnes réunies.

b. **Regardez le début de l'émission (de 0'20" à 0'25").**
   1. **Vérifiez vos hypothèses.**
   2. **Répondez.**
      – Quel est le titre de l'émission ?
      – Le présentateur montre quel document ?

c. **En petits groupes. Associez les résultats aux continents.**
   le Moyen-Orient • l'Asie • l'Afrique • l'Europe • l'Amérique et la Caraïbe

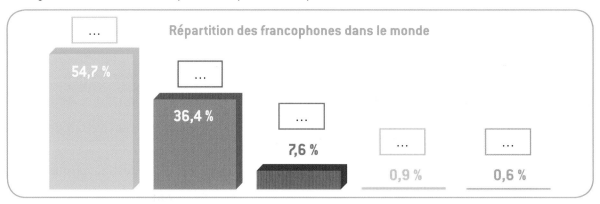

Répartition des francophones dans le monde

... 54,7 %
... 36,4 %
... 7,6 %
... 0,9 %
... 0,6 %

d. **Regardez l'émission en entier. Vérifiez vos réponses à l'activité c.**
   Êtes-vous surpris(e) par ces résultats ? Pourquoi ?

e. **Regardez encore l'émission. Associez.**
   1. la place du français sur Internet   a. 274 millions
   2. le nombre de francophones dans le monde   b. 4^e
   3. la place de la langue française dans le monde   c. 49 millions
   4. le nombre d'apprenants de français dans le monde   d. 5^e

f. **Comparez les informations de l'émission avec la situation dans votre pays. Faites des recherches sur le nombre de francophones dans votre pays, le nombre d'apprenants de français, etc.**

2 État des lieux de la francophonie en 2015

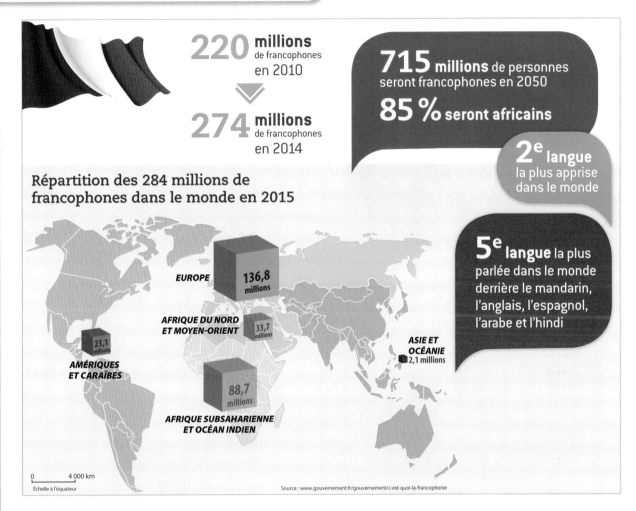

220 **millions**
de francophones
en 2010

274 **millions**
de francophones
en 2014

715 **millions** de personnes
seront francophones en 2050
85 % seront africains

2ᵉ langue
la plus apprise
dans le monde

5ᵉ langue la plus
parlée dans le monde
derrière le mandarin,
l'anglais, l'espagnol,
l'arabe et l'hindi

Répartition des 284 millions de
francophones dans le monde en 2015

EUROPE   **136,8** millions

AFRIQUE DU NORD
ET MOYEN-ORIENT   **33,7** millions

AMÉRIQUES
ET CARAÏBES   **23,1** millions

ASIE ET
OCÉANIE
2,1 millions

88,7 millions

AFRIQUE SUBSAHARIENNE
ET OCÉAN INDIEN

0   4 000 km
Échelle à l'équateur

Source : www.gouvernement.fr/gouvernement/c-est-quoi-la-francophonie

a. Observez cette infographie. Relevez :
1. les chiffres que vous connaissez déjà ;
2. l'augmentation du nombre de francophones entre 2010 et 2014 ;
3. la place de l'apprentissage de la langue française dans le monde ;
4. le nombre de francophones dans le monde en 2050 ;
5. le pourcentage de francophones qui seront africains.

b. Classez de 1 (+) à 5 (−) les continents où on parle français.

c. En petits groupes. Réalisez une infographie sur l'état des lieux de votre langue.
Affichez vos infographies sur les murs de la classe. Commentez-les en groupe.

COMPLÉTEZ VOTRE CARNET CULTUREL

1. La place du français dans mon pays : …
2. Le nombre d'apprenants de français dans mon pays : …
3. Les pays francophones que je connais : …
4. Le nombre de personnes que je connais qui parlent français : …

Retournez aux pages 108-109. Répondez à nouveau aux questions.
Mettez en commun avec le groupe.

PROJETS

Projet de classe

Nous organisons un voyage virtuel dans un pays francophone.

E-tourisme francophonie

Vous désirez organiser des vacances ?
Vous désirez faire du tourisme ?

Le monde de la francophonie vous accueille.
Avec la plate-forme web **Francophotour**, vous pouvez :
– explorer à distance 18 pays d'Afrique francophones
– organiser en ligne votre voyage
– dessiner votre parcours dans l'espace francophone
– avoir toutes les informations touristiques possibles

Avec Francophotour, améliorez votre façon de voyager !

1. Lisez ces informations sur le projet Francophotour. Répondez.

   a. Que propose Francophotour ?

   b. Que pensez-vous du concept ?

   c. Aimeriez-vous utiliser ce type de plate-forme pour préparer un voyage ?

En petits groupes.

2. Organisez votre voyage virtuel à l'aide du tableau ci-dessous.

Étapes du projet	Questions à se poser / Exemples
a. Choisissez votre destination francophone.	Pourquoi choisissez-vous cette destination ? Le climat, le paysage, la gastronomie, la culture, les populations locales, les festivals, etc.
b. Dites quelles villes vous souhaitez visiter (5 villes au maximum).	Top 5 des villes à visiter dans le pays ? Villages ? Villes au bord de la mer ? À la montagne ?
c. Choisissez votre formule de voyage.	Un voyage photo, un voyage en immersion / en mission, un voyage sur mesure, un séjour linguistique, etc.
d. Précisez quel type d'activités vous souhaitez faire.	Visiter les monuments historiques, rencontrer les populations locales, faire des randonnées, etc.
e. Indiquez le type d'hébergement choisi et les moyens de transport utilisés.	En chambre d'hôtes, à l'hôtel, en couchsurfing, etc. Le vélo, les transports publics, le train, l'avion, etc.
f. Précisez à quelle période de l'année / quelle saison vous souhaitez voyager.	Au printemps, en automne, en été, en hiver. Saison sèche, saison des pluies.

3. Localisez votre destination. Rédigez le descriptif détaillé des activités prévues.

4. Rédigez votre programme de voyage pour 7 jours et 6 nuits.

5. Présentez votre voyage virtuel à la classe sous forme de diaporama.

6. La classe attribue des prix.

   Exemple : *prix du programme le plus original / exotique / solidaire / romantique, etc.*

Projet ouvert sur le monde ▶ 📖 GP

Nous rédigeons un carnet de voyage imaginaire et collaboratif. Nous le publions sur un site de carnets de voyages pour le partager avec les autres voyageurs.

DELF 6

I Compréhension de l'oral

🎧▸124

Vous écoutez votre messagerie téléphonique.
Lisez les questions, écoutez deux fois le document, puis répondez.

1. Vous avez rendez-vous avec Aurélie Suédois quel jour ?

2. Vous devez aller à l'agence de voyages à quelle heure ?
- a. 15 h 30.
- b. 16 h 30.
- c. 17 h 30.

3. Pour votre voyage en Malaisie, Aurélie vous présentera quelle formule ?

a

b

c

4. D'après Aurélie Suédois, qu'est-ce que vous devez avoir pour entrer en Malaisie ?

II Production orale

Exercice 1 Pour s'entraîner à la partie 1 de l'épreuve orale : l'entretien dirigé

Vous vous présentez. Vous parlez de votre pays (situation géographique, capitale, climat et particularités).

Exercice 2 Pour s'entraîner à la partie 2 de l'épreuve orale : le monologue suivi

Vous posez des questions à un(e) étudiant(e) de votre cours à partir des mots suivants.

Climat ? Saison ? Destination ? Couleur ? Séjour ? Temps ?

Exercice 3 Pour s'entraîner à la partie 3 de l'épreuve orale : l'exercice en interaction

À deux. Dans une agence de voyage en France. Un(e) étudiant(e) joue le rôle du client, l'autre celui
de l'agent. Le client pose des questions à l'agent pour choisir une destination de voyage et une formule
de séjour. L'agent donne les informations demandées au client et demande des précisions
(nombre de personnes, hébergement, période, etc.). Le client choisit son séjour.

Nous allons vivre « à la française »

La présence française dans le monde

En petits groupes. Répondez. À votre avis…

1 Quels produits alimentaires ou plats sont d'origine française ?

a. Les baguettes.

b. Les fromages.

c. La paella.

d. Les rouleaux de printemps.

e. La moutarde.

2 Quels magasins sont français ?

a. Galeries Lafayette

b. celio*

c. H&M

d. ZARA

3 Quels événements français on peut fêter à l'étranger ?

a. Goût de France / Good France (21 mars).

1 000 chefs, 1 000 menus sur 5 continents

b. La Fête de la musique (21 juin).

c. La fête nationale (14 juillet).

En groupe. Comparez vos réponses.

PROJETS

Un projet de classe

Organiser un rallye « La France dans notre ville ».

Et un projet ouvert sur le monde

– Réaliser l'interview d'un(e) francophone sur le thème « La France dans notre ville et dans notre pays ».
– Réaliser un diaporama de présentation de « La France dans notre ville et dans notre pays ».

Pour réaliser ces projets, nous allons apprendre à :

► comprendre un menu et donner notre avis

► faire des courses

► comparer des pratiques

► parler d'une évolution (hier / aujourd'hui)

► acheter des vêtements

► faire une appréciation positive ou négative

LEÇON 1

Manger français à Bogotá

Comprendre un menu et donner notre avis

document 1

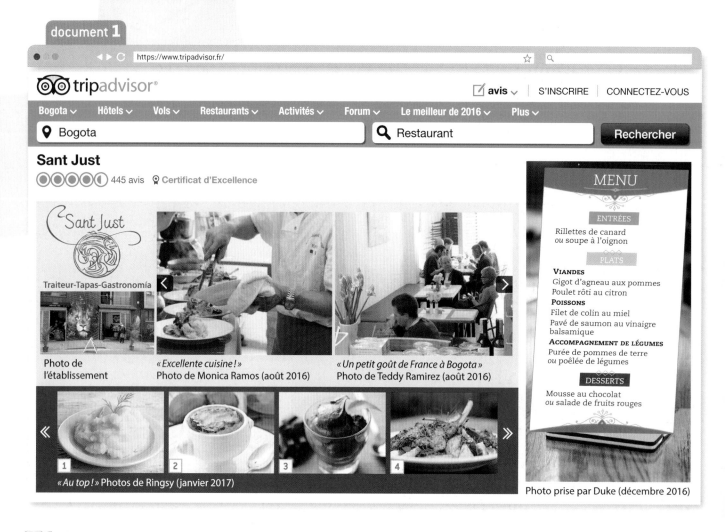

https://www.tripadvisor.fr/

tripadvisor®

avis | S'INSCRIRE | CONNECTEZ-VOUS

Bogota ⌄   Hôtels ⌄   Vols ⌄   Restaurants ⌄   Activités ⌄   Forum ⌄   Le meilleur de 2016 ⌄   Plus ⌄

📍 Bogota   🔍 Restaurant   **Rechercher**

Sant Just

⬤⬤⬤⬤◖ 445 avis ⚲ Certificat d'Excellence

Traiteur-Tapas-Gastronomía

Photo de l'établissement

«*Excellente cuisine!*»
Photo de Monica Ramos (août 2016)

«*Un petit goût de France à Bogota*»
Photo de Teddy Ramirez (août 2016)

«*Au top!*» Photos de Ringsy (janvier 2017)

MENU

ENTRÉES
Rillettes de canard
ou soupe à l'oignon

PLATS
VIANDES
Gigot d'agneau aux pommes
Poulet rôti au citron
POISSONS
Filet de colin au miel
Pavé de saumon au vinaigre
balsamique
ACCOMPAGNEMENT DE LÉGUMES
Purée de pommes de terre
ou poêlée de légumes

DESSERTS
Mousse au chocolat
ou salade de fruits rouges

Photo prise par Duke (décembre 2016)

1. Observez les photos publiées sur le site
TripAdvisor (doc. 1). Identifiez :
   a. le nom du restaurant ;
   b. le type de restaurant ;
   c. les commentaires des internautes ;
   d. les photos des internautes : la cuisine,
   la salle du restaurant, les plats.

2. Par deux. Lisez le menu (doc. 1). Aidez-vous
du Focus Langue, p. 129. Vrai ou faux ? Pourquoi ?
   a. Il y a trois parties dans le menu.
   b. Il y a de la viande dans tous les plats.
   c. Chaque plat est accompagné de légumes.
   d. Pour le dessert, le restaurant propose des fruits.

3. Par deux. Observez les photos de Ringsy (doc. 1).
Associez chaque photo à une partie du menu.

4. Sons du français   ► p. 206

Les sons [p] et [b]

   a. 🎧125 **Écoutez. Vous entendez seulement le
   son [p], montrez** 1 **. Vous entendez seulement
   le son [b], montrez** 2 **. Vous entendez les deux
   sons, montrez** 3 **.**
   Exemple : *C'est le plat principal.* → 1
   b. 🎧126 **Écoutez et répétez.**

                                                      ► p. 187

 **FOCUS LANGUE**

Le lexique de l'alimentation pour comprendre un menu

En petits groupes. Observez.

Les viandes

le canard   l'agneau   le poulet   le bœuf

Autres

le pain   le fromage   le chocolat   les jus de fruits

Les poissons

le filet de colin

le saumon

Les légumes

les pommes de terre   l'oignon   la salade

les épinards   les carottes   les brocolis

les haricots verts   les petits pois

Les fruits

les fraises, les cerises les framboises (les fruits rouges)

la pomme   le citron

▸ p. 187

5

En petits groupes.

a. Listez les restaurants français dans votre ville ou dans votre pays. Ils proposent quelles spécialités ?

b. Avez-vous déjeuné ou dîné dans ces restaurants ? Si oui, à quelle(s) occasion(s) ?

document 2 🎧 127

À l'occasion de « Goût de France – Good France », la télévision française a interviewé les clients du Sant Just.

6. 🎧◀127 Écoutez l'interview (doc. 2). Choisissez les réponses correctes.

Les clients :

a. parlent des plats et donnent leurs avis.

b. parlent des plats et expriment leurs goûts.

c. parlent des plats, de l'accueil et du service.

7. 🎧◀127 Réécoutez (doc. 2). Par deux.

a. Relevez les plats choisis.

b. Dites si les avis sont positifs ou négatifs.

c. Justifiez avec des extraits de l'interview.

		Client n° 1	Client n° 2
Menu	Entrées	…	…
	Plats	…	…
	Desserts	…	…
Avis	Positifs	…	J'ai adoré ! L'équipe est super ! …
	Négatifs	Dommage!	

 FOCUS LANGUE   ▸ p. 208 et 217

Les articles indéfinis et partitifs pour parler d'un menu

Observez. Complétez avec les éléments de l'activité 7.

Pour exprimer une quantité précise, **j'utilise** l'article indéfini.	
– devant un nom masculin	*un excellent jus de fruits,* …
– devant un nom féminin	*une salade de fruits rouges,* …

Pour exprimer une quantité indéterminée, **j'utilise** l'article partitif.	
– devant un nom masculin	…
– devant un nom féminin	*de la purée de pommes de terre,* …
– devant un nom commençant par une voyelle	…
– devant un nom pluriel	*des rillettes*

Pour exprimer une quantité zéro, **j'utilise** *pas de, pas d'.*
Il n'y a pas de fromage.

Attention !   Pour exprimer les goûts :
*J'aime **le** canard, j'adore **la** soupe à l'oignon, je n'aime pas **le** fromage, je déteste **les** rillettes !*

▸ p. 187

À NOUS !

8. Nous présentons nos plats français préférés.

En petits groupes.

a. Composez votre menu idéal. Choisissez les plats et les spécialités des restaurants français de votre ville ou de votre pays (activité 5).

b. Présentez votre menu à la classe. Expliquez pourquoi vous avez choisi ces plats.

Exemple : *En entrée, nous avons choisi des rillettes parce que c'est très français.*

c. La classe vote pour son menu préféré.

▸ Expressions utiles p. 190

LEÇON 2
La France à Budapest

Faire des courses

📖 **1.** Observez l'article (doc. 1). Comment est-il composé ?

📖 **2.** Par deux. Lisez l'article (doc. 1). Répondez.

    a. Où est le magasin (pays, ville, lieu de la ville) ?

    b. Qu'est-ce qu'on y trouve ?

    c. Qui sont les clients ?

    d. Qui est l'homme en photo ? Que propose-t-il dans la rubrique « Mes ingrédients » ?

📖 **3.** Par deux. Classez les ingrédients (doc. 1).

    Fromages : *un morceau de cantal, …*

    Pâtés : …

    Plats principaux (plats cuisinés et accompagnements) : …

    Assaisonnements : *une bouteille d'huile, une bouteille de vinaigre, un pot de moutarde.*

    Desserts et boissons : *un demi-litre de sirop de pamplemousse, …*

> **FOCUS LANGUE** ▸ p. 217

Exprimer des quantités précises pour faire des courses

Observez. Complétez la règle avec les ingrédients de l'activité 3.

a. Je peux préciser la quantité avec :

les nombres	une partie d'un élément
… … deux baguettes	…
des objets / des contenants	**une unité de mesure**
un bocal de foie gras … … …	300 grammes de foie gras … …

b. Pour préciser la quantité avec une partie d'un élément, des objets, une unité de mesure, j'utilise la préposition … .
Exemple : *un bocal de 300 grammes de foie gras.*

▸ p. 187

---

document 1

LE GOURMET DE BORDEAUX
la France au cœur de Budapest

a C'est une boutique « made in France » installée à l'Institut français de Budapest. On y trouve des produits du Sud-Ouest et d'autres régions de France. Un voyage au pays de la gastronomie ! La clientèle est hongroise, mais des étrangers et des Français y viennent aussi.

Questions au propriétaire,
Clarence Joubert du Cellier.

– *Est-ce qu'on peut composer un repas complet dans votre épicerie ?*
– Oui. Je propose des pâtés en entrée, des soupes. Des plats cuisinés, des légumes. Du fromage, bien sûr. Et des desserts, des crèmes.
– *Pas de pain ?*
– Non, je ne suis pas boulanger. Pour le pain, vous pouvez aller à la boulangerie « À table ».

b

c **Mes ingrédients** pour réaliser un menu pour quatre personnes

Un bocal de 300 grammes de **foie gras**

Un paquet de **pâtes**

Une bouteille d'**huile**, une bouteille de **vinaigre**, un pot de **moutarde**

Une boîte de 420 grammes de **mouton aux haricots**

Un morceau de **cantal**, un **saint-marcellin**, 100 grammes de **tomme de brebis**

Une **salade** *(à acheter chez un marchand de fruits et légumes)*

Deux **baguettes** et du **pain aux figues** *(à acheter à la boulangerie)*

Un pot de **crème caramel**

Un demi-litre de **sirop de pamplemousse**

4

En petits groupes.

a. Cherchez des magasins d'alimentation qui vendent des produits français dans votre ville ou votre pays.

b. Quels produits souhaitez-vous acheter ? Pourquoi ?

5. Sons du français ▸ p. 206

Les sons [ɛ̃] et [ɑ̃]

a. 🎧128 Écoutez. Vous entendez deux fois le son [ɛ̃], montrez `1`. Vous entendez deux fois le son [ɑ̃], montrez `2`. Vous entendez les deux sons, montrez `3`.

Exemple : *du pain blanc* → `3`

b. 🎧128 Réécoutez et répétez. ▸ p. 188

document 2 🎧 129

6. 🎧129 **En petits groupes.**
Écoutez la conversation (doc. 2).

a. Observez les trois paniers.
Quel est le panier de la cliente ?

🛒 PANIER 1

Produit	Poids	Quantité
Saucisson aux figues	180 g	2
Tomme de chèvre	100 g	2
Confiture de poires	300 g	2

🛒 PANIER 2

Produit	Poids	Quantité
Saucisson aux figues	180 g	2
Tomme de chèvre	100 g	2
Confiture de poires	300 g	2
Jambon sec	100 g	1

🛒 PANIER 3

Produit	Poids	Quantité
Saucisson aux figues	180 g	1
Tomme de chèvre	100 g	2
Confiture de poires	300 g	1

b. Par deux. Qui parle : le vendeur ou la cliente ?

1. Ce sera tout ?
2. Je vais en prendre deux cents grammes.
3. Prenez-en deux pots !
4. J'en prends deux.
5. Je suis désolé, je n'en ai plus.
6. J'en aurai la semaine prochaine.
7. J'en ai reçu un nouveau. Vous voulez en goûter un morceau ?
8. Je veux bien.

FOCUS LANGUE ▸ p. 212

Faire des achats (1)
Le pronom *en* pour remplacer une quantité

a. Classez les phrases de l'activité 6b.

La cliente demande un produit : *Je voudrais du jambon sec, s'il vous plaît.*	Le vendeur répond à une demande : – positivement : … – négativement : …
La cliente accepte la proposition du vendeur : …	Le vendeur propose de goûter : …
La cliente (passe) commande : …	Le vendeur : – demande si la cliente souhaite autre chose : *Très bien, et avec ça ?* – fait une proposition : …
La cliente indique la fin des achats : *Oui, ce sera tout pour aujourd'hui, merci !*	Le vendeur termine la vente : …

b. Relisez les phrases 2 et 7 de l'activité 6b. De quel produit on parle ?
Exemple : Je vais **en** prendre <u>deux cents grammes</u>.
→ *Je vais prendre <u>deux cents grammes</u> de tomme de chèvre.*

c. Observez. Complétez la règle et les exemples.
1. J'utilise le pronom *en* pour remplacer :
   – une quantité déterminée ;
   Exemples : *Je vais en prendre deux cents grammes.* …
   – une quantité indéterminée.
   Exemple : …
2. Le pronom *en* se place en général … le verbe.
   Exemples : *J'en prends deux, alors.* …
3. Le pronom *en* se place après le verbe à l'impératif affirmatif.
   Exemple : …

Attention ! Quand il y a deux verbes dans la phrase, le pronom *en* se place … le verbe conjugué et le verbe à l'infinitif. Exemple : …

▸ p. 187

À NOUS !

7. Nous préparons un repas français.

En petits groupes.

a. Choisissez un menu (une entrée, un plat, un dessert).
b. Listez les ingrédients pour préparer votre menu.
c. Précisez les quantités (pour votre groupe).
d. Achetez les ingrédients.
e. Préparez votre repas.

LEÇON 3

Les Français et les livres

Comparer des pratiques

document **1** 🎧 130

1. 🎧»130 Écoutez la conversation (doc. 1).

a. Qui parle ? À qui ? Où ? Pour quoi faire ?

b. Relevez les points communs entre ces trois livres.

1

2

3

2. 🎧»130 Divisez la classe en deux groupes : groupe « client » et groupe « libraire ». Réécoutez (doc. 1). Notez :

a. les informations du libraire sur chaque livre ;

b. si le client est intéressé par ces livres et pourquoi ;

c. les deux critiques du client sur les livres aujourd'hui ;

d. le titre du livre acheté et son prix.

▶ FOCUS LANGUE

Faire des achats (2)

🎧»130 Écoutez encore. Complétez.
Vérifiez avec la transcription (livret p. 12).

Le libraire entre en contact : …	
Le libraire conseille : *Je peux vous proposer un livre plus original.*	Le client demande conseil : …
Le libraire indique le prix : …	Le client demande le prix : …
	Le client confirme l'achat : *Je vais le prendre.*

▶ p. 188

3. Observez les photos (doc. 2). Faites des hypothèses sur le contenu de l'article.

4. Par deux. Lisez l'article et vérifiez vos hypothèses (doc. 2). Donnez-lui un titre.

---

document **2**

LE FIGARO·fr   Premium | Cinéma | Mu

Quelques jours avant le Salon du livre (du 21 au 23 mars), la presse en ligne s'est intéressée aux pratiques de lecture des Français. Résultats de l'enquête.

Qui sont les lecteurs ?
Plutôt des femmes. Les femmes lisent plus que les hommes.

Que lisent-ils ? Comment ?
On peut définir la carte d'identité du lecteur de livres papier : c'est une femme de 46 ans, parisienne, diplômée.
Le profil type du lecteur de livres numériques est plus féminin que masculin, moins jeune qu'avant (plus de 40 ans), moins parisien que le lecteur de livre papier.

5. En petits groupes. Relisez (doc. 2). On parle des Français ou des jeunes ? Justifiez avec un extrait de l'article.

a. Ils lisent moins qu'avant.

b. Ils n'ont pas le temps de lire.

c. Ils lisent moins de romans.

d. Ils lisent des bandes dessinées, de la presse en ligne, de la philo.

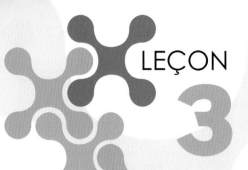

6. Par deux. Observez ce portrait-robot du lecteur de livre papier.

Portrait-robot du lecteur de livre papier

C'est … âgée de … ans.

Elle est … .

Elle est … .

a. Lisez encore (doc. 2). Complétez le portrait-robot.

b. Créez le portrait-robot du lecteur de livre numérique.

c. Comparez les deux portraits.

| Langue française | Théâtre | Art-expos | Livres | ⊕ |

Les Français lisent moins, ils n'ont plus le temps. Quatre Français sur dix déclarent lire moins qu'avant.

Et les jeunes ?

Selon Stéphanie Jousselin, professeur et documentaliste dans un collège du Mans : « Les jeunes lisent moins de romans, c'est vrai. Ils lisent beaucoup plus de choses différentes : de la philosophie, beaucoup de bandes dessinées pour adultes, la presse en ligne aussi, presque tous les jours. Les jeunes ne lisent pas moins, mais leurs pratiques de lecture évoluent. »

 Bonne nouvelle pour les libraires : les Français achètent plus de livres dans les magasins que sur Internet.

7

En petits groupes.

a. Que lisez-vous (romans, BD, presse) ? Papier ou numérique ? Combien de livres lisez-vous par mois / an ? Où achetez-vous vos livres ?

b. Créez le portrait-robot du lecteur moyen de votre groupe : âge moyen, lieu de vie, niveau d'études, nombre de livres lus par mois, type de livres lus, etc.

 FOCUS LANGUE ▸ p. 216

Les structures pour comparer

Relisez vos réponses aux activités 2 et 5. Complétez.

verbe + *plus / moins*	…
verbe + *plus / moins* + *que*	*Les femmes lisent plus que les hommes.*
plus / moins + adjectif + *que*	*Plus féminin que masculin, moins jeune qu'avant.*
plus / moins de + nom + *que*	*Les Français achètent plus de livres dans les magasins que sur Internet.*
plus / moins de + nom	…

▸ p. 188

8. Apprenons ensemble !

Petra, une étudiante hongroise, répond à une enquête.

1. Aimez-vous lire ? – 2. Que lisez-vous ? –
3. Combien de livres lisez-vous par mois ? –
4. Où achetez-vous vos livres ? –
5. Comment choisissez-vous vos livres ?

 J'aime beaucoup lire. Je lis plus que quatre livres par mois. J'aime lire des romans. Je lis moins des bandes dessinées. J'achète plus de livres sur Internet qu'à la librairie parce que c'est moins cher. Je choisis mes livres avec mes amis.

a. Lisez le témoignage de Petra. Associez les réponses aux questions.

b. Par deux, corrigez les erreurs.

c. Aidez Petra à ne plus faire ces erreurs.

d. Partagez vos idées avec la classe.

À NOUS !

9. Nous comparons nos pratiques de lecture.

En petits groupes.

a. Faites des recherches sur le lecteur moyen de votre pays : âge moyen, lieu de vie, niveau d'études, etc.

b. Créez son portrait-robot.

c. Comparez le portrait-robot de votre groupe (activité 7) avec celui du lecteur moyen de votre pays.

d. Partagez vos résultats avec la classe.

▸ Expressions utiles p. 190

LEÇON

4 Retour aux sources

1. Observez la page Internet (doc. 1). Répondez.

a. Où se trouve l'école Ferrandi ? De quelle école s'agit-il ?

b. Quels types de formation elle propose ? Pour préparer à quelles professions ?

2. Lisez l'introduction de la rubrique « Presse » (doc. 1).

a. Identifiez le thème des articles.

b. Est-ce que ce phénomène existe dans votre pays ? Le métier de « chef » est-il populaire ?

3. Par deux. Lisez les articles (doc. 1).

a. Repérez les domaines professionnels.

b. Relevez dans les témoignages de Lucie, Sophie et Morgane :

1. pourquoi elles ont changé de travail ;
2. ce qu'elles font aujourd'hui.

En petits groupes.

Vous connaissez des écoles ou des cours de cuisine française ? Il y en a dans votre ville, dans votre pays ?

Listez ces écoles ou ces cours et ce qu'on y propose.

---

document **1**

www.ferrandi-paris.fr/presse

FERRANDI
PARIS

| École | Presse | Actualités |

Formations aux métiers de :
Cuisinier
Service et arts de la table
Manager de restaurant
Boulanger
Pâtissier

FORMATION **INITIALE**   **BACHELORS** FERRAN

La France est connue dans le monde entier pour sa gastronomie. Depuis 1920, FERRANDI Paris forme de futurs chefs français et étrangers aux métiers de la gastronomie et de l'hospitality management. En France, un phénomène se développe actuellement : des professionnels de domaines différents veulent changer de vie et devenir « chefs ».

>> Lire ci-dessous

BIBA Avant, elles étaient journalistes, artistes, infirmières. Aujourd'hui, elles sont chefs !

Chez Ferrandi, l'École française de gastronomie, on confirme le phénomène : « Avant, on avait des gens déjà dans le métier, ils voulaient obtenir un diplôme. Mais aujourd'hui, nous avons des demandes de journalistes, d'artistes, d'infirmières… »

« Quand j'étais infirmière, je m'ennuyais. Je n'étais pas heureuse », explique Lucie, 28 ans. Elle travaille aujourd'hui dans un restaurant 3 étoiles en Bourgogne et découvre de nouvelles recettes tous les jours.

Sophie a 36 ans. Elle est chef d'un restaurant à Paris. Il y a quelques années, elle travaillait pour un journal. « Je n'aimais pas vraiment mon travail. Aujourd'hui, je partage ma passion avec mes clients. »

FOCUS LANGUE   ▶ p. 215

L'imparfait pour décrire une situation passée

En petits groupes.

a. **Relisez vos réponses à l'activité 3b. Choisissez la réponse correcte.**

J'utilise l'imparfait pour décrire une situation, des personnes, des lieux dans :
– le passé.
– le présent.
– le futur.

b. **Observez et complétez.**

L'imparfait	
la base : présent de l'indicatif (1ʳᵉ personne du pluriel) *nous voul~~ons~~*	les terminaisons : -… -ions -ais -iez -… -…

Exemple : *vouloir* à l'imparfait → *je* …, *tu voulais*, *il/elle* …, *nous voulions*, *vous vouliez*, *ils/elles* … .

Attention ! Un seul verbe irrégulier : *être* → *j'étais*, *tu* …, *il/elle/on* …, *nous* …, *vous* …, *ils/elles* … .

▶ p. 188

document 2   🎧 131

5. 🎧◄131 Écoutez le reportage (doc. 2). Qui parle ? Où ? De quoi ?

6. 🎧◄131 Par deux. Réécoutez (doc. 2). Complétez la carte d'identité.

7. 🎧◄131 Par deux. Écoutez encore (doc. 2). Choisissez dans la liste ci-dessous le(s) commentaire(s) négatif(s) sur la cuisine française en Argentine. Justifiez votre choix.

une cuisine trop riche • un manque de formation des chefs • des prix trop élevés • peu de restaurants authentiques • une cuisine très différente

L'ÉCOLE FRANÇAISE DE GASTRONOMIE

| ~~ep~~rises | Contacts |

...MATION **ADULTES**   **INTERNATIONAL** PROGRAMS

HUFF POST **Changer de vie : Morgane, 34 ans, de l'art contemporain à la cuisine familiale**

Il y a cinq ans, Morgane travaillait dans l'art contemporain. Elle avait depuis son enfance une passion pour la cuisine. Elle a décidé de changer de vie. Elle veut ouvrir un restaurant français à l'étranger. « Quand j'étais petite, j'adorais cuisiner. Aujourd'hui, je réalise mon rêve. »

> ### FOCUS LANGUE   ▸ p. 217
>
> **Quelques marqueurs temporels du passé (2)**
>
> **a.** **Relisez ces extraits. Observez les marqueurs temporels.**
>
> | Vous avez fondé l'association il y a quelques années. | 1995 ✕————— aujourd'hui   dans le passé |
> |---|---|
> | J'ai grandi en Amérique latine pendant sept ans. | de 2000 à 2007 ├——┤ aujourd'hui   dans le passé |
> | Depuis 1920, l'école Ferrandi forme de futurs chefs. | 1920 ✕ - - - - - ▶ aujourd'hui   dans le passé |
> | Avant, elles étaient journalistes. | avant (dans le passé) / aujourd'hui |
> | Quand j'étais infirmière, je m'ennuyais. | infirmière ├———┤ aujourd'hui   dans le passé |
>
> **b.** **Donnez un exemple personnel pour chaque marqueur temporel.**
> Exemples : *J'étudie le français **depuis** trois mois. **Avant**, je ne parlais pas français. Aujourd'hui, je parle un peu français.*
>   ▸ p. 188

À NOUS ! 🍽 ✏

8. Nous rédigeons un article sur la gastronomie française, hier et aujourd'hui.

En petits groupes.

a. Reprenez la liste des restaurants (leçon 1, activité 5), des magasins d'alimentation (leçon 2, activité 4) et des écoles ou cours de cuisine (activité 4).

b. Échangez sur la présence de la gastronomie française dans votre ville et dans votre pays.

c. Rédigez un article sur l'évolution de cette présence. Titre : *La cuisine française en …*

Introduction : *Il y a dix ans, il y avait beaucoup de / il n'y avait pas de …*
Développement : *Les habitants de mon pays ne connaissaient pas … Aujourd'hui, ils …*

d. Affichez vos articles dans la classe.

e. Envoyez votre article à l'association « Villages de chefs » (rubrique « Contact »).

LEÇON 5
S'habiller « à la française »

Acheter des vêtements

1. Observez les photos (doc. 1).
   a. Identifiez le type de magasin.
   b. Connaissez-vous les Galeries Lafayette ? Dans quelles villes ou quels pays trouve-t-on ce magasin ? Faites des hypothèses ou des recherches.

2. Lisez l'introduction de l'article (doc. 1). Relevez :
   a. la ville et l'année d'ouverture ;
   b. la question posée par les journalistes ;
   c. à qui les journalistes ont posé cette question.

3. Par deux. Lisez l'article (doc. 1).
   a. Quelles sont les professions des personnes interrogées ?
   b. Associez chaque personne à une photo. Justifiez votre choix.

4. Par deux. Relisez (doc. 1).
   a. Relevez ce que chaque personne pense des Galeries Lafayette.
      Exemple : Mei : « C'est formidable ».
   b. Pourquoi chaque personne fréquente ce magasin ?

document 1

Depuis fin 2013, les Galeries Lafayette sont à Pékin, dans le quartier commercial de Xidan.
Que pensent les Chinois de ce grand magasin « à la française » ? Nous avons mené notre enquête. Et nous avons trouvé des clients et des vendeurs francophones.

Mei assistante de direction dans une entreprise chinoise : « Moi, je viens pour le rayon chaussures. J'adore les chaussures ! Les bottes, les chaussures à talons, les chaussures de sport… Il y a des milliers de chaussures à cet étage ! L'ouverture des Galeries Lafayette à Pékin, c'est formidable. Je peux trouver toutes les marques françaises en Chine ! »

Peng et Liu étudiantes pékinoises : « Nous, on adore ! Notre rayon préféré, c'est le rayon mode femme. Les robes, les jupes, les manteaux, il y a beaucoup de vêtements, on ne peut pas tout voir ! On est étudiantes, on n'a pas beaucoup d'argent, alors on n'achète pas souvent. On vient pour le plaisir. »

Zhijang traducteur-interprète : « Pour mon travail, c'est important d'être bien habillé. J'aime beaucoup le style français, les marques françaises. Au rayon mode homme, il y a des vestes et des pantalons très chics, des costumes élégants, beaucoup de belles cravates. Je fais beaucoup d'achats ici depuis l'ouverture du magasin. »

Qian vendeuse au rayon « accessoires » des Galeries Lafayette : « Les clients chinois aiment beaucoup les accessoires. Dans ce rayon, nous proposons des bijoux, des lunettes de soleil, des sacs, des chapeaux… Les week-ends, on a 20 000 visiteurs dans le magasin. Et beaucoup viennent acheter des accessoires. »

FOCUS LANGUE

Les vêtements et les accessoires

a. Observez les photos. Associez chaque univers aux personnes interviewées (activité 3). Justifiez vos choix.

des sacs
des chapeaux
des lunettes   des bijoux

une veste
un pantalon
un costume   une cravate

un manteau
une robe   une jupe

des bottes
des chaussures à talons
des chaussures de sport

b. En petits groupes. Quel(s) univers vous préférez ? Pourquoi ?

▶ p. 189

5

En petits groupes.
Faites des recherches pour trouver des magasins avec des marques françaises de vêtements et/ou d'accessoires dans votre ville ou votre pays.

1 **Accessoires**   2 **Mode homme**
3 **Rayon chaussures**   4 **Mode femme**

document **2**   🎧 135

7. 🎧▶135 Écoutez l'interview de l'AFP (Agence France Presse) (doc. 2).

a. Qui est la personne interviewée ? De quoi elle parle ?

b. Choisissez dans la liste ci-dessous les formations reçues aux Galeries Lafayette.
bien parler français • bien recevoir les clients • bien s'habiller • bien connaître le magasin • bien informer les clients

> **FOCUS LANGUE**

Faire des achats (3)

En petits groupes.

a. 🎧▶135 Réécoutez (doc. 2). Complétez les notes de Qian pendant sa formation.

Bien recevoir le client	Comprendre le client
Entrer en contact avec le client : *Bonjour, je peux vous renseigner ?* …	Le client demande le prix d'un produit : …
Informer le client : *Le rayon homme est au 3ᵉ étage.* …	Le client demande comment payer : …
	Le client demande où payer : *Où se trouve la caisse ?*

b. Relisez le Focus Langue « Faire des achats » (leçon 3, p. 132). Complétez le tableau avec les formules utiles pour Qian.

c. 🎧▶136 Observez et écoutez la conjugaison du verbe *payer*. Est-ce qu'il existe plusieurs formes pour conjuguer un verbe au même temps dans votre langue ?

je paie / paye	nous payons
tu paies / payes	vous payez
il/elle/on paie / paye	ils/elles paient / payent

▶ p. 189

6. Sons du français   ▶ p. 206

Les sons [ʒ] et [ʃ]

a. 🎧▶132 Écoutez. Répétez les mots avec une main sur votre cou. Vous sentez une vibration quand vous prononcez le son [ʒ].

b. 🎧▶133 Écoutez. Répétez les mots avec une main sur votre cou. Vous ne sentez pas de vibration quand vous prononcez le son [ʃ].

c. 🎧▶134 En petits groupes. Écoutez, lisez et répétez ces phrases.
1. J'adore ces chaussures rouges.
2. Quel joli chapeau jaune !
3. Tous mes bijoux sont d'origine chinoise.
▶ p. 189

À NOUS !

8. Nous nous habillons « à la française ».

En petits groupes.

a. Choisissez votre « Français » : le Français au travail, en vacances, en voyage, etc.

b. Listez les vêtements et les accessoires nécessaires pour vous habiller.

c. Allez dans un magasin où on peut s'habiller « à la française » (activité 5) ou choisissez parmi les vêtements et les accessoires que vous avez.

d. Habillez-vous et prenez une photo.

e. Affichez vos photos dans la classe.

f. Votez pour la photo la plus « française ».

g. Partagez vos photos sur la page Facebook de la classe.
▶ Expressions utiles p. 190

LEÇON

6 Petits coins de France

Faire une appréciation positive ou négative

1. **Lisez l'article (doc. 1). Répondez.**
   a. Quelles sont les deux villes citées ?
      Dans quel pays elles se trouvent ?
   b. Quel est le lien entre ces deux villes
      et le titre de l'article ?

2. **Par deux. Relisez (doc. 1).**
   De quelle(s) ville(s) on parle ? Pourquoi ?
   a. On y produit du foie gras et des fleurs.
   b. On peut y manger français.
   c. On peut y acheter des meubles français.
   d. On y trouve de nombreux monuments
      à la française.
   e. Les touristes francophones peuvent
      y lire des textes écrits par de grands
      écrivains français.
   f. Les habitants y pratiquent un jeu
      originaire du Sud de la France.

3. **Formez deux groupes : un groupe « Addis-
   Abeba » et un groupe « Philadelphie ».
   Lisez encore (doc. 1). Relevez les
   appréciations du journaliste. Classez-les
   dans le tableau.**

	Addis-Abeba	Philadelphie
😮 **Pour exprimer la surprise**	C'est incroyable. …	Les boutiques sont, elles, assez inhabituelles. …
👍 **Pour faire une appréciation positive**	On apprécie. … …	… L'architecture est franchement incroyable…
👎 **Pour faire une appréciation négative**	Les jeunes Éthiopiens trouvent ce jeu ridicule.	…

document **1**

Ces petits coins de France !

Nos coups de cœur de la semaine...

Addis-Abeba, Éthiopie

Addis-Abeba

C'est incroyable mais vrai et ça se passe en Éthiopie. On y trouve une ferme de production de foie gras, un domaine de 8 hectares de production de roses françaises et de lavande, un hôtel-restaurant français, le Louvre… Bref, un petit bout de France en Éthiopie. C'est très inattendu, un peu surprenant, vraiment réussi ! On apprécie, on trouve l'ensemble franchement original ! La pétanque est au rendez-vous et les joueurs ont l'air de vrais professionnels ! Les jeunes Éthiopiens trouvent ce jeu ridicule mais les plus âgés adorent.

Philadelphie la francophile

De nombreux restaurants français, ce n'est pas très original. Les boutiques d'antiquaires remplies de meubles français sont, elles, assez inhabituelles. Des manuscrits de Zola et d'Anatole France à la bibliothèque historique du musée Rosenbach, ça, c'est vraiment étonnant. Pour finir, l'architecture de la ville, avec de nombreux monuments « à la française »,

Philadelphie, États-Unis

est franchement incroyable. Un exemple : l'hôtel de ville, inspiré de celui de Paris. On trouve ce monument génial !

Le magazine urbain

> **FOCUS LANGUE**   ▸ p. 216

Des structures pour faire une appréciation positive ou négative

Observez. Complétez avec les réponses de l'activité 3.

Appréciations		Des adverbes pour <u>nuancer</u>
positives	négatives	mon appréciation
C'est incroyable / inattendu / surprenant / réussi / … On <u>apprécie</u>. On <u>trouve</u> l'ensemble original. Les joueurs <u>ont l'air</u> de vrais professionnels.	Les jeunes trouvent ce jeu ridicule. …	++++ franchement +++ vraiment ++ … + ou − assez + … ▸ p. 189

4 ✎

En petits groupes.

a. Listez des monuments ou des quartiers que vous aimez dans votre ville ou votre pays.

b. Choisissez vos deux coups de cœurs.

document **2** 🎧 137 et 138

UN JOUR DANS LE MONDE
PAR Nicolas Demorand

📖 **5.** Lisez le titre de cette émission de radio. Faites des hypothèses sur son concept.

6. 🎧 137 Écoutez la présentation de l'émission (doc. 2). Identifiez :

a. les questions posées par le journaliste ;

b. le contexte de l'émission.

7. 🎧 138 En petits groupes. Écoutez l'émission (doc. 2).

a. Relevez les trois événements cités et les pays.

b. Associez chaque événement à sa date.

   1. 21 mars

   2. 14 juillet

   3. 21 juin

8. 🎧 138 En petits groupes (un groupe par événement). Réécoutez (doc. 2). Répondez.

a. Quelles sont les caractéristiques de chaque événement ? Qu'est-ce qu'on y fait ?

b. Qu'est-ce que les personnes interrogées pensent de l'événement ? Pourquoi elles apprécient l'événement ?

c. Vérifiez avec la transcription (livret p. 12).

> **FOCUS LANGUE**   ▸ p. 212 et 214

Les verbes pronominaux réciproques (2)

a. Observez.

On **se présente**, on **se parle**. Français et étrangers **se rassemblent**.	Des musiciens français et locaux **se rencontrent**.	Des chefs français et des chefs étrangers **se rencontrent**.
A fait une action sur B et B fait une action sur A.		

b. En petits groupes. Listez cinq actions importantes en classe. Utilisez des verbes pronominaux réciproques.

                                 ▸ p. 189-190

9. Sons du français

L'intonation expressive

Quand une personne est contente (exprime l'enthousiasme), sa voix monte ↗. Quand une personne n'est pas contente (manque d'enthousiasme), sa voix descend ↘.

Exemples : *C'est super !* → ↗

            C'est nul ! → ↘

🎧 139 Écoutez. Répétez les phrases. Dites si la voix monte ↗ ou descend ↘.   ▸ p. 190

À NOUS ! 💬

10. Nous parlons de nos coups de cœur.

En petits groupes.

a. Faites des appréciations pour justifier vos coups de cœur (activité 4).

b. Présentez vos coups de cœurs aux autres groupes.

c. La classe donne son appréciation sur chaque coup de cœur.

d. Organisez la visite du coup de cœur de la classe.

                                   ▸ Expressions utiles p. 190

CULTURES

1 **La France s'exporte** ▶ Vidéo **7**

a

b

c

a. Regardez ces trois images extraites d'un reportage de BFMTV.
Faites des hypothèses.
1. Dans quel pays se passe ce reportage ?
2. Que représente l'image c ?

b. Regardez la vidéo avec le son jusqu'à 0'27''. Vrai ou faux ? Pourquoi ?
1. Dans le métro de Tokyo, une boutique sur deux a un nom français.
2. Ces boutiques sont françaises.
3. Les marques françaises se trouvent dans le quartier de Ginza.

c. Regardez la vidéo avec le son. Répondez.
– De 0'28'' à 1'14''.
1. Quelles enseignes trouve-t-on en bas des immeubles ? En haut des immeubles ?
2. De quel restaurant parle-t-on ?
3. Où a étudié son chef ?
– De 1'15'' à 1'28''.
4. Que voit-on ?
5. À votre avis, quelle est la spécialité de ce restaurant ?
6. S'agit-il d'un restaurant gastronomique ? Comment s'appelle ce type de restaurant ?
7. Est-ce qu'il a du succès ? Pourquoi ?

d. En petits groupes. Dans votre pays, on aime beaucoup les marques françaises ? La gastronomie française ? Quelle image de la France ont les habitants de votre pays ?

2 Les enseignes françaises

a. Lisez ces slogans. Quelles enseignes vous connaissez ?

1 La FNAC la plus proche de chez moi, c'est chez moi : fnac.com.

2 Avec CARREFOUR, je positive !

3 CELIO : le 21 juin, n'oublie pas que je suis ton père !

4 Le bonheur, happiness : FAUCHON Paris.

5 L'OCCITANE en Provence : experience the true story.

6 DESSANGES Paris : la star, c'est vous !

b. Ces enseignes sont-elles présentes dans votre ville ou votre pays ? Avez-vous déjà acheté des produits ou utilisé les services de ces marques ? Si oui, lesquels ?

c. Associez chaque slogan à une photo et à une légende.

A. Salon de coiffure.
B. Supermarché, produits alimentaires et pour la maison.
C. Produits de beauté, parfums et soins.
D. Magasin de vêtements pour hommes.
E. Magasin de produits culturels (livres, films, musique) et d'électronique.
F. Épicerie fine.
Exemple : *5-c-C.*

COMPLÉTEZ VOTRE CARNET CULTUREL

1. Je connais des enseignes françaises et / ou des « petits coins de France » dans ma ville / mon pays : …
2. En petits groupes. Nous faisons des recherches sur Internet pour compléter notre carnet d'enseignes françaises et / ou de « petits coins de France » dans notre ville ou notre pays.
3. En groupe. Nous construisons le carnet « Enseignes françaises et petits coins de France dans notre pays » de la classe.

 Retournez aux pages 126-127. Répondez à nouveau aux questions. Mettez en commun avec le groupe.

PROJETS

Projet de classe

Nous organisons un rallye « La France dans notre ville ».

En petits groupes.

1. Choisissez le thème de votre rallye-découverte.

Exemples :

Type de rallye	Description du rallye
Rallye gastronomique	Découvrir des lieux en relation avec la gastronomie française (restaurants, magasins d'alimentation…).
Rallye des enseignes	Découvrir des enseignes françaises (librairies, grands magasins…).
Rallye photo	1. Prendre en photo des lieux en relation avec la France. 2. Légender les photos pour expliquer leur lien avec la France.

2. Listez trois lieux à découvrir.

3. Comparez les thèmes et les lieux choisis avec les autres groupes pour éviter les choix identiques.

4. Préparez votre carnet de route.

Exemple :

Notre carnet de route « Rallye gastronomique »		Nos photos
Lieu n° 1	Épicerie « Le Gourmet de Bordeaux »	
Adresse du lieu	1001 Budapest, Föutca 17, Francia Intézetben	
Horaires d'ouverture	Du lundi au vendredi : de 9 heures à 19 heures Le samedi : de 10 heures à 16 heures	
Coordonnées de la personne interviewée	Clarence Joubert Du Cellier +36 30 376 6089	
Nos questions (au minimum 5)	Depuis quand êtes-vous à Budapest ? Combien de clients avez-vous chaque semaine ? Qui sont vos clients ? Quels produits proposez-vous ? Pourquoi avez-vous choisi Budapest ?	
Les réponses		
Notre appréciation sur ce lieu	C'est un lieu franchement original. On trouve le fromage vraiment bon.	
Lieu n° 2	Restaurant « Comme chez soi »	
Lieu n° 3	Chefparade Cooking School	

5. Partez à la découverte de votre ville. Complétez votre carnet de route.

6. Mettez en commun vos carnets de route. Réalisez l'album rallye de la classe.

Notre album – Budapest			
Où manger de la cuisine française ?	Où lire en français ?	Où acheter des produits français ?	Nos photos
Restaurant « Comme chez soi »	…	…	…

Projet ouvert sur le monde ▸ 📖 GP Parcours digital

Nous réalisons :
– l'interview d'un(e) francophone sur le thème « La France dans notre ville et dans notre pays » ;
– un diaporama de présentation de « La France dans notre ville et dans notre pays ».

DELF 7

I Compréhension de l'oral

🎧 ▶ 140

Vous allez entendre six petits dialogues correspondant à six situations différentes.
Regardez les dessins. Écoutez deux fois les dialogues et notez le numéro du dialogue
sous le dessin correspondant, comme dans l'exemple.

a *Dialogue n° 1*

b Dialogue n°…

c Dialogue n°…

d Dialogue n°…

e Dialogue n°…

f Dialogue n°…

II Production orale

Exercice 1 Pour s'entraîner à la partie 1 de l'épreuve orale : l'entretien dirigé

Vous vous présentez : vous parlez de vous. Vous dites où vous vivez. Vous expliquez depuis combien de temps
vous étudiez le français. Vous dites ce que vous faisiez il y a deux ans et ce que vous faites aujourd'hui.

Exercice 2 Pour s'entraîner à la partie 2 de l'épreuve orale : le monologue suivi

Vous posez des questions à un(e) étudiant(e) de votre cours à partir des mots suivants.

Vêtements ?   Gastronomie ?   Lire ?   Rayon ?   Accessoires ?   Repas ?

Exercice 3 Pour s'entraîner à la partie 3 de l'épreuve orale : l'exercice en interaction

À deux : un client et un vendeur. Vous êtes dans un magasin de vêtements. Le client demande où se trouvent
les articles ci-dessous, le prix de trois articles et où il peut payer. Le vendeur entre en contact avec le client
et répond à ses demandes.

DOSSIER **8**

Nous organisons une soirée française

Les Français et la convivialité

En petits groupes. Répondez. À votre avis…

1 Quels types de soirées organisent les Français ?

a. Des soirées déguisées.

b. Des soirées internationales.

c. Des soirées jeux de société.

Et les habitants de votre pays ?

2 Vous faites du tourisme en France : que pouvez-vous faire ?

a. Dîner chez des Français.

b. Prendre un petit déjeuner chez des Français.

c. Visiter un marché avec des Français.

Et dans votre pays ?

3

Que proposent les écoles de français en France aux étudiants étrangers ?

a. Des cours individuels et collectifs.

b. Un accueil chaleureux.

c. Des activités culturelles.

En groupe. Comparez vos réponses.

PROJETS

- **Un projet de classe**

  Organiser une soirée pour fêter
  nos progrès en français.

- **Et un projet ouvert sur le monde**

  Réaliser une présentation audio ou vidéo
  de notre expérience d'apprentissage du
  français. La publier sur le site de l'école
  et/ou sur un site de partage.

**Pour réaliser ces projets,
nous allons apprendre à :**

▶ parler de notre apprentissage du français

▶ caractériser un restaurant et passer commande

▶ choisir une tenue vestimentaire

▶ caractériser une chose ou une personne

▶ conseiller un film ou un spectacle

▶ organiser une soirée

LEÇON 1

Histoires d'étudiants

Parler de notre apprentissage du français

document 1 🎧 141

1. 🎧»141 Écoutez les témoignages (doc. 1).
Identifiez le thème.

2. 🎧»141 **Par deux. Réécoutez (doc. 1). Relevez :**
a. la nationalité de Mauricio et de Léanne ;
b. le nom et la ville de leur école de langue.

3. 🎧»141 **Par deux. Écoutez encore (doc. 1).**
Complétez le tableau.

	Mauricio	Léanne
Choix de la ville	Je suis venu à Cannes parce que…	J'ai décidé de venir prendre des cours ici, à Paris, parce que…
Choix de la langue française	…	J'ai vécu en Afrique anglophone…
Ce qu'il/elle pense des cours et de l'enseignement	En classe, on a souvent travaillé en groupes…	… Il y a d'excellents professeurs.

4

En petits groupes.
Pourquoi étudiez-vous le français ?
Que pensez-vous des cours et de l'apprentissage ?

5. Observez les deux pages de sites Internet (doc. 2 et 3). Répondez.
a. Quel est le point commun entre Stralang (doc. 2) et l'AFPIF (doc. 3) ?
b. Qui sont Mirjana et Matthew ?

6. En petits groupes. Lisez les témoignages de Mirjana et Matthew (doc. 2 et 3).
De quoi ils parlent ? Choisissez et justifiez.
a. De leur vie avant d'arriver en France.
b. De leur enfance.
c. De leur changement de vie.
d. De leurs projets.
e. De leur situation actuelle.
f. De leur apprentissage.

document 2

www.stralang.com/temoignages-etudiants-stralang/

STRALANG
INSTITUT DE LANGUES

Établissement privé d'enseignement supérieur
École de langues de Strasbourg, Alsace, France

Témoignages d'étudiants à Stralang

Je m'appelle Mirjana, je suis serbe. En 2010, je vivais à Belgrade et j'étais débutante en français. Fin 2010, je suis arrivée à Strasbourg et j'ai étudié à Stralang. J'ai fait de rapides progrès. Il y avait une très bonne équipe de professeurs. J'ai rencontré des gens du monde entier, c'était comme une grande famille. Je suis rentrée en Serbie il y a deux ans. Aujourd'hui, grâce à mon niveau de français, je travaille pour une entreprise française dans mon pays.

document **3**

www.alliancefr.org/sites/default/files/les_fiances_AFPIF.pdf

AllianceFrançaise *Paris* IledeFrance

ÉTUDIANTS INDIVIDUELS

ENTREPRISES /
ORGANISMES /
UNIVERSITÉS

ENSEIGNANTS DE FLE

ALLIANCES FRANÇAISES

Actualités ⟩ **Une demande en mariage à l'AFPIF !**

IL A RENCONTRÉ SA FEMME À L'ALLIANCE FRANÇAISE PARIS ILE-DE-FRANCE

Je m'appelle Matthew. Je suis arrivé à Paris à 24 ans pour mon travail. Avant, je vivais en Angleterre et je ne parlais pas français. Je me suis inscrit dans une école de langue française à Paris pour faciliter ma vie quotidienne et professionnelle. Au début de mon apprentissage, j'ai rencontré des gens de différentes nationalités et j'ai fait la connaissance de Cindy, une jeune femme américaine de 25 ans. Nous étions tous les deux débutants et nous nous aidions quand nous avions des difficultés. Nous avons fait des progrès en français et, aujourd'hui, nous travaillons tous les deux en France. Nous sommes mariés depuis trois ans.

⟩ FOCUS LANGUE   ▶ p. 215

L'imparfait, le passé composé et le présent pour évoquer des changements

En petits groupes.

a. Observez. Complétez avec des extraits du témoignage de Mirjana (doc. 2).

	Mirjana	Matthew
Avant (situation initiale)	…	Je vivais en Angleterre et je ne parlais pas français.
Événement(s) qui change(nt) la situation initiale	…	Je me suis inscrit dans une école de langue française à Paris. J'ai fait la connaissance de Cindy.
Situation actuelle	…	Nous travaillons tous les deux en France.

b. Relisez l'activité 3. Complétez le tableau avec d'autres exemples.

c. Complétez avec : *le présent*, *le passé composé* ou *l'imparfait*.
   Pour parler des changements dans le temps :
   – je décris une situation initiale au passé avec … ;
   – je précise les événements qui changent cette situation initiale au passé avec … ;
   – je décris une situation actuelle avec … .

d. Donnez un exemple personnel pour chaque personne de votre groupe.
   Exemple : *Poppy ne parlait pas français. Elle a pris des cours à l'Institut français. Elle a fait la connaissance de Mark, un étudiant américain. Ils mangent ensemble tous les jours.*

▶ p. 191

À NOUS !

7. Nous interviewons nos camarades sur leur apprentissage du français.

En petits groupes : groupes A et groupes B.

a. Trouvez un maximum de questions sur l'apprentissage du français.
   Exemple : *Pourquoi as-tu décidé d'apprendre le français ?*

b. Choisissez cinq questions.

c. Les étudiants du groupe A interrogent les étudiants du groupe B.
   Puis les étudiants du groupe B interrogent les étudiants du groupe A.
   Enregistrez les interviews.

d. Écoutez les interviews. Rédigez un article à la manière du document 3.

e. Regroupez les témoignages. Affichez-les dans la classe.

▶ Expressions utiles p. 194

LEÇON 2

Un dîner en ville

Caractériser un restaurant et passer commande

document 1

https://www.tripadvisor.fr/

◉◉ tripadvisor®

☑ **avis** ∨ | S'INSCRIRE | CONNECTEZ-VOUS

Lausanne ∨   Hôtels ∨   Vols ∨   Restaurants ∨   Activités ∨   Forum ∨   Le meilleur de 2016 ∨   Plus ∨

📍 CH-1003 Lausanne   🔍 Restaurant   **Rechercher**

Le monde dans mon assiette

◉◉◉◉◑ 445 avis 🎖 Certificat d'Excellence

Menu

Brigitte
Suisse
Auteur de niveau ③
🏠 23 avis
💬 16 avis sur
les restaurants
👍 17 votes utiles

"Concept très sympa"
◉◉◉◉◉ Avis publié il y a 3 semaines

Très belle découverte! Une cuisine exceptionnelle! Le concept d'assiettes à partager est top! Les plats sont classés par continent sur la carte. Le lieu est chaleureux, la décoration agréable et le personnel accueillant. Le rapport qualité-prix est bon. Je recommande vivement ce restaurant!

PjPj2015
Lausanne, Suisse
Auteur de niveau ④
🏠 30 avis
💬 25 avis sur
les restaurants

"Sympa mais cher"
◉◉◉○○ Avis publié il y a 1 semaine par mobile

L'atmosphère est sympa, mais la salle est bruyante. Les tapas sont variées mais pas très originales. Les portions sont petites et le prix est élevé. L'accueil est un peu froid et les serveurs, pas très disponibles. Il faut attendre longtemps entre les plats. Donc, vraiment, BOF...

📖 **1.** Observez les photos du restaurant (doc. 1).

   a. Faites des hypothèses sur le type de restaurant.

   b. Associez les mots aux photos.
     les plats • la salle • la décoration • le personnel

📖 **2.** Par deux. Lisez les deux avis (doc. 1). Est-ce qu'ils sont très positifs, positifs, négatifs ou très négatifs ? Pourquoi ?

📖 **3.** En petits groupes. Relisez (doc. 1). Relevez comment Brigitte et PjPj2015 caractérisent :
   a. les plats ; **b.** le lieu ; **c.** la décoration ;
   d. l'atmosphère ; **e.** le personnel ; **f.** le service ;
   g. le prix.

💬 **4.** En petits groupes. Est-ce que ces deux avis vous donnent envie de découvrir ce restaurant ?

▶ FOCUS LANGUE

Les adjectifs et les expressions pour caractériser un restaurant (positivement et négativement)

Classez les adjectifs et les expressions de l'activité 3 dans le tableau. Certains adjectifs peuvent être utilisés pour caractériser plusieurs éléments.

	👍	👎
les plats / la cuisine / les portions	exceptionnelle, ...	...
le lieu	...	bruyant
l'atmosphère	sympa	
le service		...
le personnel	accueillant	...
le prix	...	cher, ...

▶ p. 191

5

En petits groupes.

Quel type de restaurant préférez-vous ? Lisez-vous les avis des internautes pour choisir vos restaurants ? Pourquoi ? Donnez-vous parfois votre avis ?

document **2** 🎧 142 et 143

6. 🎧▶142 Écoutez la première partie de la conversation au restaurant (doc. 2). Vrai ou faux ? Pourquoi ?

a. Le client s'appelle M. Grain.

b. Il a réservé une table.

c. Le serveur accueille les clients puis il les place.

7. 🎧▶143 Observez le menu du restaurant. Écoutez la deuxième partie (doc. 2). Relevez :

a. les plats et les boissons choisis ;

b. les questions posées par le serveur pour les plats et les boissons.

MENU

EUROPE ⬤⬤⬤⬤⬤

*MOZZA-MOZZA [CHF 10]
Mozzarella assaisonnée à l'huile d'olive et fleur de sel, poivrons confits, pain aux olives toasté

*TARTARE TICINO [CHF 10]
Tartare de bœuf à l'italienne et ses toasts

*COSTA CALAMARETTI
[CHF 10]
Calamaretti frits, aïoli maison

*PANS MINI [CHF 10]
Croque-monsieur au jambon cru et huile de truffe

IBERIAN SECRET [CHF 18]
Pluma de porc ibérique croustillante, légère purée de carottes, gratin de macaronis à la saucisse nduja et jus corsé

AMERICAS ⬤⬤⬤⬤⬤

*CHISAYA MAMA [CHF 10]
Salade exotique de quinoa, mangue, avocat, grenade et concombre, accompagnée d'une vinaigrette relevée au piment de Cayenne et grenade

*SALMON FISHING IN THE BAKERY [CHF 10]
Mini bagel au saumon fumé et cream cheese au chipotle

*EAT ME BABY BURGERS
[CHF 10]
Deux mini burgers au bacon, cheddar & oignons confits

ELECTRIC SASHIMIVICHE
[CHF 12]
Sashimi de thon rouge façon ceviche au pamplemousse, piquillos et fleur de Sichuan

8. 🎧▶143 Réécoutez la deuxième partie (doc. 2). Notez les impressions des clients.

FOCUS LANGUE

Passer commande au restaurant

🎧▶143 En petits groupes (groupes « serveur » et groupes « clients »). Relisez vos réponses aux activités 7 et 8. Complétez le tableau. Réécoutez pour vérifier.

Le serveur…	Les clients…
prend la commande des plats : *Vous avez choisi ?* … *C'est noté.*	commandent les plats : *Oui. Nous allons prendre quatre plats.*
demande le type de cuisson : …	précisent le type de cuisson : *… . Et pour moi, saignant s'il vous plaît.*
prend la commande des boissons : … *Plate ou gazeuse ?*	commandent les boissons : *Non merci, de l'eau minérale, ce sera parfait.* …
s'informe sur la satisfaction des clients : *Tout s'est bien passé ?*	expriment leur satisfaction : *Oui, ça nous a beaucoup plu.* …
	demandent l'addition : …

▶ p.191-192

9. Sons du français   ▶ p. 207

Le son [j]

🎧▶144 Par deux. Écoutez. Répondez aux questions avec un adjectif de la liste. (Faites l'accord si nécessaire.)

accueillant • bruyant • croustillant • délicieux • exceptionnel • très bien

Exemple : *Comment est le personnel ? → Accueillant !*

À NOUS !

10. Nous imaginons le restaurant de nos rêves et de nos cauchemars.

En petits groupes : groupes A et groupes B.

a. Groupes A : imaginez le restaurant de vos rêves (concept top, localisation idéale, excellent rapport qualité-prix, service fantastique, accueil agréable, etc.).
Groupes B : imaginez le restaurant de vos cauchemars (restaurant peu original, localisation horrible, menu très cher et petites portions, service très mauvais, personnel froid, etc.).

b. Chaque groupe met en scène la situation (un serveur / des clients).

c. La classe vote pour le meilleur et le pire restaurant.

▶ Expressions utiles p. 194

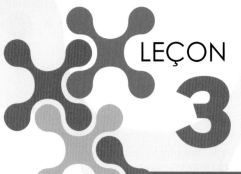

LEÇON
3
Soirée déguisée

Choisir une tenue vestimentaire

www.lepetitjournal.com/

LEPETITJOURNAL.COM
Le media des Français et francophones à l'étranger

ACCUEIL   KUALA LUMPUR   COMMUNAUTÉ   ÉCONOMIE   SOCIÉTÉ   À VOIR, À FAIRE   PRATIQUE   PENANG   CONTACT   ARCHIVES

▌▌▌ KUALA LUMPUR

Soirée déguisée !

Les déguisements à Kuala Lumpur : où les trouver ?

Vous organisez une soirée déguisée ou vous êtes invité à une soirée ? Vous voulez impressionner vos amis ? Voici quelques bonnes adresses.

Nous avons testé pour vous la location de déguisements. **Notre coup de cœur :** *Century Fiesta* pour sa sélection de costumes du monde. Il y a des costumes thaï, brésiliens, espagnols et 100% français! Le costume d'Astérix? Ils l'ont! Le déguisement du «Français typique» béret-baguette-marinière, vous le trouverez là-bas! La petite robe rétro années cinquante? Vous rêvez déjà de la porter! Pour une soirée internationale, c'est l'idéal. Le magasin propose également la location ou l'achat d'accessoires et de décorations de fête.

Vous voulez être original ? Dessinez votre costume ! *Costumes Empire* le fabrique sur mesure. Ils sont aussi spécialisés dans l'organisation de soirées à thèmes.

N'hésitez pas à les contacter pour un conseil ou un devis.

Vous n'avez pas beaucoup de temps? Pas de problème! Rendez-vous chez *Costumes N Parties*. Vous n'avez pas besoin de chercher les déguisements dans les rayons, ils ont des albums photos: vous les regardez, vous choisissez votre déguisement, le vendeur va le chercher, vous payez et vous partez. Le tout en moins de 15 minutes!

Bonne soirée!

1. Observez la page Internet (doc. 1).
   a. À qui s'adresse ce site ?
   b. Identifiez le thème de l'article, la ville et le pays.

2. Par deux. Lisez l'article (doc. 1). Répondez.
   a. Quels sont les trois magasins choisis par le site ?
   b. Quel est le coup de cœur du site ? Pourquoi ?
   c. À quel déguisement correspond chaque photo ?

3. Par deux. Relisez l'article (doc. 1). Quel magasin conseillez-vous à ces francophones de Kuala Lumpur ?
   a. Erin cherche un costume unique.
   b. Dinah n'a pas beaucoup de temps pour trouver un costume.
   c. Nirmala va à une soirée Erasmus.
   d. Tan cherche des accessoires pour une fête.

4

En petits groupes.
   a. Listez un maximum de thèmes pour une soirée déguisée.
   Exemples : *soirée super-héros, soirée « j'ai dix ans », soirée célébrités des années soixante-dix, etc.*
   b. Partagez vos thèmes avec la classe.
   c. Votez pour les trois thèmes préférés de la classe.

FOCUS LANGUE ► p. 212

Les pronoms personnels compléments d'objet direct COD (le, la, les) pour ne pas répéter un mot

a. Par deux. Lisez ces extraits de l'article (doc. 1). Retrouvez le nom remplacé par le, la, l' ou les. Relisez l'article pour vérifier.

1. Ils l'ont !
2. Vous **le** trouverez là-bas !
3. Vous rêvez déjà de **la** porter !
4. N'hésitez pas à **les** contacter pour un conseil ou un devis.

b. Par deux. Complétez la règle.

1. Pour retrouver le pronom COD, je pose la question « qui ? » ou « quoi ? ».
   Exemples : *Ils ont … ? → Ils ont le costume d'Astérix.
   N'hésitez pas à contacter … ? → N'hésitez pas à contacter les vendeurs.*
2. Les pronoms COD remplacent :
   – une personne (exemple : phrase 4) ;
   – … (exemples : phrases 1, 2, 3).
3. J'utilise :
   … → nom masculin ; … → nom féminin ; … → devant une voyelle ; … → nom pluriel.
4. Le pronom COD se place en général … le verbe. ► p. 192

---

document 2 🎧 145

5. 🎧►145 **Écoutez la conversation (doc. 2). Répondez.**
   a. Pourquoi le client cherche un vêtement ?
   b. Quel est le thème de la soirée ?

6. 🎧►145 **Réécoutez (doc. 2).**

a. Observez le catalogue du magasin. La vendeuse conseille quel costume au client ? Pourquoi ?

b. Associez les questions aux réponses. Qui parle ? Le client ou la vendeuse ?

1. Je peux l'essayer ?
2. Vous avez des chaussures pour aller avec ?
3. Vous faites quelle pointure ?
4. Je vais prendre l'ensemble. Ça fait combien ?

a. J'ai de très jolies chaussures vernies !
b. La location du costume, de la chemise et du nœud papillon, c'est soixante euros et dix euros pour les chaussures.
c. Oui, bien sûr.
d. Du quarante et un.

FOCUS LANGUE

Acheter / Louer des vêtements
Observez.

a. Pour indiquer la taille / la pointure, j'utilise le verbe *faire*.
   Exemples : *Vous **faites** quelle taille ?
   → Je **fais** du cinquante-deux.
   Vous **faites** quelle pointure ?
   → (Je **fais**) du quarante et un.*
b. Pour essayer un vêtement :
   Je peux l'essayer ?
c. Pour confirmer un achat : *Je vais le / la prendre. Je vais prendre l'ensemble.*
d. Pour demander le prix : *Ça fait combien ?*

7. Sons du français ► p. 207

Le son [ɔ]

a. 🎧►146 **Écoutez. Dites si vous entendez le son [ɔ].**
   Exemple : *notre* [nɔtʁ] → oui
b. 🎧►147 **Écoutez. Dans quelle syllabe est le son [ɔ] ? Quelle consonne arrive après le son [ɔ] ?**
   Exemple : *espagnol* [ɛspaɲɔl]
   → Syllabe 3. Consonne « l ».
c. 🎧►148 **Réécoutez et répétez.**
   ► p. 192

À NOUS ! 🎭✏️

8. Nous allons à une soirée déguisée.

En petits groupes.

a. Préparez votre soirée : choisissez votre thème et répondez.

– Quels déguisements choisissez-vous ? Pourquoi ?
– Vous les louez ? Vous les achetez ? Vous les fabriquez ?
– Vous les trouvez où ? (Dans un magasin ou sur Internet ?)
– Combien ça coûte ? (Location, achat ou fabrication sur mesure ?)
– Est-ce que le magasin propose votre taille ? (Téléphonez ou vérifiez sur le site du magasin.)

b. Présentez vos choix à la classe.
Exemples : *Nous avons choisi un costume de… Nous le trouvons original parce que…*

LEÇON
4 Chez l'habitant

Caractériser une chose ou une personne

1. Observez la page Internet (doc. 1). À l'aide des photos, faites des hypothèses sur le thème du site.

2. Lisez l'article (doc. 1). Vérifiez vos hypothèses et répondez.
   a. Que propose le site VizEat ?
   b. À quel type de voyageur s'adresse ce site ?

3. Par deux. Relisez (doc. 1). Relevez ce que les visiteurs peuvent :
   a. faire avec VizEat ;
      Exemple : *réserver un repas chez l'habitant dans plus de 60 pays.*
   b. vivre avec VizEat.
      Exemple : *une expérience qu'ils n'oublieront jamais.*

4. En petits groupes.
   a. Que pensez-vous du concept de ce site ? Êtes-vous intéressés par cette expérience ? Si oui, comme voyageurs ou comme hôtes ? Dans quel(s) pays ? Pourquoi ?
   b. Est-ce que les repas chez l'habitant existent dans votre pays ?

► FOCUS LANGUE
► p. 213

Les pronoms relatifs *qui* et *que* pour caractériser une chose ou une personne

a. Lisez ces extraits (doc. 1). Complétez la règle.

> 1. Vous rêvez d'<u>une expérience</u> que vous n'oublierez jamais ?
> 2. Vous êtes <u>un voyageur</u> qui s'intéresse aux contacts avec les locaux ?
> 3. Avec VizEat, organisez de belles surprises pour <u>les gens</u> que vous aimez !

J'utilise les pronoms relatifs *qui* et *que* :
– pour relier deux phrases simples et ne pas répéter … ;
– pour donner des informations, des précisions sur :
   1. une ou des chose(s) (exemple : phrase …) ;
   2. une ou des personne(s) (exemples : phrases 2 et …).

b. Quelle est la fonction de *que* ? La fonction de *qui* ? Associez.

1. *Que*　représente　le sujet.
2. *Qui*　　　　　　le complément*.

* Ce complément est un complément d'objet direct (COD).

> **Attention !** *Que* = qu' devant une voyelle ou un *h* muet mais *qui* = qui devant une voyelle ou un *h* muet.
> Exemple : *Les VizEaters peuvent choisir la formule qu'ils souhaitent partager avec leurs hôtes.*

► p. 192-193

---

document 1

https://fr.vizeat.com/

VizEat

Le monde entier
Réservez un repas chez

🔍 Entrez une destination

ROME

BARCELONE

Vous rêvez d'une expérience que vous n'oublierez jamais ? D'un moment sympathique qui sort de l'ordinaire ? Vous parlez plusieurs langues et vous êtes un voyageur qui s'intéresse aux contacts avec les locaux ? Alors VizEat est le site que vous recherchez.

VizEat est un site de réservation de repas chez l'habitant dans plus de 60 pays qui s'adresse aux voyageurs du monde entier.

5

En petits groupes.

a. Choisissez un site découvert dans le livre.

b. Caractérisez ce site.

   Exemple : *couchsurfing.com, c'est un site sur un type d'hébergement gratuit qui permet de rencontrer des habitants du pays. C'est un moyen original de voyager que nous avons découvert dans le dossier 2. On adore !*

c. Présentez votre site à la classe.

---

document 2   🎧 **149**

6. 🎧▸149 **Écoutez l'interview de Camille Rumani (doc. 2). Identifiez le thème.**

7. 🎧▸149 **Réécoutez (doc. 2). Répondez.**

   a. Comment Camille Rumani définit-elle VizEat ?

   b. Comment est née l'idée de VizEat ?

   c. Quel est l'objectif de VizEat ?

   d. Quelle est sa position en Europe ?

À l'aide des commentaires des autres VizEaters, vous choisissez :

• chez qui vous voulez aller, pour manger quoi, à quel prix et quel jour ;

• la formule que vous souhaitez partager avec vos hôtes : petits déjeuners, brunchs, dîners gastronomiques, apéros, visites de marchés, pique-niques.

Avec VizEat, organisez de belles surprises pour les gens que vous aimez ! Offrez-vous une expérience authentique. Découvrez, réservez, partagez !

FOCUS LANGUE   ▸ p. 212

Chez / Avec / Pour + pronoms toniques

(Voir p. 65 : « Les pronoms toniques pour parler des personnes ».)

Par deux.

a. **Lisez ces extraits (doc. 2). Complétez avec :** *chez eux, avec eux, pour eux, pour vous.*

   – Alors, VizEat, …, c'est le réseau du *social dining*, c'est bien ça ?

   – Exactement. Les hôtes reçoivent les invités … et cuisinent … .

   – Comment vous avez eu cette idée ?

   – Quand j'habitais en Chine, j'ai eu la chance d'être invitée par des collègues chinois. J'ai partagé quelques repas … .

b. **Complétez les exemples.**

   J'utilise les pronoms toniques après <u>une préposition</u>.

   Exemples : *pour vous, …, …, … .*

   ▸ p. 193

📖 **8.** **Apprenons ensemble !**

> Ma langue maternelle, c'est le portugais. En portugais, le pronom relatif *qui* n'existe pas. On utilise seulement *que*. Quand je parle, quand j'écris en français, je fais toujours des erreurs : est-ce qu'on dit « le professeur que s'appelle » ou « le professeur qui s'appelle » ? « Les gens que visitent le Brésil » ou « les gens qui visitent le Brésil ? » Avez-vous des techniques pour m'aider ? Merci !

En petits groupes.

a. Lisez le témoignage de Tiago.

b. Trouvez des techniques pour aider Tiago à ne pas confondre *qui* et *que*.

c. Partagez vos idées avec la classe.

À NOUS ! 🗨️✏️

9. Nous créons notre profil VizEat.

En petits groupes.

a. Définissez votre profil pour le site VizEat :

   – type de repas (brunch, apéritif, dîner…) ;

   – type de cuisine (française, italienne, japonaise…) ;

   – titre de votre repas (*Repas exotique !*…) ;

   – description de votre menu (entrées / plats / desserts) ;

   – prix (participation par invité) ;

   – horaires (À quelle heure ? Jusqu'à quelle heure ?) ;

   – ambiance ;

   – photo pour illustrer votre profil.

b. Affichez vos profils dans la classe. Chaque groupe choisit son profil préféré et explique pourquoi.

c. Publiez votre profil sur le site VizEat.

LEÇON 5 Un peu de culture ?

Conseiller un film ou un spectacle

document 1 🎧 150

1. 🎧▶150 Écoutez la conversation au ciné-club de la Escuela Oficial de Idiomas de Barcelona (doc. 1).

a. De quoi parlent les membres du ciné-club ?

b. Identifiez les membres qui ont aimé le film et ceux qui n'ont pas aimé le film. Donnez les prénoms.

c. Choisissez les réponses correctes.
   Les critiques portent sur…

   le film • les lieux et les décors • les chansons • l'histoire • les personnages • les acteurs • la photographie

2. 🎧▶150 En petits groupes. Réécoutez (doc. 1). Pour chaque membre, relevez les avis sur :

a. le film ;
   Exemple : *Je n'ai pas beaucoup aimé. C'est trop sentimental. (Adriana)*

b. les personnages ;

c. les acteurs ;

d. les chansons.
   Exemple : *Les jeunes n'écoutent plus Michel Sardou. (Rafael)*

> **FOCUS LANGUE** ► p. 217

Des structures pour préciser une opinion

a. Relisez les avis de Raimundo et Naira. Classez-les dans le tableau.
   – Je n'ai pas aimé <u>non plus</u>. Ce film n'est <u>pas assez</u> réaliste.
   – Le film est <u>assez</u> réussi, j'ai bien aimé.

Je suis d'accord avec une appréciation négative.	J'exprime une nuance.
…	…

b. Relisez les avis de Rafael et de son professeur. Complétez le tableau.
   – On <u>n'</u>entend <u>que</u> des chansons de Michel Sardou. Ce chanteur est <u>trop</u> vieux ! Les jeunes <u>n'</u>écoutent <u>plus</u> Michel Sardou.
   – Il y a <u>trop de</u> chansons de Michel Sardou !

J'exprime une action passée, terminée.	J'exprime une restriction.	Je fais une appréciation négative.
…	On n'entend **que** des chansons de Michel Sardou.	…

c. Donnez un exemple personnel pour chaque colonne des tableaux a et b.
   Exemple : *Je n'ai pas aimé le dernier film avec Marion Cotillard. Et toi ?*
   → *Je n'ai pas aimé non plus.*

> ► p. 193

3

En petits groupes.

a. Listez les derniers films (français ou francophones, si possible) que vous avez vus.

b. Donnez votre appréciation sur ces films.

c. Listez les films préférés de la classe.

📖 **4.** Observez le document 2. Quel est le thème de cette discussion ?

document 2

www.routard.com/

Forum Espagne

Qui peut conseiller un spectacle français à Madrid ?

💬 1 réponse

Archi1
Bonjour,
Je suis espagnol, je parle français et je suis passionné de culture française. Est-ce que vous connaissez des spectacles français à voir à Madrid ?

Répondre | Répondre en citant | ♥ S'abonner | Signaler

Christel2
Salut !
À l'Institut français de Madrid, il y a toujours un super programme. Regarde leur agenda culturel et dis-moi si ça te plaît. http://www.institutfrancais.es/madrid/programa-cultural/agenda-cultural-octubre-2016

Répondre | Répondre en citant | ♥ S'abonner | Signaler

Archi1
Merci beaucoup ! Ah oui, ça me plaît ! Il y a vraiment beaucoup d'activités ! Tu conseilles quoi ?

Répondre | Répondre en citant | ♥ S'abonner | Signaler

Christel2
Je te conseille de tout faire ! ☺ Si tu ne peux pas, alors choisis la pièce de théâtre, *Un dîner d'adieu*. Elle est géniale ! À mon avis, ça vaut vraiment le coup !

Répondre | Répondre en citant | ♥ S'abonner | Signaler

Archi1
D'accord, j'écoute ton conseil, alors. Je vais y aller demain. À ton avis, il faut réserver ?

Répondre | Répondre en citant | ♥ S'abonner | Signaler

Christel2
Oh là là ! Demain ! Oui, il faut absolument réserver ! Il y a toujours beaucoup de monde aux spectacles de l'Institut !

Répondre | Répondre en citant | ♥ S'abonner | Signaler

Archi1
Et pour réserver, je fais comment ?

Répondre | Répondre en citant | ♥ S'abonner | Signaler

Christel2
Évite de réserver par Internet, ça ne fonctionne pas toujours bien, si peu de temps avant le spectacle. Tu peux faire ta réservation par téléphone. Voici le numéro : 91 308 09 30. Et n'hésite pas à arriver une demi-heure avant le début, tu attendra moins !

Répondre | Répondre en citant | ♥ S'abonner | Signaler

Archi1
Merci beaucoup pour tes conseils !

Répondre | Répondre en citant | ♥ S'abonner | Signaler

📖 **5. Lisez le début de la discussion (doc. 2). Répondez.**
 a. Quelle est la demande d'Archi1 ? Pourquoi ?
 b. Est-ce que Christel2 répond à la demande d'Archi1 ?

📖 **6. Par deux. Lisez la discussion (doc. 2).**
Complétez le tableau.

	Archi1 demande des conseils	Christel2 donne des conseils
Pour le choix du spectacle	Tu conseilles quoi ?	… / … Ça vaut vraiment le coup !
Sur la réservation	…	…
Quand réserver ?	…	Évite de réserver sur Internet. …
Le soir du spectacle		…

🔎 FOCUS LANGUE

Les structures pour donner des conseils (synthèse)

Par deux. Observez. Complétez à l'aide des conseils de Christel1 (activité 6).

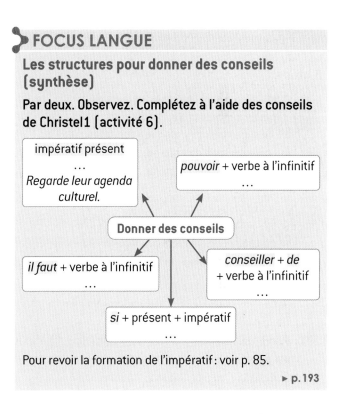

impératif présent
…
Regarde leur agenda culturel.

pouvoir + verbe à l'infinitif
…

Donner des conseils

il faut + verbe à l'infinitif
…

conseiller + *de* + verbe à l'infinitif
…

si + présent + impératif
…

Pour revoir la formation de l'impératif : voir p. 85.
▶ p. 193

À NOUS ! 💬

7. Nous donnons notre avis sur un film ou un spectacle francophone.

En petits groupes.
a. Choisissez le dernier film ou spectacle que vous avez vu (activité 3).
b. Formez les groupes en fonction des films ou des spectacles communs.
c. Donnez votre opinion. Justifiez.
d. Présentez ce film ou ce spectacle à la classe. Conseillez ou déconseillez d'aller le voir.

▶ Expressions utiles p. 194

LEÇON 6

Une soirée originale

Organiser une soirée

document 1

http://fr.brainztorming.com

brainZtorming

Participer
598 brainstormings – 4497 € de prix

Créer
un brainstorming

➜ Se connecter   S'inscrire

Quel est pour vous un thème de soirée vraiment original ?

Faites appel à votre imagination pour trouver un thème vraiment original !
Vous pouvez gagner un repas pour deux dans un super resto.
Bonne chance à tous !

5 idées

Faustine : soirée déguisée en équipes

Les gens aiment se déguiser en équipes. Proposez plusieurs thèmes. Ça leur permettra de choisir un déguisement commun avec un petit groupe d'amis. Votez pour la meilleure équipe. Faites-lui un petit cadeau. Ça marche super bien !

Nicolas : soirée « gages »

Vos invités doivent rester jusqu'à 6 heures du matin. Si un ou une participant(e) veut partir avant, donnez-lui un « gage » avant de le/la laisser partir : par exemple, faites-lui chanter une vieille chanson française !

Wandrille : soirée fête foraine

Proposez des défis à vos invités et faites-leur gagner des cadeaux de fête foraine : une peluche, des ballons, des bonbons… Ça leur rappellera leur enfance !

Jack : soirée internationale

Invitez tous vos amis étrangers. Dites-leur de venir habillés en tenue traditionnelle de leur pays. C'est super sympa !

Paola : soirée jeux de société

Moi, j'ai des amis qui ont des enfants. Comment leur faire plaisir ? C'est facile ! Préparez-leur un bon buffet et une sélection de jeux de société (amusants, de réflexion, de stratégie…).

1. Par deux. Observez le site Internet (doc. 1).

  a. Répondez.

    1. Qu'est-ce qu'il propose ?

    2. Quelle est la question posée ?

    3. Quel est le prix à gagner ?

  b. Associez les photos aux soirées.

2. En petits groupes. Lisez les cinq idées (doc. 1). Quelle(s) soirée(s) vous conseillez à ces personnes ? Pourquoi ?

  a. Daniel aime participer à des jeux et gagner des cadeaux.

  b. Damien et Emmanuelle organisent une fête avec leurs amis étrangers.

  c. Smitha a invité ses amis et leurs enfants.

  d. Romina adore les déguisements.

  e. Joao veut faire la fête toute la nuit.

3. Relisez (doc. 1). Relevez les conseils et les instructions pour proposer un thème de soirée original.

Exemple : *Faustine : soirée déguisée en équipes. Conseils donnés : « Proposez plusieurs thèmes »…*

4

En petits groupes.

a. Vous votez pour quelle idée du document 1 ? Pourquoi ?

b. À votre avis, qu'est-ce qu'un thème de soirée original ? Quels sont les thèmes de soirée qui ont du succès dans votre pays ?

c. Partagez vos thèmes de soirée avec la classe. Comparez avec les thèmes proposés sur le site. Sont-ils très différents ? Similaires ?

document **2** 🎧 151

5. 🎧▶151 Par deux. Écoutez la conversation entre amis (doc. 2). Identifiez le thème de la soirée et les personnes concernées.

6. 🎧▶151 Par deux. Réécoutez (doc. 2). Aidez François à prendre des notes pour préparer la soirée (date, lieu, musique, invités, cadeau).

À faire ! Anniv de Max.

▶ FOCUS LANGUE
▶ p. 212

Les pronoms personnels compléments d'objet indirect COI (*lui, leur*) pour remplacer une ou des personnes

a. 🎧▶151 Par deux. Écoutez encore (doc. 2). De qui on parle : Max, la famille de Max, Sarah, les voisins ?

Exemple : Ça va beaucoup **lui** plaire. → *À Max.*

1. On **lui** organise un anniversaire surprise ?
2. Je veux bien **lui** envoyer un texto pour **lui** poser la question.
3. Je peux **leur** parler de notre surprise.
4. On **lui** offre quoi ?
5. On **leur** offre un cadeau pour quatre ?

b. Complétez la règle.

1. Les pronoms COI remplacent … .
2. J'utilise le pronom … pour remplacer la 3ᵉ personne du singulier et … pour remplacer la 3ᵉ personne du pluriel.
3. Le pronom COI se place en général … le verbe (exemples : phrases 1, 4 et 5).
   Avec deux verbes (exemples : phrases 2 et 3), le pronom se place … l'infinitif.

c. Relisez les conseils donnés par les internautes (activité 3). Complétez.

À l'impératif affirmatif, le pronom COI se place … le verbe.

Exemple : *Dites-**leur** de venir habillés en tenue traditionnelle.*

> **Attention !** Pensez au **trait d'union** : *dites-leur.*

▶ p. 193-194

7. Sons du français
▶ p. 207

Les sons [w] et [ɥ]

a. 🎧▶152 Écoutez. Dites si vous entendez le son [w].

Exemple : *Et <u>toi</u>, tu t'occupes de <u>quoi</u> ?*

→ oui

b. 🎧▶153 Écoutez. Dites si vous entendez le son [ɥ].

Exemple : *Son anniversaire, c'est bien le <u>huit</u> ?*

→ oui

c. 🎧▶154 Écoutez. Dites si vous entendez [w] ou [ɥ]. Répétez.

▶ p.194

À NOUS !

8. Nous organisons un « brainztorming ».

En petits groupes.

a. Proposez des idées de thèmes de soirée (une idée par personne) (activité 4).

b. Rédigez vos propositions et vos conseils.

En groupe.

c. Votez pour vos propositions préférées.

CULTURES

a. Regardez cette image extraite de la vidéo. Faites des hypothèses. Qui est cet homme ? Qu'est-ce qu'il présente ? Pour quelle institution ?

b. Regardez le début de la vidéo (jusqu'à 0'36''). Vérifiez vos hypothèses.

c. Retrouvez les activités présentées par Jérémy dans le programme.
Exemple : *ciné-clubs (1er, 7, 16, 22, 29 juillet).*

Mercredi 1er juillet *14h00*	*Les Adieux à la reine*		**Mercredi 22 juillet** *14h00*	*La Délicatesse*
Mardi 7 juillet *14h00*	*De Rouille et d'os*		**Jeudi 23 juillet** *13h30*	Visite de Giverny – Maison de Claude Monet
Mercredi 8 juillet *15h00*	Parcours gourmand		**Mardi 28 juillet** *14h00*	L'âge d'or de la bande dessinée belge
Mercredi 15 juillet *17h30*	Club lecture		**Mercredi 29 juillet** *14h00*	*Réalité*
Jeudi 16 juillet *11h00 et 14h00*	*2 days in Paris*		**Mercredi 29 juillet** *17h30*	Club lecture
Jeudi 16 juillet *17h30*	Soirée Oh là là !		**Jeudi 30 juillet** *14h00*	Visite de l'hôtel de ville de Paris
Mardi 21 juillet *14h00*	Atelier découverte des fromages		**Vendredi 31 juillet** *11h00 et 14h00*	Grand jeu de l'Alliance

d. Regardez la suite de la présentation du programme (de 0'37'' à 1'11''). Répondez.
1. Quelle activité décrit Jérémy le jeudi 23 juillet ?
2. Qui est Claude Monet ?
3. Combien coûte l'excursion ?
4. Qu'est-ce qui est compris dans le prix ?
5. Où faut-il réserver et pourquoi ?

e. Regardez la fin de la présentation du programme. Quelles sont les trois informations pratiques données par Jérémy ?

f. Que pensez-vous de la soirée « Oh là là » ? Vous avez déjà participé à une soirée « à la française » ? Vous aimeriez l'organiser dans votre pays ?
En petits groupes, partagez vos idées pour organiser ce type de soirée.

Soirée Oh là la !
Jeudi 16 juillet

SPÉCIALE CLICHÉS FRANÇAIS !
- Le premier verre est offert !
- Atelier de photos
- Karaoké
- Assiettes de charcuteries, fromages, tartines salées

Dans la cour de l'Alliance à partir de 17h30

L'abus d'alcool est dangereux pour la santé.

2 L'organisation d'une soirée

a. **Observez cette page Internet. Répondez.**

1. On peut utiliser ce site pour quoi faire ?
2. Qu'est-ce que ce site propose pour vous aider à l'utiliser ?

b. **Associez les événements aux photos.**

1. réunion entre amis • 2. anniversaire • 3. soirée filles • 4. mariage • 5. soirée de nouvel an •
6. réveillon de Noël • 7. repas entre amis • 8. soirée karaoké

c. **Lisez les messages. Retrouvez le type d'événement organisé. Justifiez vos réponses.**

- Qui veut bien acheter le cadeau ?

- J'ai besoin d'un vidéoprojecteur.
- Qui peut apporter des DVD de karaoké ?

- J'ai besoin de 3 plats.
- J'ai besoin de 3 desserts.
- J'ai besoin de 5 boissons.

d. **En petits groupes. Créez un zoutch ! Choisissez un type de soirée.**
Rédigez un message pour demander à vos contacts de participer.

COMPLÉTEZ VOTRE CARNET CULTUREL

1. Les activités culturelles françaises dans ma ville (où, quels types d'activités ?) : …
2. J'aimerais participer à une soirée « à la française ». Je m'informe (qui contacter dans ma ville ?) : …

 Retournez aux pages 144-145. Répondez à nouveau aux questions.
Mettez en commun avec le groupe.

PROJETS

Projet de classe

Nous organisons une soirée pour fêter nos progrès en français.

1. Qu'est-ce qu'il faut faire pour organiser une soirée ? Légendez les dessins.
   Exemple : *dessin a → Réfléchir à plusieurs.*

 a
 b
 c
 d
 e
f

En petits groupes.

2. Répondez aux questions pour bien préparer votre soirée.

a. Pourquoi organiser une soirée ?
   Exemples : *pour fêter nos progrès, pour se dire au revoir, etc.*

b. Quel type de soirée organiser ?
   Listez les différents types de soirée présentés dans ce dossier.

c. Quand ? Proposez une ou plusieurs dates.

En groupe.

3. Mettez en commun. Votez pour LA soirée à organiser et la date.

4. Répartissez-vous les tâches.

GROUPE 1 Avec qui (les invités) ?	GROUPE 2 Où et combien ?	GROUPE 3 Qui fait quoi ?
– Les étudiants de la classe et le professeur ? – D'autres étudiants de l'école ? – Des amis qui parlent français ? – Des membres de la famille des étudiants ? – Comment savoir si les personnes sont disponibles à la date choisie ? – Comment les inviter ?	– Chercher des lieux. – Vérifier leur disponibilité. – Prévoir des dépenses éventuelles. Savoir les partager. – Chercher un financement.	Faut-il prévoir : – de la nourriture ? – des boissons ? – des animations ? – des jeux ? – des chansons ? – de la musique ? – des décorations ? – un cadeau pour votre professeur, une carte de remerciements en français ?

5. Mettez en commun pour prendre les dernières décisions.

En petits groupes.

6. Faites un planning. Confirmez les tâches de chacun. Quoi ? Qui ?

   – 15 jours à l'avance   – la veille
   – 8 jours à l'avance   – le jour de la fête
   – 2 jours à l'avance

Projet ouvert sur le monde   ▸ 📖 GP

Nous réalisons une présentation audio ou vidéo de notre expérience d'apprentissage du français.
Nous la publions sur le site de l'école et/ou sur un site de partage.

I   Compréhension des écrits

Lisez cet article et répondez.

Organisez ou allez déguster de bons repas chez l'habitant et rencontrez des gens venus du monde entier.

Voici le concept de la start-up française *Cookening*, créée en 2014 par trois amis passionnés de gastronomie et de voyages. L'idée est simple : vous pouvez vous inviter à manger chez des inconnus !

Sur le site Internet, les hôtes présentent une variété de plats avec des photos. On peut réserver sa table pour le déjeuner ou le dîner. Attention, un repas ne doit pas coûter plus de 30 euros ! Bon appétit !

1. *Cookening* est un concept…
   a. seulement anglais.
   b. seulement français.
   c. français et anglais.

2. Quelles sont les deux passions des personnes qui ont créé *Cookening* ?

3. Sur le site Internet de *Cookening*, comment les hôtes présentent leurs plats ?
   a. Ils mettent des photos.
   b. Ils font une description.
   c. Ils donnent les recettes.

4. Qu'est-ce qu'on peut faire sur le site Internet de *Cookening* ?

5. Avec *Cookening*, quel est le prix maximum d'un repas chez l'habitant ?

II   Production orale

Exercice 1 **Pour s'entraîner à la partie 1 de l'épreuve orale : l'entretien dirigé**

Vous vous présentez : vous parlez de vous, de votre famille, de vos études, de votre métier.

Exercice 2 **Pour s'entraîner à la partie 2 de l'épreuve orale : le monologue suivi**

Vous posez des questions à un(e) étudiant(e) de votre cours à partir des mots suivants.

Plat ?   Cuisson ?   Déguisé ?   Réserver ?   Soirée ?   Conseiller ?

Exercice 3 **Pour s'entraîner à la partie 3 de l'épreuve orale : l'exercice en interaction**

À deux. Vous étudiez en France. C'est bientôt la fin des cours de langue et vous voulez organiser un repas de fin d'année avec les étudiants de votre groupe. Vous posez des questions au serveur d'un restaurant (type de cuisine, atmosphère, prix) et vous réservez une table (nombre de personnes, jour, heure). Un(e) étudiant(e) joue le rôle du client, l'autre celui du serveur.

S'EXERCER

DOSSIER 0

Leçon 1

▶ FOCUS LANGUE ▶ p. 11

Se présenter : dire son prénom, demander le prénom

1. Complétez avec un pronom personnel sujet.

a. – Bonjour, … m'appelle Marie. Et vous ? … vous appelez comment ?
– … m'appelle Frans.

b. – Salut ! Comment … t'appelles ? Moi, … m'appelle Alexandra.
– … m'appelle Vesna.

c. – Je m'appelle Igor et … s'appelle Anna.

d. – Tu t'appelles Anna et … s'appelle Igor. C'est ça ?

Leçon 2

▶ FOCUS LANGUE ▶ p. 13

Les accents pour épeler

2. Épelez les prénoms.

Exemple : Louis → *L comme Laura, O comme Olivia, U comme Ulysse, I comme Isabelle, S comme Sophie.*

a. Thérèse
b. Stéphane
c. Cécile
d. Zara
e. Cassiopée
f. Célestin

Sons du français ▶ p. 13

L'alphabet pour épeler

3. Remplacez chaque lettre par la lettre qui précède dans l'alphabet.

Exemple : KF U'BJNF ! → *Je t'aime !*

a. CJFOWFOVF !
b. NFSDJ !
c. QBSEPO !
d. CPOKPVS !
e. TJM WPVT QMBJU ?
f. BV SFWPJS !

Leçon 3

▶ FOCUS LANGUE ▶ p. 14-15

**Le genre des noms de pays –
L'article défini pour nommer des pays**

4. Complétez le tableau avec les noms de pays francophones et les capitales.

Dakar • Mali • Belgique • Canada • Liban •
Madagascar • Tunisie • Suisse • Yamoussoukro

Le pays	La capitale
a. la France	Paris
b. …	Bruxelles
c. …	Beyrouth
d. …	Bamako
e. le Sénégal	…
f. …	Antananarivo
g. …	Ottawa
h. …	Tunis
i. …	Berne
j. la Côte d'Ivoire	…

Les nombres (1) ▶ p. 15

5. Lisez les opérations.

a. Donnez oralement le résultat.

Exemple : 22 − 10 = *12*.

1. 60 − 11 = … .
2. 25 + 6 = … .
3. 12 + 4 = … .
4. 3 × 2 = … .
5. 59 + 8 = … .
6. 10 + 10 + 10 = … .
7. 8 + 12 = … .
8. 7 × 3 = … .

+	plus
−	moins
×	fois
=	égal

b. Écrivez le résultat en lettres.

Exemple : 22 − 10 = *douze*.

Leçon 4

▶ FOCUS LANGUE ▶ p. 17

Les jours, les mois, les saisons

6. Complétez avec les mois de l'année et les saisons.

a. M…I / …

b. JUILL… / …

c. …EMBRE… / …

d. F…VRIER / …

7. Mettez les jours de la semaine dans l'ordre.

Exemple : uindl → *lundi*.

a. simade
b. ercmride
c. ujdei
d. evdidnre
e. cimadneh

DOSSIER **1**

Leçon 1

> **FOCUS LANGUE** ▸ p. 20

**Les formules pour se saluer – *Tu* ou *vous*
pour s'adresser à une ou des personnes**

1. Complétez les dialogues.

a. Saluez votre professeur.

Élève : …

Professeur : Bonjour !

Élève : …

Professeur : Je vais très bien, merci. Et vous ?

Élève : …

b. Saluez votre camarade.

– … !

– Salut !

– … ?

– Oui, ça va. Et toi ?

– … !

Sons du français ▸ p. 20

Le son [y]

2. 🎧»155 Écoutez. Dites dans quelle syllabe
vous entendez [y].

3. 🎧»156 Écoutez. Vous entendez [y],
saluez de manière informelle. Vous entendez [u],
saluez de manière formelle.

> **FOCUS LANGUE** ▸ p. 21

**Les articles indéfinis pour nommer
des choses ou des personnes non identifiées**

4. Choisissez l'article indéfini qui convient.

~~présentation~~   situation   questions

conversation   professions   homme

femme   étudiant   dialogue

un	une	des
…	présentation, …	…

Leçon 2

> **FOCUS LANGUE** ▸ p. 22

**Les mots interrogatifs pour demander
des informations**

5. Associez les mots interrogatifs aux photos.
(Plusieurs réponses possibles.)

a. Où ? • b. Qui ? • c. Quand ? • d. Quelle saison ? •
e. Quoi ?

> **FOCUS LANGUE** ▸ p. 23

**Les nombres (2) pour comprendre
et donner un numéro de téléphone**

6. Lisez les numéros de téléphone.
Mettez les nombres dans l'ordre.

a. 06 52 95 61 22 → soixante et un • quatre-vingt-
quinze • zéro six • vingt-deux • cinquante-deux.

b. 04 93 54 87 99 → quatre-vingt-treize •
quatre-vingt-dix-neuf • zéro quatre •
quatre-vingt-sept • cinquante-quatre.

c. 08 74 20 96 13 → zéro huit • treize •
soixante-quatorze • quatre-vingt-seize • vingt.

d. 07 90 66 43 78 → quatre-vingt-dix • soixante-six •
soixante-dix-huit • zéro sept • quarante-trois.

e. 02 85 69 16 73 → soixante-treize • quatre-vingt-
cinq • soixante-neuf • zéro deux • seize.

Sons du français ▸ p. 23

L'accentuation de la dernière syllabe

7. 🎧▸157 **Par deux. Lisez les numéros de téléphone. Votre camarade tape dans les mains pour compter les syllabes. Il/Elle tape sur la table pour marquer la dernière syllabe.**

Exemple : 06 70 80 81 90.

a. 07 89 18 67 98.   d. 06 11 76 84 99.

b. 06 61 24 75 83.   e. 07 63 84 76 45.

c. 07 82 31 64 77.   f. 06 78 27 91 79.

Leçon 3

> FOCUS LANGUE ▸ p. 25

Indiquer la nationalité

8. Indiquez la nationalité.

Exemple : Nicolas est *français*. (FRANCE)

a. Xavier est … . (CANADA)

b. Saïdou est … . (CAMEROUN)

c. Thu est … . (VIETNAM)

d. Vladimir est … . (RUSSIE)

e. Gemma est … . (ANGLETERRE)

f. Sissi est … . (CHINE)

g. Camille est … . (ROUMANIE)

> FOCUS LANGUE ▸ p. 25

Indiquer la profession (1)

9. Observez les photos. Indiquez la profession.

Exemple :
Elle est musicienne.

a. Il est … .   b. Il est … .

c. Elle est … .   d. Il est … .

Leçon 4

> FOCUS LANGUE ▸ p. 27

C'est ou *Il est / Elle est* pour présenter ou identifier une personne

10. Présentez votre professeur de français et une amie. Utilisez *c'est*, *il est*, *elle est*.

Exemple : *C'est Tony Fabre. Il est français.*

a. … (prénom et nom de mon professeur).

  … (nationalité de mon professeur).

  … mon professeur de français.

b. … (prénom de mon amie).

  … étudiante de l'université de Keio (Tokyo).

  … (nationalité de mon amie).

  … mon amie.

Donner des informations personnelles ▸ p. 26-27

11. Complétez le formulaire d'inscription pour les cours de français.

- Nom : _____
- Prénom(s) : _____
- Nationalité(s) : _____
- Langues parlées : _____
- Téléphone fixe : _____
- Téléphone portable : _____
- Mél : _____

Leçon 5

> FOCUS LANGUE ▸ p. 28

L'adjectif interrogatif *quel(s) / quelle(s)* pour questionner sur l'identité

12. Posez des questions sur l'identité. Utilisez *quel(s)*, *quelle(s)*, *comment*, *pourquoi*.

Exemple : *Quel est ton prénom ?*

a. … tu t'appelles ?

b. … est ta nationalité ?

c. … sont tes numéros de téléphone ?

d. … est ta profession ?

e. … âge tu as ?

f. … langues tu parles ?

g. … tu étudies le français ?

13. Par deux. Posez des questions à un(e) camarade.

Exemple : nom → *Quel est ton nom ?*

prénom • nationalité • numéro de téléphone • âge • langues parlées

❯FOCUS LANGUE ❯ **p. 28**

**Les verbes *être* et *avoir* pour donner
des informations personnelles**

14. Présentez Angelina.

Nom / Prénom : LARINA Angelina
Âge : 31 ans
Nationalité : russe
Profession : secrétaire
Langues parlées : russe et anglais
Situation : étudiante de français

❯FOCUS LANGUE ❯ **p. 29**

**Les adjectifs possessifs (1) pour parler
de sa classe de français**

15. Par deux. Complétez la conversation instantanée
avec *mon, ma, ton, ta, notre, votre*.

Coucou Lucas ! Ça va ? ____ travail ?

Ça va, merci ! Je suis toujours professeur
à l'Alliance française de Wuhan. ____ classe
est très sympa.

C'est ____ classe ???? 😮 😮

Non ! c'est ____ nouvelle publicité ! Dans ____
groupe d'étudiants, il y a des filles aussi !

Super ! ____ publicité est fantastique ! 😊

Leçon 6

❯FOCUS LANGUE ❯ **p. 31**

Parce que et *pour* pour informer sur un objectif
d'apprentissage

16. Par deux. Complétez la fiche d'inscription d'un(e)
camarade.

FICHE D'INSCRIPTION

Nom : _____

Prénom(s) : _____

Nationalité(s) : _____

Âge : _____

Langue maternelle : _____

Numéro de téléphone : _____

J'étudie le français (pour / parce que) : _____

Sons du français ❯ p. 31

Reconnaître et poser des questions

17. En groupes. Posez les questions et répondez.

a. Quelles langues vous parlez ?
b. Pourquoi vous étudiez le français ?
c. Quelle est votre nationalité ?
d. Comment ça va ?
e. Quel âge vous avez ?
f. Quel est ton numéro de téléphone ?
g. Comment vous vous appelez ?

Verbes

18. Conjuguez les verbes au présent.

a. Je (s'appeler) … Lucas.
b. Nous (aller) … bien, merci.
c. Elle (être) … suédoise.
d. Ils (être) … professeurs.
e. Comment tu (s'appeler) … ?
f. Vous (parler) … chinois ?
g. Comment tu (aller) … ?
h. Et vous, comment (aller) …-vous ?
i. Vous (s'appeler) … comment ?
j. Nous (s'appeler) … Nicolas et Véronique.
k. Vous (avoir) … quel âge ?
l. J'(avoir) … 30 ans.

EXPRESSIONS UTILES

Leçon 1

- **Se saluer**
  - – Salut, ça va ? / Tu vas bien ?
  - – Oui, ça va, et toi ? Tu vas bien ?

  - – Bonjour madame / monsieur.
    Comment allez-vous ?
  - – Je vais très bien, merci.
    Et vous ? Vous allez bien ?

- **Se présenter**
  - – Je m'appelle *[prénom / nom]*, et vous ?
  - – Enchanté(e) !

- **Prendre congé**
  - – Salut ! À plus tard !
  - – Au revoir ! Bonne journée ! À demain !
  - – Au revoir madame / monsieur.

Leçon 2

- **Demander des informations**

  Excusez-moi mademoiselle / madame / monsieur.
  Excuse-moi.
  Pardon monsieur.
  Je voudrais…
  C'est quoi ton numéro de téléphone ?
  [Prénom] / *[Nom]*, comment ça s'écrit s'il vous plaît / s'il te plaît ?
  Merci !

Leçon 3

- **Donner des informations personnelles / informer sur l'identité**

  Bonjour / Salut.
  Je me présente.
  Je m'appelle *[prénom / nom]* (exemple : Xavier Dolan).
  Je suis + *[nationalité]*. (Exemple : Je suis canadien.)
  Je suis + *[profession]*. (Exemple : Je suis acteur et réalisateur. / Je suis musicienne. / Je suis humoriste et acteur.)
  À bientôt. / Salut. / Au revoir.

Leçon 4

- **Présenter et identifier une personne**

  C'est Mingze Nl. / Il s'appelle Mingze Nl.
  C'est Gemma Arterton. / Elle s'appelle Gemma Arterton.
  C'est mon ami(e). / C'est un(e) camarade de classe.
  Il est chinois et équatorien.
  Il est étudiant. C'est un étudiant.
  Il est professeur d'anglais. / C'est un professeur d'anglais.
  Il est fantastique ! Il est sympa !

Leçon 5

- **Questionner sur l'identité**

  Quel est votre / ton nom ?
  Vous pouvez / Tu peux épeler *[nom / prénom]* ?
  Quel âge vous avez / tu as ?
  Quelles langues vous parlez / tu parles ?
  Quel est votre / ton numéro de téléphone ?
  Quelle est votre / ta nationalité ?

- **Parler de la classe de français**

  Comment est ta classe de français ? /
  Ma classe est très sympa. Ma classe est fantastique.
  Vous êtes combien dans ta classe ? /
  Il y a *[X]* étudiants dans ma classe. (Pour préciser : ajouter les nationalités et/ou le nombre de filles / garçons.)
  Comment s'appelle ton / votre professeur ?
  Mon / Notre professeur s'appelle…
  Dans ma classe, il y a…

Leçon 6

- **Questionner et informer sur un objectif d'apprentissage**

  Pourquoi tu parles / étudies / apprends le français ?
  J'étudie le français pour mon travail / pour le plaisir.
  J'apprends le français pour trouver un travail / pour voyager dans les pays francophones.
  Je parle français parce que c'est la langue de l'amour / parce que c'est une langue internationale.
  Nous étudions le français parce que nous habitons à Paris / parce que c'est une langue parlée dans le monde entier.

DOSSIER 2

Leçon 1

> FOCUS LANGUE ▸ p. 38

Les prépositions pour nommer des pays et des villes

1. Créez votre carnet de voyage. Utilisez les prépositions pour nommer les pays et les villes.

pour visiter la Sagrada Familia

Exemple : Barcelone — Espagne

→ **Mon conseil** : *aller à Barcelone, en Espagne, pour visiter la Sagrada Familia.*

pour passer le week-end

a. Pise — Italie

→ **Mon conseil** : …

pour danser la samba

b. Rio — Brésil

→ **Mon conseil** : …

pour faire du shopping

c. Londres — Royaume-Uni

→ **Mon conseil** : …

pour découvrir le palais de Topkapi

d. Istanbul — Turquie

→ **Mon conseil** : …

pour les vacances

e. Berlin — Allemagne

→ **Mon conseil** : …

Sons du français ▸ p. 39

[ə] et [e] pour différencier le singulier et le pluriel

2. a. 🎧 ▶158 Écoutez les trois noms de pays. Dites si le pays au pluriel est en première (1), deuxième (2) ou troisième (3) position.

Exemple : le Pérou • les Philippines • le Chili.
→ *Deuxième position.*

b. Enregistrez-vous. Écoutez-vous et autoévaluez-vous.

Dans ma production, je fais la différence entre *le* et *les* : oui / parfois / non.

Leçon 2

> FOCUS LANGUE ▸ p. 40

Les articles définis et indéfinis pour nommer les lieux de la ville

3. Complétez avec *un, une, des, le, la, les*.

À Nice, il y a … musée populaire, c'est … musée Matisse. … jardins de Cimiez se trouvent à côté du musée. J'adore … restaurant *Le Bistrot d'Antoine*, la cuisine est bonne. … place Masséna est grande, elle est près de la mer. Il y a … bars et … discothèques. Nice est …. ville magnifique !

4. Par deux. Décrivez les villes. Utilisez *un, une, le, la*, comme dans l'exemple.

Exemple : Paris (France) • musée • Carnavalet.
→ *À Paris, il y a un musée. C'est le musée Carnavalet.*

a. Fès (Maroc) • restaurant • Riad Rcif
b. Lima (Pérou) • cathédrale • Plaza Mayor
c. Le Caire (Égypte) • fleuve • le Nil
d. Nice (France) • promenade • promenade des Anglais
e. Moscou (Russie) • galerie • Tretiakov

❭ FOCUS LANGUE ▸ p. 41

Les prépositions de lieu et l'article contracté pour localiser

5. Associez les prépositions de lieu aux dessins.

a. loin de • b. sur • c. derrière • d. près de • e. entre •
f. à gauche de • g. dans • h. devant • i. sous • j. à droite de

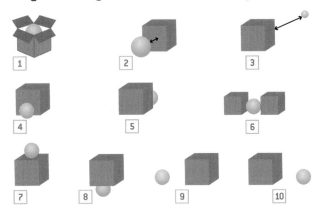

Leçon 3

❭ FOCUS LANGUE ▸ p. 42

Les points cardinaux pour situer un lieu (1)

6. Situez les villes sur la carte.

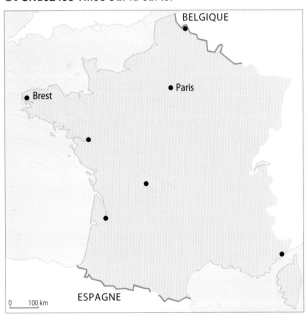

a. Lille se trouve au nord de la France et à l'ouest de la Belgique.
b. Limoges est une ville du centre de la France, au sud de Paris.
c. Bordeaux est au sud-ouest de la France.
d. Nice est au sud-est de la France.
e. Nantes se situe à l'ouest de la France, au sud de Brest.

Sons du français ▸ p. 42

L'élision du [ə] et du [a] devant une voyelle

7. a. 🎧▸159 Écoutez. Dites si vous entendez deux ou trois syllabes. Répétez les mots.

b. Enregistrez-vous. Écoutez-vous et autoévaluez-vous.

Dans ma production, je respecte le nombre de syllabes : oui / parfois / non.

❭ FOCUS LANGUE ▸ p. 43

Les verbes *aller* et *prendre* pour indiquer une manière de se déplacer

8. Complétez les phrases avec les verbes *aller* et *prendre*.

a. Nous … au restaurant. Nous … le taxi.
b. Il … le bus. Il … à l'aéroport.
c. Je … à Singapour. Je … l'avion.
d. Tu … à Aoste. Tu … le train.
e. Vous … le bateau. Vous … en Espagne.
f. Ils … la voiture. Ils … aux thermes.

❭ FOCUS LANGUE ▸ p. 43

Les verbes *aller* et *prendre* – Les prépositions pour indiquer un mode de déplacement

9. Faites des phrases avec le verbe *aller* ou le verbe *prendre* + une destination + un moyen de transport.

Exemples : *Je vais à l'aéroport en taxi.*
Je prends le taxi pour aller à l'aéroport.

a. Tu… • b. Elle… • c. Nous… • d. Vous… • e. Ils…

aller •	vélo • taxi •	Chicago • musée •
prendre •	pied • avion •	Japon • plage •
pour aller	bateau • train	France • aéroport

Leçon 4

❭ FOCUS LANGUE ▸ p. 45

La négation

10. Transformez les phrases, comme dans les exemples.

Exemples :

Je prends l'avion. (+) → *Je **ne** prends **pas** l'avion.* (−)
Je ne parle pas français. (−) → *Je parle français.* (+)

a. Je suis vietnamienne. (+) → (−)
b. Pierre va à Libreville. (+) → (−)
c. Veronica et Eva sont étudiantes. (+) → (−)
d. Tu vas en Roumanie pour les vacances. (+) → (−)
e. Nous n'habitons pas à Glasgow. (−) → (+)
f. Vous ne parlez pas français. (−) → (+)

FOCUS LANGUE ▸ p. 45

Le verbe *habiter* pour situer son lieu de vie

11. Choisissez la forme correcte du verbe *habiter*.

a. Vous habitez / habitent dans le quartier ?

b. Nous habite / habitons à Bangkok, en Thaïlande.

c. J'habiter / habite à Paris.

d. Tu habitez / habites en France ?

e. Joëlle et Damla habitent / habitons à Istanbul.

f. Soner habiter / habite à côté du café Mila.

Faire connaissance ▸ p. 44-45

12. En petits groupes. Posez des questions à vos camarades de classe pour faire connaissance.

Exemple : (Nationalité) → *Quelle est ta nationalité ?*

(Lieu de naissance)	(Nom / Prénom)	(Âge)	(Langues parlées)	(Maison)

Sons du français ▸ p. 45

Le son [z] et la liaison avec *nous, vous*

13. a. 🎧)160 Écoutez. Dites si vous entendez la liaison avec [z].

Exemples : Nous étudions le français. → *Oui.*
Vous travaillez beaucoup. → *Non.*

b. Enregistrez-vous. Écoutez-vous et autoévaluez-vous.

Dans ma production, je respecte les liaisons : oui / parfois / non.

Leçon 5

FOCUS LANGUE ▸ p. 46

Les adjectifs démonstratifs pour désigner une chose ou une personne

14. Complétez avec *ce, cet, cette, ces*.
Trouvez la réponse.

a. C'est un objet. J'utilise … objet pour lire. Quel est … objet ?

b. C'est une ville. … ville est la capitale de la Colombie. Quelle est … ville ?

c. C'est un musée. Dans … musée, il y a *La Joconde*. Quel est … musée ?

d. Ce sont des personnes. … personnes pratiquent le couchsurfing. Quelles sont … personnes ?

e. C'est une pratique internationale. … pratique est populaire. Quelle est … pratique ?

f. C'est une langue. … langue est la deuxième langue du couchsurfing. Quelle est … langue ?

FOCUS LANGUE ▸ p. 47

Le verbe *venir* pour exprimer l'origine géographique

15. Donnez l'origine géographique de ces personnes. Utilisez *venir + de / du / des / d'*.

a. Nouvelle-Zélande (ils) b. Irlande (elle)

c. Sénégal (il) d. États-Unis (elles)

Sons du français ▸ p. 47

[ə] et [e] pour désigner des mots au singulier et au pluriel

16. a. Transformez, comme dans l'exemple.

Exemple : <u>Ce</u> membre entre en contact avec un couchsurfer. → *<u>Ces</u> membres entrent en contact avec des couchsurfers.*

1. Ce membre accueille des voyageurs.

2. Ce voyageur cherche un lit.

3. Ce couchsurfer offre un canapé.

4. Ce couchsurfer parle français.

5. Ce couchsurfeur voyage en Europe.

b. Répétez les phrases au singulier et au pluriel.

c. Enregistrez-vous. Écoutez-vous et autoévaluez-vous.

Dans ma production, j'entends la différence entre le singulier et le pluriel : oui / parfois / non.

Leçon 6

FOCUS LANGUE ▸ p. 48

Poser des questions (1) pour s'informer

17. Par deux. Remettez le dialogue dans l'ordre.

a. Merci !

b. Bonjour, moi c'est Mickaël.

c. Ah non, désolé, j'habite au nord de la ville.

d. Oui, bien sûr.

e. Enchanté, Mickaël. Moi, je m'appelle David.

f. De rien !

g. Cool ! Est-ce que tu habites dans le centre-ville ?

h. David, je suis à Nantes pour mon travail, et je cherche un hébergement pour une nuit.

i. J'ai un canapé si tu veux.

j. Ce n'est pas grave. Je peux dormir chez toi, alors ?

EXPRESSIONS UTILES

Leçon 1

- **Mon carnet de voyage**

  Nommer un pays
  le Pérou • la Thaïlande • l'Australie • les États-Unis
  Parler d'une ville
  À Cusco, la cathédrale est…
  À Bangkok, il y a…
  À Sydney, la plage de Bondi est…
  À La Nouvelle-Orléans, il y a…

- **Donner un conseil de voyage**
  Aller au Pérou pour voir…
  Aller aux États-Unis pour visiter…

Leçon 2

- **Nommer et localiser des lieux dans une ville**

  Nommer des lieux de la ville

un fleuve	le fleuve Mississippi
un marché	le marché français
un hôtel	l'hôtel de ville
une rue	la rue Decatur
une cathédrale	la cathédrale Saint-Louis
une avenue	l'avenue Ursulines
des musées	les musées Cabildo et Presbytère
des galeries d'art	les galeries d'art de la rue Royale

  Localiser
  Le marché se trouve…
  Tourner à droite. Tourner à gauche. Continuer tout droit.
  à droite de… / à gauche de… / entre…
  Prendre la rue…
  Le restaurant est à côté du / de l' / de la / des…
  Derrière / Devant…, il y a…

Leçon 3

- **Donner des informations sur un lieu**
  Dans ma région préférée, il y a :
  – le château de…, le musée de…, le parc national de… ;
  – la cathédrale de…, la plage de… ;
  – les îles de…, les montagnes de…, les thermes de…
  Mon conseil : aller au château / aller à l'aéroport /
  aller à la plage / aller aux thermes…
  à l'est de / à l'ouest de / au sud de / au nord de

- **Indiquer un mode de déplacement**
  Vous allez au château à vélo / en train / à pied…
  En général, les touristes prennent le bus.
  Vous prenez le train à la gare de…

Leçon 4

- **Parler d'un lieu de rencontres (francophones)**

  Préciser le lieu (où ?)
  la ville → à Istanbul, à Paris…
  le nom du lieu → au Mila, à La Coupole…
  le quartier → dans le quartier de Kadiköy,
  dans le quartier de Montparnasse…
  Indiquer le type de personnes (qui ?)
  des passionnés de voyage, des amoureux du
  voyage, les francophones…
  Préciser le moment (quand ?) et la fréquence
  le moment de la journée → le matin, l'après-midi,
  le soir, la nuit…
  le jour → le lundi, le mardi, le vendredi…
  la fréquence → tous les soirs, tous les mercredis
  soirs, tous les jours…
  Indiquer l'objectif de la rencontre (pourquoi ?)
  pour quoi faire → pour parler français…

Leçon 5

- **Donner ses impressions**
  Le couchsurfing, c'est super (bien) !
  C'est fantastique (le couchsurfing) !
  Je suis très content(e) de pratiquer
  mon français.
  C'est sympa d'habiter chez…

- **Justifier un choix**
  Pourquoi le couchsurfing ?
  Pour rencontrer d'autres cultures.
  Parce que c'est gratuit.

Leçon 6

- **Chercher un hébergement**
  Je cherche une chambre à louer.
  Est-ce que la chambre est libre ?

- **Poser des questions sur un hébergement**
  La localisation
  Et l'appartement est où ?
  Est-ce que l'appartement est dans le centre ?
  L'appartement / La maison
  Tu as une connexion Wi-Fi ?
  C'est possible de faire la cuisine ?

- **Répondre à une demande d'hébergement**
  Oui, la chambre est disponible.

- **Décrire un quartier**
  Mon quartier préféré, c'est le quartier du capitole.
  Dans ce quartier, il y a beaucoup de… Il y a un jardin…

DOSSIER 3

Leçon 1

> FOCUS LANGUE ▸ p. 57

Les adjectifs possessifs (2) singuliers et pluriels pour exprimer la possession

1. Choisissez l'adjectif possessif correct.

a. Je vis seule avec mon / ma / mes enfants.

b. Voici notre / nos bébé !

c. Notre / Nos conseil pour votre / vos problèmes de garde d'enfants : les « au pair » !

d. Le samedi, Anna, mon / ma / mes au pair, sort avec son / sa / ses ami.

e. Bienvenue, Julie ! Je te présente ton / ta / tes / mère d'accueil.

> FOCUS LANGUE ▸ p. 57

La famille

2. Qui est-ce ? Retrouvez le membre de la famille. Ajoutez les adjectifs possessifs.

grand-père • tante • sœur • mère • père • cousin

a. Paul est le fils de ma tante. C'est ... .

b. Olga est la femme de mon père. C'est ... .

c. Erika est le deuxième enfant de mes parents. C'est ... .

d. Adam est le père de mon père. C'est ... .

e. Maria est la femme de mon oncle. C'est ... .

f. Arthur est le fils de ma grand-mère. C'est ... .

3. Observez les photos de famille. Associez les textes aux photos.

1

2

a

« Ma famille compte six membres, c'est une petite famille. Je suis fille unique, je suis mariée et j'ai deux filles magnifiques ! Je suis proche de mes parents. »

b

« J'ai deux sœurs et deux frères. Je les adore ! J'ai un mari et un fils de treize ans. Mes neveux et mes nièces sont plus jeunes : ils sont dix cousins au total. Ils s'amusent beaucoup ensemble. »

4. Transformez les phrases. Proposez l'équivalent au féminin ou au masculin.

Exemple : Je suis le **grand-père** d'Yvette.

→ *Je suis la **grand-mère** d'Yvette.*

a. Je suis la **tante** de Matthieu.

b. Vous êtes la **fille** de Léonarda.

c. Tu es le **frère** de Gonzalo.

d. C'est le **cousin** de Mark.

e. Je suis le **père** de Lolya.

f. C'est l'**oncle** de Zoé.

Sons du français ▸ p. 57

Reconnaître et différencier les sons [e] et [ɛ]

5. a. 🎧 161 Écoutez les mots. Dites si vous entendez le son [e] dans le premier mot, le deuxième mot ou le troisième mot.

Exemple : famille • frère • aîné → *Troisième mot.*

b. Répétez les mots.

Leçon 2

> FOCUS LANGUE ▸ p. 59

Le masculin, le féminin et le pluriel des adjectifs qualificatifs pour caractériser une ou des personne(s)

6. Classez les adjectifs dans le tableau.

bavard • drôle • généreux • bruyant • adorable • agité

Adjectifs positifs
...
Adjectifs négatifs
...

7. Lisez les phrases. Complétez avec l'adjectif qui convient. Faites les transformations nécessaires (masculin / féminin, singulier / pluriel).

intelligent • grand • bavard • gentil • sportif • optimiste

a. Tasmin parle beaucoup, elle n'arrête pas ! Elle est très … .

b. Mes fils jouent au football et font du karaté. Ils sont … .

c. J'ai deux sœurs très …, elles sont toujours positives.

d. George est présent pour sa famille et ses amis, il est vraiment … .

e. Albert est un génie, il est très … .

f. Petite ? Ah non ! Anna mesure un mètre soixante-quinze : elle est … .

8. Caractérisez des personnes. Utilisez *monsieur / madame* + un adjectif de votre choix.

a. Votre meilleur(e) ami(e) :
monsieur sportif / madame … .

b. Votre professeur :
monsieur … / madame … .

c. Votre personnalité préférée :
monsieur … / madame … .

d. Votre père / mère :
monsieur … / madame … .

9. Par deux. Choisissez une personne de votre classe. Faites sa description physique et psychologique. Présentez la description à la classe. Qui est-ce ?

Sons du français ▸ p. 59

Les voyelles nasales [ɛ̃], [ɑ̃], [ɔ̃]

10. 🎧 162 Écoutez les phrases. Dites combien de fois vous entendez une voyelle nasale : une fois, deux fois, trois fois ?

Exemple : Aline est m<u>in</u>ce. → *Une fois.*

Leçon 3

▸FOCUS LANGUE ▸ p. 61

Des verbes pour exprimer ses goûts (1)

11. Parlez de vos goûts.

un acteur ?   mon ami(e)

PERSONNES

un chanteur ?   mon / ma professeur(e)

---

les livres   les transports publics

OBJETS

le téléphone   la télévision

cuisiner   aller au cinéma

ACTIVITÉS

visiter un musée   étudier le français

Exemples : *J'adore les livres. Je n'aime pas les transports publics. Je déteste cuisiner.*

▸FOCUS LANGUE ▸ p. 61

Des expressions pour exprimer ses goûts (2)

12. Mettez les phrases dans le bon ordre.

a. cuisiner – Mon – déteste – frère – .

b. j' – aller – aime – Moi, – à – le – Louvre – visiter – et – bien – Paris – .

c. son – dans – Félix – lire – adore – lit – .

d. prendre – avion – l' – Vous – aimez – n' – pas – .

e. les – Mes – enfants – aiment – du – pas – tout – n' – voyages – .

f. Tu – beaucoup – les – goûter – aimes – gastronomiques – des – spécialités – françaises – régions – .

13. Parlez de votre pays et de vos goûts. Utilisez différentes expressions. Citez un objet, une ville, un monument, une spécialité gastronomique.

Exemple : *Mon pays, c'est le Mexique. Au Mexique, j'adore les sarapes (un objet) ! Je n'aime pas le guacamole (spécialité gastronomique).*

Sons du français ▸ p. 61

Le son [ɛ]

14. a. 🎧 163 Écoutez les mots. Dites si vous entendez le son [ɛ] dans le premier ou le deuxième mot.

Exemple : Corée ou Suède ? → *Deuxième mot.*

b. Répétez les mots.

c. Enregistrez-vous. Écoutez-vous et autoévaluez-vous.

Dans ma production, je distingue bien les deux sons [e] et [ɛ] : oui / parfois / non.

Leçon 4

▶ FOCUS LANGUE ▶ p. 63

Le présent des verbes en -*er* (synthèse)

15. Faites des phrases complètes. Utilisez un élément de chaque colonne.

Exemple : *Je réalise mon rêve.*

~~Je~~	travaillons	devant le café « langues ».
Nous	détestes	rencontrer des personnes étrangères.
Ils	aiment	marcher.
Vous	~~réalise~~	~~mon rêve~~.
Elle	écoute	la radio française.
Tu	passez	dans une entreprise américaine.

▶ FOCUS LANGUE ▶ p. 63

Le masculin et le féminin des professions (2)

16. Complétez les phrases avec une profession au féminin.

a. Caroline fait de la musique. Elle est … .

b. Émilie travaille pour un journal. Elle est … .

c. Nathalie travaille à l'hôpital. Elle aide les médecins. Elle est … .

d. Asia joue dans des films. Elle est … .

e. Anaïs étudie à l'université. Elle est … .

f. Marie-Noëlle fait des illustrations dans les livres. Elle est … .

Leçon 5

▶ FOCUS LANGUE ▶ p. 65

Le verbe *faire* + *du / de la / de l' / des* pour parler de ses activités

17. Parlez des activités, comme dans l'exemple.

Exemple : *Je fais de la danse.*

| je tu il nous vous elles | → FAIRE → | du de la de l' des |

18. Complétez cette publicité pour le Club Med avec le verbe *faire* à la personne qui convient.

Tous au CLUB MED !

Vos enfants … du dessin ? Vous … du théâtre ?
Ils … du tennis ! Tu … de la sculpture ?
Votre fille … de l'équitation ? Et moi, je … quoi ?
Moi, je vais au Club Med !

*Et vous, le bonheur,
vous l'imaginez comment ?*

Club Med Ψ

▶ FOCUS LANGUE ▶ p. 65

Les pronoms toniques pour parler des personnes

19. Lisez ces minidialogues. Complétez avec le pronom tonique correct.

a. – Paul rêve de partir habiter dans un pays étranger ?
   – Oh oui, …, il souhaite partir habiter au Canada.
   …, je préfère habiter dans mon pays et voyager à l'étranger pour les vacances.

b. – …, nous aimons beaucoup marcher dans les petits villages, et … ?
   – … aussi, nous adorons marcher.

c. – Mes amis, …, ils détestent regarder des films en version originale. …, j'aime bien, et … ?
   – …, j'aime beaucoup les films en version originale, c'est amusant et intéressant !

Leçon 6

▶ FOCUS LANGUE ▶ p. 67

***Avoir mal à* + les parties du corps**

20. Associez les phrases aux photos.

a. Atchoum ! Mon nez, ma gorge ! Je vais à la pharmacie !

b. Attention ! Aiiiiieeeee ! Mon pied !

c. Il y a beaucoup de soleil ! J'ai mal aux yeux !

1   2   3

EXPRESSIONS UTILES

Leçon 1

- **Parler de la famille**

  S'informer sur la famille
  Quelle est votre / ta situation de famille ?
  Vous avez / Tu as une grande famille ?
  Il y a combien de personnes dans votre / ta famille ?
  Vous avez / Tu as des frères et sœurs ?
  Ils ont quel âge ?
  Vous avez combien d'enfants ?
  Comment s'appellent vos / tes enfants ?
  Quel âge ils ont ?

  Donner des informations sur la famille
  Je suis marié(e) / divorcé(e).
  Je ne suis pas marié(e). = Je suis célibataire.
  Nous avons / J'ai une grande famille : quatre grands-parents, deux oncles, deux tantes, trois cousins.
  Dans ma famille, il y a quatre personnes.
  J'ai un frère / une sœur.
  Mon frère a 32 ans. Ma sœur a 15 ans.
  J'ai deux enfants / un bébé.
  Je n'ai pas d'enfants.
  Mes / Nos enfants s'appellent Justine et Louise.
  Justine a deux ans. Louise a six ans.
  Ils ont deux et six ans. Notre bébé a six mois.

Leçon 2

- **Caractériser une ou des personne(s)**

  Caractériser physiquement
  Le garçon est blond / brun.
  La mère est grande / élégante.
  Mes amis sont sportifs.

  Caractériser psychologiquement
  Mon frère est bruyant / bavard / agité.
  Mes amies sont gentilles / sympathiques / intelligentes.
  Lucy est adorable / décontractée / drôle / romantique.
  Paul est un ami sincère. Il est généreux.

Leçon 3

- **Parler des goûts**

  J'aime beaucoup la culture française.
  Nous aimons bien visiter des monuments.
  Ils n'aiment pas beaucoup prendre le métro.
  Il n'aime pas du tout les cuisses de grenouilles.
  J'adore l'architecture.
  Nous adorons faire du shopping.
  Il déteste la langue française.
  Nous détestons faire du sport.

Leçon 4

- **Exprimer une passion, un rêve**

  Exprimer un rêve
  J'ai un rêve : parler français.
  Mon rêve, c'est de faire des études pour devenir médecin.
  Je rêve de devenir médecin.
  Je rêve de travailler en France.

  Exprimer une passion
  J'ai une passion : le théâtre.
  Ma passion, c'est mon travail.
  La médecine, c'est ma passion.
  J'adore mon travail.

Leçon 5

- **Parler des personnes et de leurs activités**

  Les activités sportives et artistiques
  la voile • le tennis • l'équitation • l'escalade • l'accrobranche • les activités d'orientation • la peinture • la sculpture • le théâtre

  Les verbes
  Nous faisons de la voile / du tennis / de l'équitation.
  Vous aimez / adorez / détestez le sport / faire du sport.
  Je rêve de faire du théâtre.
  Il a une passion : l'accrobranche !

DOSSIER **4**

Leçon 1

FOCUS LANGUE ► p. 75

Indiquer l'heure formelle et informelle

1. Associez.

a. 13 h 45 • b. 00 h 30 • c. 20 h 15 • d. 02 h 55 • e. 10 h 40

1. Il est trois heures moins cinq du matin.
2. Il est deux heures moins le quart de l'après-midi.
3. Il est minuit et demi.
4. Il est onze heures moins vingt du matin.
5. Il est huit heures et quart du soir.

2. Écrivez les heures formelles et informelles.

a. 7 h 45	c. 21 h 30	e. 16 h 05
b. 12 h 20	d. 01 h 40	f. 09 h 50

FOCUS LANGUE ► p. 74

Quelques articulateurs pour indiquer une progression dans le temps

3. Par deux. Décrivez cette journée de safari. Donnez l'heure informelle. Utilisez les articulateurs *puis, ensuite, après, d'abord*.

JOURNÉE DE SAFARI DANS LE PARC KRUGER

05 h 00 L'aventure commence…

05 h 30 Rendez-vous avec les guides pour prendre un thé ou un café avant de partir en safari.

09 h 30 Retour à l'hôtel pour le petit déjeuner.

11 h 00 Safari à pied, puis piscine.

13 h 00 Déjeuner et sieste.

16 h 00 Touristes et guides prennent le thé avant le safari de la soirée.

16 h 30 Départ pour le 2e safari.

18 h 00 Coucher du soleil et apéritif.

19 h 30 Dîner.

21 h 00 Au lit !

Sons du français ► p. 75

Dire l'heure

4. a. 🎧 ▸164 Écoutez. Transformez les minutes en heures ou les heures en minutes. Faites la liaison ou l'enchaînement avec les heures.

Exemple : J'entends « deux minutes ».
→ *Je dis « deux heures ».*

1. dix heures	4. douze heures
2. six minutes	5. dix heures
3. neuf minutes	6. treize minutes

b. Par deux. Proposez une durée en minutes ou en heures. Votre voisin(e) transforme la durée comme dans l'activité a.

Leçon 2

FOCUS LANGUE ► p. 77

Les verbes pronominaux (1) pour parler de ses habitudes quotidiennes

5. Associez les photos aux verbes.

se raser • s'habiller • se doucher • se brosser les dents • se réveiller

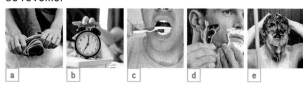

6. Complétez les phrases avec un pronom.

a. Je … prépare, je … habille et je vais au travail.
b. Tu … réveilles à quelle heure le matin ?
c. Elle … brosse les dents le matin, à midi et le soir.
d. Nous … couchons vers 22 heures.
e. Vous … connectez souvent à WhatsApp ?
f. Vos enfants … douchent le matin ou le soir ?

7. Mettez les phrases à la forme négative.

Exemple : Marc se lève, se douche et se rase chaque matin. → *Marc ne se lève pas, ne se douche pas et ne se rase pas chaque matin.*

a. Les enfants de Marc se réveillent, s'habillent et se préparent pour l'école le week-end.
b. Les parents s'occupent des enfants.
c. Juan s'endort à 22 h 45.

d. Marc se connecte à Internet tard le soir.

e. Marc se brosse les dents le soir et se couche vers 23 heures.

f. Et vous, vous vous brossez les dents matin et soir ?

Leçon 3

> FOCUS LANGUE ▸ p. 78

Les verbes *lire* et *écrire*

8. Complétez avec le verbe *lire* ou *écrire*. Conjuguez le verbe à la bonne personne.

a. Les gens … souvent sur les réseaux sociaux pour raconter leur vie.

b. Quand j'allume mon ordinateur, je vais sur Internet et je … les informations du jour.

c. Le journaliste Éric Leser … souvent des articles très intéressants sur l'actualité internationale.

d. Nous aimons les actualités de Twitter. Nous … souvent sur ce réseau social.

e. Vous … le dernier livre de Grégoire Delacourt ? Vous aimez ?

f. Le soir, Sam … dans son lit, c'est son moment préféré de la journée.

> FOCUS LANGUE ▸ p. 79

Exprimer l'habitude et la fréquence

9. Complétez le texte avec les expressions proposées.

chaque midi • le matin • souvent • tous les soirs • la semaine • jamais • toujours

…, je me lève … à la même heure : 6 heures ! Je me prépare et je prends mon petit déjeuner. Je vais au travail et …, je retrouve mes collègues pour déjeuner. J'ai deux heures pour manger. Je vais … au restaurant avec elles, nous parlons avec le chef cuisinier : il est très gentil ! Ensuite, je retourne au bureau, je termine à 16 heures. Je rentre chez moi et je reste sur mon canapé à regarder un bon film. …, c'est la même chose ! Je ne sors … … parce que je travaille le jour d'après.

10. Parlez de vos activités quotidiennes. Utilisez les expressions de régularité (d'habitude) et de fréquence.

Boîte à outils	
Pour exprimer l'habitude	Pour exprimer la fréquence
chaque matin • en général • l'après-midi • le soir • le matin • d'habitude • tous les matins	jamais • souvent • toujours • parfois

Leçon 4

> FOCUS LANGUE ▸ p. 81

Le pronom *on*

11. Lisez les phrases. Est-ce que le pronom *on* remplace le sujet *nous* ou *les gens* ?

a. Dans ma résidence, **on** aime bien se retrouver pour boire un verre.

b. Avec mon mari, **on** va souvent au cinéma le vendredi soir.

c. Au Canada, **on** adore faire du hockey sur glace. En France, **on** préfère jouer au football.

d. Ici, **on** n'aime pas le froid. Dans mon pays, le froid n'est pas un problème.

e. Chez moi, **on** dîne toujours à la même heure.

12. Transformez les phrases avec *on*.

a. En France, les gens mangent beaucoup de fromage.

b. Nous commençons le travail à 9 heures et nous terminons à 18 heures, puis nous rentrons à la maison.

c. Le week-end, nous profitons de notre temps libre pour faire du shopping.

d. Les gens marchent très rapidement à New York, ils ne s'arrêtent jamais.

e. Généralement, ma famille et moi, nous voyageons à l'étranger pour les vacances ; nous adorons découvrir d'autres cultures.

> FOCUS LANGUE ▸ p. 81

Les verbes *pouvoir, devoir* et *vouloir* au présent

13. Complétez avec le verbe *vouloir*, *pouvoir* ou *devoir*. Conjuguez le verbe à la bonne personne.

a. En France, on … travailler trente-cinq heures par semaine. (obligation)

b. Dans les grandes entreprises, les responsables … créer des espaces de relaxation pour les employés. (souhait)

c. En France, tu … prendre cinq semaines de vacances payées. (possibilité)

d. Nous … terminer ce dossier pour demain. (obligation)

e. Au Maroc, vous … trouver un travail facilement si vous parlez français. (possibilité)

Sons du français ▸ p. 81

Le son [ø] pour dire *on veut*

14. a. 🎧 ▸165 Écoutez les phrases. Dites si elles sont identiques ou différentes.

Exemple : Elle peut. Elle peut. → *Identiques*.

b. 🎧 166 **Écoutez les mots. Dites si vous entendez le son [ø] dans le premier ou le deuxième mot.**

Exemple : peu – peur → *Premier mot*.

c. Enregistrez-vous. Écoutez-vous et autoévaluez-vous.

Dans ma production, je distingue bien le son [ø] du son [œ] : oui / parfois / non.

15. Par deux. Entraînez-vous à demander ce que vous pouvez faire. Répondez par « oui, tu peux » ou « non, tu ne peux pas ».

a. Je peux partir avant la fin du cours ?

b. Je peux parler anglais en classe de français ?

c. Je peux manger dans la salle de cours ?

d. Je peux venir à vélo ?

e. Je peux arriver avec quinze minutes de retard ?

f. Je peux utiliser mon téléphone en classe ?

g. Je peux venir à 7 h 30 au cours de français ?

Leçon 5

FOCUS LANGUE ▸ p. 83

Poser des questions (2) à l'oral ou en situation informelle / à l'écrit ou en situation formelle

16. Lisez les questions. Dites si elles correspondent à une situation orale / informelle ou écrite / formelle.

a. Aimez-vous la culture française ?

b. Tu connais un café français ici ?

c. Quand part-il à Paris ?

d. Pourquoi ils étudient le français ?

e. Combien d'amis français as-tu ?

17. Retrouvez l'ordre des mots pour reconstituer les questions écrites / formelles de l'enquête.

Exemple : vous – - – répondre – ? – Pouvez – à cette enquête → *Pouvez-vous répondre à cette enquête ?*

a. - – âge – vous – avez – Quel – ?

b. à Berlin – actuellement – vous – - – Habitez – ?

c. à la médiathèque – ? – - – Pourquoi – de l'institut – vous – venez

d. en semaine – ? – le soir – vous – À quelle heure – - – sortez

e. pendant le week-end – faites – Que – - – ? – vous

f. ce restaurant – - – ? – vous – Pourquoi – aimez

18. Par deux. Créez un dialogue (situation orale / informelle). Chaque groupe présente son dialogue à la classe.

Qu'est-ce que tu fais samedi ?

A pose une question sur le type de sortie.	B répond.
A pose une question sur la / les personnes.	B répond.
A pose une question sur le type d'activité.	B répond.
A pose une question sur le moment.	B répond.

Leçon 6

FOCUS LANGUE ▸ p. 84

Proposer / accepter / refuser une sortie

19. Lisez les phrases. Dites si les personnes :

a. proposent une sortie ;

b. acceptent une sortie ;

c. refusent une invitation ;

d. fixent un rendez-vous ;

e. justifient un refus.

1. Retrouve-moi devant le cinéma à 19 h 30 demain soir.

2. Je suis désolée, ce n'est pas possible pour moi.

3. Je ne viens pas à son anniversaire parce que je dois travailler.

4. Tu veux aller au cinéma ce soir ?

5. Oui, bien sûr, avec plaisir. À quelle heure ?

FOCUS LANGUE ▸ p. 85

L'impératif présent (1) pour inviter et donner des instructions

20. Complétez les phrases avec les verbes proposés. Conjuguez le verbe à l'impératif.

apporter • venir • fêter • prendre • partager

a. Pour venir chez nous, … le bus, c'est plus facile pour toi !

b. … ensemble l'anniversaire de Charles ! À cette occasion, nous vous invitons le samedi 15 novembre.

c. … un plat de ton pays si tu veux, mais ce n'est pas obligatoire !

d. Le cocktail de fin d'année approche ! … nombreux et … tous un moment agréable.

Sons du français ▸ p. 85

Le son [y]

21. Par deux. Faites un dialogue comme dans l'exemple pour donner rendez-vous. Alternez les rôles.

Exemple : à l'institut → *Salut, on va à l'institut pour la soirée culturelle ? Tu es libre dans vingt minutes ? Dans vingt minutes, oui, ça me va.*

a. à l'université

b. à l'école de français

EXPRESSIONS UTILES

Leçon 2

● **Parler de ses habitudes**

Le matin

Je me réveille.

Toute la famille se lève.

Nous nous douchons.

Je me rase.

Nous nous habillons.

Les enfants se préparent.

Nous prenons notre petit déjeuner.

Je fais du sport.

Le soir

Je dîne en famille.

Mon mari et moi regardons un film.

Je prends mon ordinateur et je me connecte à un site.

Je me brosse les dents.

Nous nous couchons.

Nous nous endormons.

Leçon 3

● **Décrire une journée type /**
Parler de ses activités quotidiennes

	Une écrivaine	Un médecin	Un fonctionnaire
Le matin	Je me réveille chaque matin à 7 heures.	Je m'habille. Je prends mon petit déjeuner. Je me lève tôt.	Je me lève toujours à 7 h 30. J'ai des horaires fixes.
À midi	Je prends vingt minutes pour déjeuner.	Je mange un sandwich.	Je déjeune à la cantine.
L'après-midi	J'écris / Je lis. Je fais du sport.	Je reçois mes patients jusqu'à 18 h 30.	Je travaille tout l'après-midi.
Le soir	Je me repose.	Je dîne en famille. Je me couche vers 20 heures.	Le soir, nous dînons toujours à 20 heures.

Leçon 4

● **Parler de sa journée de travail**

Parler de son lieu de travail

Nous travaillons à / chez…

Parler de ses collègues de travail

Nous avons des collègues français / polonais…

Parler de sa journée de travail

Nous apprenons beaucoup.

On peut parler français.

On fait des pauses-café avec ses collègues.

Parler de son emploi du temps

La journée / la semaine de travail, c'est … heures.

Pour le déjeuner, on a une pause de…

On peut manger…

Parler des obligations au travail

On doit…

Leçon 5

● **Poser des questions sur les sorties**

Le lieu / Le type de sorties

Où sortez-vous ?

Vous faites quoi ?

Vous sortez dans des cafés / des restaurants ?

Fréquentez-vous les festivals / les galeries d'art / les musées ?

Vous aimez aller dans les librairies / les médiathèques ?

Votre sortie préférée, c'est quoi ?

Avec qui

Vous sortez en famille ? Avec des amis ?

Est-ce que tu sors souvent avec des francophones ?

Le moment et la fréquence

Vous sortez plutôt le vendredi ? Le samedi ?

Qui sort tous les soirs ? Une fois par semaine ?

Allez-vous souvent au cinéma ?

L'objectif de la sortie

Pourquoi sortez-vous ? Pour dîner au restaurant ?

Pour écouter de la musique ?

Et toi ? Tu sors pour parler français ?

Leçon 6

● **Proposer une sortie / inviter / accepter et refuser**
À l'oral

Proposer une sortie	Proposer une sortie
Tu veux venir avec moi ?	Tu es libre… pour… ?
Refuser	**Accepter**
Non, je suis désolé(e), je ne peux pas.	Oui, ça me va.
Justifier son refus	**Fixer un rendez-vous**
J'ai rendez-vous avec… Je dois aller…	On se retrouve où ? Au restaurant…, place…, rue…

À l'écrit

Objet : …

Nous voulons organiser… pour…

Viens / Venez [+ horaire].

Nous habitons [+ adresse].

Prends / Prenez [+ moyen de transport].

Si tu veux / vous voulez participer à l'organisation, parle / parlez avec…

Apporte / Apportez…

Téléphone / Téléphonez à…

S'EXERCER

DOSSIER 5

Leçon 1

FOCUS LANGUE ► p. 93

Le passé composé (1) pour raconter des événements passés

1. Complétez votre journal d'apprentissage de la semaine dernière.

La semaine dernière :
a. Je … … (aller) au cinéma pour voir un film français en version originale.
b. Mon ami et moi, nous … … (réviser) la conjugaison des verbes au passé composé.
c. J'… … (parler) français avec des étudiants Erasmus.
d. Je n'… pas … (faire) beaucoup d'erreurs.
e. J'… … (participer) à un club de conversation.
f. Mes amis et moi, nous n'… pas … (avoir) de difficultés pour comprendre le cours.

2. Choisissez entre *être* et *avoir* et le participe passé correct pour chaque verbe. Complétez les phrases. Faites les accords si nécessaire.

	Verbe	*Avoir* ou *être* ?	Participe passé
	avoir	…	*Au* ou *eu* ?
a.	Je/J'… … (avoir) de la chance de pratiquer la langue avec des natifs.		
	venir	…	*Venu* ou *veni* ?
b.	Elle … … (venir) au Japon pour être en immersion totale.		
	travailler	…	*Travaillé* ou *travaille* ?
c.	Vous … … (travailler) dur pour devenir bilingues.		
	apprendre	…	*Apprendu* ou *appris* ?
d.	Ils … … (apprendre) le français pendant trois ans au lycée international.		
	faire	…	*Fait* ou *fit* ?
e.	Tu … … (faire) beaucoup d'efforts pour progresser.		
	sortir	…	*Sort* ou *sorti* ?
f.	Elles … … (sortir) pour aller au ciné-club de français.		
	rester	…	*Resté* ou *restu* ?
g.	Nous … … (rester) dans cette école parce que c'est la meilleure !		

FOCUS LANGUE ► p. 93

Indiquer un moment précis dans le temps

3. a. Observez les chronologies. Remplacez les dates par des expressions de temps.

2015	7-11/03/2016	14-18/03/2016
…	…	→ *cette semaine*

17/03/2016	18/03/2016, 10 h	18/03/2016, 14 h
…	…	→ *aujourd'hui*

b. Pour chaque expression, donnez un exemple de vos activités d'apprentissage.

Exemple : *Cette semaine, j'ai lu un livre en français.*

Leçon 2

FOCUS LANGUE ► p. 95

Le passé récent pour parler d'un événement dans le passé immédiat et le futur proche pour parler d'un événement dans le futur immédiat

4. Utilisez les éléments du tableau pour raconter la vie de Geneviève Lalonde, jeune talent canadien.

Passé récent	Présent	Futur proche
vivre une semaine à l'autre bout du monde	être satisfaite de ses résultats	rentrer à Guelph et se relaxer
faire une course exceptionnelle	avoir du succès avec le public	reprendre ses études de maîtrise
marquer l'histoire du sport en Acadie	vivre une expérience formidable	faire un voyage en Arctique

5. Conjuguez les verbes entre parenthèses. Utilisez le passé récent, le présent ou le futur proche.
a. Nous … (acheter) une maison. Nous sommes très heureux !
b. La semaine prochaine, Richard … (s'inscrire) dans une école de français.
c. Aujourd'hui, tu … (parler) quatre langues différentes : c'est incroyable !
d. Tatiana … (terminer) le livre de Maxime Chattam. Elle a adoré !
e. En général, vous … (travailler) à la maison, c'est pratique !
f. Ce week-end, nous … (aller) chez mes parents pour dîner.

FOCUS LANGUE ► p. 95

Le verbe *dire* au présent de l'indicatif

6. Complétez avec le verbe *dire*.

a. Quand je rencontre une personne pour la première fois de la journée, je … « bonjour ».

b. Quand je quitte cette personne, je … « au revoir ».

c. Pour se saluer, les Espagnols … « hola ».

d. Avant un examen, on … « bonne chance ».

e. Quand vous vous couchez le soir, vous … « bonne nuit ».

f. Les enfants polis … « bonjour, au revoir et merci ».

Sons du français ► p. 95

La prononciation de *viens / vient* et *viennent*

7. Complétez avec le verbe *venir*. Prononcez les phrases.

Exemples : *Je viens de finir un livre. – Mes amis viennent de regarder un film.*

a. Tu… – Tes amis…

b. Il… – Ses amis…

c. Elle… – Ses amis…

Leçon 3

FOCUS LANGUE ► p. 96

Les nombres (3) à partir de 100

8. Par deux. Corrigez les erreurs.

Exemple : 196 : cent quatre-vingt-six
→ *cent quatre-vingt-seize.*

a. 3236 : deux mille deux cent trente-six.

b. 555 : six cent cinquante-six.

c. 9784 : neuf mille six cent quatre-vingt-quatre.

d. 1971 : mille huit cent soixante et un.

e. 148 : cent quatre-vingt-huit.

FOCUS LANGUE ► p. 97

Les marqueurs temporels (1) pour situer des événements dans le temps

9. Complétez la biographie d'Alain Mabanckou.

à l'âge de 22 ans • la même année • dix ans plus tard • en 2006 • en 1966

Chronique littéraire

Alain Mabanckou est un écrivain francophone d'origine congolaise. Il est né …… .…, il est arrivé en France pour étudier le droit. Il s'est intéressé à l'écriture, à la poésie, et il a publié son premier roman *Bleu-Blanc-Rouge* … .…, il a gagné le prix Renaudot pour son sixième livre *Mémoires de porc-épic*. …, il est devenu professeur de littérature francophone à l'université UCLA aux États-Unis.

	naissance **1966**	premier roman *Bleu-Blanc-Rouge* **1998**	
	1988 arrivée en France		**2006** prix Renaudot / professeur à UCLA

FOCUS LANGUE ► p. 97

Le passé composé (2) pour évoquer des événements passés

10. Complétez les phrases avec les verbes pronominaux. Utilisez le passé composé.

s'installer • s'intéresser • se mettre • se rencontrer • se contacter

a. George Sand … à la condition de la femme. Elle a beaucoup écrit sur ce sujet.

b. C'est en 1871 qu'Arthur Rimbaud … à Paris : une nouvelle ville, une nouvelle vie !

c. Simone de Beauvoir et Jean-Paul Sartre … en 1929 : ils se sont aimés dès leur première rencontre.

d. Gustave Flaubert et Émile Zola … souvent par lettre pour parler de leurs œuvres.

e. En 1907, Marcel Proust … à écrire sa plus grande œuvre, le début d'une grande aventure.

Leçon 4

FOCUS LANGUE ► p. 99

Décrire physiquement une personne

11. Complétez les deux descriptions de personnages littéraires. Utilisez *avoir* ou *être* au présent.

Quasimodo est l'un des personnages principaux du roman *Notre-Dame de Paris*, de Victor Hugo. Son physique est très particulier. Petit et bossu*, il … assez fort. Ses mains … musclées et très grosses. Il … roux, aux cheveux courts et il … les yeux clairs. Son œil gauche est fermé. Il est handicapé. Son visage … rond.

* Bossu : personne avec une bosse sur le dos.

Esmeralda est une autre personne importante du roman de Victor Hugo, *Notre-Dame de Paris*. Elle … mince et assez grande. Elle … belle et mystérieuse. Elle charme et fascine Quasimodo. Elle … de longs cheveux noirs, ils … assez épais et bouclés. Sa peau … mate ; elle … des yeux bleus comme l'océan. Elle est magnifique !

12. Observez ces dessins. Répondez aux questions. (Plusieurs réponses possibles.)

1. Qui a les cheveux courts ?
2. Qui a les cheveux longs ?
3. Qui a les cheveux frisés ?
4. Qui a les cheveux bruns ?
5. Qui est blond ?
6. Qui est roux ?

Leçon 5

FOCUS LANGUE ▸ **p. 100**

Le passé composé pour parler d'événements passés / Le présent pour parler de faits actuels

13. Écrivez la biographie de l'écrivain Patrick Chamoiseau à partir des notes ci-dessous. Utilisez le passé composé et le présent.

Événements passés
date de naissance (03/12/1953) • publication de son premier roman (1986) • écriture de pièces pour le théâtre et de films pour le cinéma • prix Goncourt (1992)

Présent
écrivain et auteur français • éducateur • ses sources d'inspiration : la culture martiniquaise, le créole, l'Histoire, son enfance • centre d'intérêt : la vie politique

14. Lisez le témoignage. Dites si les événements / les faits sont passés ou actuels.

> Alors, moi, je suis enseignant, et lui, il est journaliste. Nous nous sommes rencontrés à l'université. Nous avons décidé de créer actuaLitte.com parce que nous sommes passionnés de littérature. *ActuaLitte*, c'est un magazine littéraire en ligne. Nous nous intéressons à toutes les littératures. Notre site informe les lecteurs sur l'actualité des livres. Nous avons écrit des milliers d'articles !

	Événements passés	Faits actuels
Rencontre à l'université		
Création d'actuaLitte.com		
Passion pour la littérature		
Intérêt pour les littératures		
Informer les lecteurs		
Écriture de milliers d'articles		

FOCUS LANGUE ▸ **p. 101**

Mais pour exprimer une opposition ou une précision

15. Remettez les phrases dans l'ordre.

a. étrangers – d'écrire – Ils – mais – français – sont – ils – choisi – ont – en – .
b. français – le – maternelle – décidé – langue – mais – il – persan – Sa – est – d'écrire – en – a – .
c. française – Vietnam – Linda Lê – mais – née – est – elle – est – au – .
d. ce – langue – écrit – la – enfance – mais – français – son – en – n'est – pas – Il – de – .
e. est – maison – anglophone – Elle – de – la – mais – est – langue – la – français – le – .

Leçon 6

FOCUS LANGUE ▸ **p. 103**

L'impératif présent (2) pour donner des conseils

16. Conjuguez les verbes à l'impératif.

Infinitif	(tu)	(nous)	(vous)
aller	…	allons	…
avoir	…	…	ayez
prendre	prends	…	…
être	…	…	soyez
lire	lis	…	…
faire	fais	…	…
terminer	…	terminons	…

17. Donnez un conseil à un(e) ou des camarade(s) de classe.

Exemple : Je n'ai pas bien compris le cours aujourd'hui.

→ *Retrouvons-nous ce soir pour étudier ensemble.*

a. Nous voulons progresser en français.

b. Je cherche des journaux francophones.

c. Nous voulons améliorer notre prononciation.

d. Nous rêvons de lire Tahar Ben Jelloun en français.

e. Je n'arrive pas à utiliser Giga Presse.

f. Je suis toujours en retard en classe.

g. Je veux créer un journal d'apprentissage.

h. Nous voulons rencontrer des Français.

EXPRESSIONS UTILES

Leçon 1

● **Parler de son apprentissage en classe et à l'extérieur de la classe**

Situer dans le temps

cette semaine • la semaine dernière • l'année dernière • hier • ce matin

Les activités de classe

Nous avons réalisé une enquête.

Nous avons organisé…

Nous avons préparé…

Nous sommes allés à… pour…

Nous avons fait des…

Nous n'avons pas fait de…

Nous avons créé…

Nous avons appris…

Nous avons compris…

Les activités à l'extérieur de la classe

Nous avons étudié le français.

Nous avons utilisé…	Nous avons écouté…
Nous avons parlé…	Nous sommes sortis…
Nous avons écrit…	Nous avons regardé…

Leçon 2

● **Parler d'expériences récentes ou de projets**

Parler d'expériences récentes

Elle vient de recevoir un prix.

Ils viennent de donner leur premier concert.

Parler de projets

Elle va participer aux prochains Jeux olympiques.

Il va avoir un grand avenir.

Ils vont donner des conférences un peu partout.

Leçon 3

● **Rédiger une biographie**

Cet(te) écrivain(e) est né(e) à *[lieu]* le *[date]*.

Il/Elle est arrivé(e) à Paris à l'âge de … en *[année]* pour faire…

Il/Elle a étudié la philosophie / a fait des études de…

Il/Elle a … et a commencé sa carrière d'écrivain(e) en *[année]* avec son premier roman…

En *[année]*, il/elle a connu le succès avec…

Il/Elle est devenu(e) célèbre avec…

Il/Elle a reçu le prix … en *[année]*.

Il/Elle vit aujourd'hui à…

Leçon 4

● **Décrire physiquement une personne**

Les cheveux

Avoir les cheveux courts / longs / frisés / blond / bruns.

Les yeux

Avoir les yeux clairs / gris / marron / bleus / verts.

La peau

Avoir la peau mate / bronzée / claire.

La silhouette

Être mince / un peu fort(e) / musclé(e).

La taille

Être petit(e) / grand(e).

Pour évoquer des ressemblances physiques

Nous avons la même allure / la même taille / la même voix.

Il/Elle ressemble à…

Leçon 6

● **Rédiger les dix commandements pour progresser en français**

se souvenir • réaliser • ne pas avoir peur de • ne pas hésiter à • conseiller • se documenter • échanger • préparer • vérifier • se concentrer • raconter • se faire plaisir • se retrouver • organiser • aller • faire • créer • apprendre • comprendre • étudier • utiliser • parler • écrire • lire • écouter • sortir • regarder

S'EXERCER

DOSSIER **6**

Leçon 1

> FOCUS LANGUE ▸ p. 111

Il faut pour exprimer une obligation

1. Transformez les phrases suivantes.
Utilisez *il faut*.

a. Avant de partir dans un pays étranger, vous devez changer votre argent.

b. Tu dois acheter des vêtements chauds pour ton prochain voyage au Canada.

c. Pour aller en Australie, nous devons faire deux escales quand nous partons de Nice.

d. Pendant le safari, vous ne devez pas oublier de prendre des photos.

e. Elle doit faire ses vaccins pour partir au Bénin.

f. Pour traverser le détroit de Gibraltar, nous devons prendre le bateau.

> FOCUS LANGUE ▸ p. 111

Le futur simple pour présenter le programme d'un séjour – *Il faut* pour exprimer une obligation

2. a. Complétez le mél avec *pouvoir*, *aller*, *être* et *faire* au futur simple.

À :issa@gmail.com

Salut Issa,

J'arrive à Dakar dans trois mois ! Je suis vraiment content !

Je prépare mon voyage et je ne sais pas quels vêtements prendre.

Mes papiers ne sont pas encore prêts, est-ce que le visa est nécessaire ?

Un ami m'a recommandé d'aller chez le médecin, mais je ne sais pas pourquoi.

Quand je … là-bas, tu … traduire si je ne comprends pas. Nous … où ? Tu … le guide touristique ?

Je suis impatient de te revoir !

Allez, à très vite !

Salut !

b. Imaginez quatre obligations à donner pour cette situation.

Leçon 2

> FOCUS LANGUE ▸ p. 113

Situer un lieu (2)

3. Lisez les cinq descriptions. Identifiez les pays et localisez-les sur une carte.

a. Ce pays est à l'ouest de la France, sur le continent américain. Il se situe au nord des États-Unis. Quel est ce pays ? → la Guyane • le Cap-Vert • le Canada

b. Cette île se situe au sud-est du continent africain, entre Mayotte et l'île Maurice. Quel est ce pays ? → La Tanzanie • Madagascar • Djibouti

c. Ce pays se trouve au nord de la Guinée, entre la Mauritanie et le Niger. Quel est ce pays ? → le Mali • l'Algérie • le Congo

d. Ce pays est au nord de la France, à l'ouest du Luxembourg. Quel est ce pays ? → la Suisse • la Belgique • l'Allemagne

e. Cette île est à côté de l'Australie, au sud de Wallis-et-Futuna. Quel est ce pays ? → les Seychelles • la Nouvelle-Zélande • Saint-Pierre-et-Miquelon

> FOCUS LANGUE ▸ p. 113

Le pronom *y* pour remplacer un lieu

4. Remplacez le lieu souligné dans les phrases. Utilisez le pronom *y*.

a. Dans le Colorado ? Oui, je suis déjà allé <u>dans le Colorado</u>.

b. Tu dois aller à l'agence pour prendre les billets d'avion ? Je peux aller <u>à l'agence</u> si tu veux.

c. J'ai vu ton guide de voyage sur la table, je suis sûre qu'il est <u>sur la table</u>.

d. On va faire un safari dans la jungle, on fera de belles photos <u>dans la jungle</u>.

e. Je vais aller à Montréal, je suis contente, les gens parlent français <u>à Montréal</u>.

5. Lisez ce texte. Utilisez le pronom *y* pour remplacer un lieu, quand c'est possible.

> **La Guinée**
>
> La Guinée est un pays peu visité par les touristes. En Guinée, les paysages sont magnifiques. Le peuple est très chaleureux et accueillant en Guinée. C'est une destination idéale pour découvrir l'art. La musique et la danse sont des traditions très importantes dans ce pays. En Guinée, la culture de l'Afrique de l'Ouest est aussi très visible.
>
> Venez explorer la nature en Guinée !
> Vous serez charmé !

Leçon 3

FOCUS LANGUE ▸ p. 114 et 115

Les couleurs – La place des adjectifs qualificatifs pour caractériser un lieu (1)

6. Remettez les phrases dans l'ordre. Faites attention à la place des adjectifs.

a. est – petit – pays – un – espaces – avec – grands – L'Irlande – des – verts – .
b. Au – le – désert – jaune – orange – et – Maroc – est – et – lumière – exceptionnelle – est – sa – , – .
c. grande – Colombie – forêt – magnifique – En – , – la – tropicale – est – .
d. L'Espagne – climat – c'est – un – pays – pour – idéal – vacances – a – bon – , – un – les – .
e. les – cuisine – En – la – est – monuments – délicieuse – , – Chine – et – sont – beaux – très – .

7. Associez chaque texte à une photo.

a. Ses bus rouges sont connus dans le monde entier ! L'architecture du Parlement et de Big Ben est exceptionnelle !
b. Cette ville offre une expérience touristique magnifique avec ses montagnes orange au bord de la mer.
c. Cette ville se trouve au bord d'une eau bleue turquoise. Son monument principal est son opéra : il ressemble à un grand et beau bateau !
d. Les bâtiments immenses, les lumières intenses, les taxis jaunes bruyants : voilà la grande pomme des États-Unis !

New York   Sydney   Londres   Le Cap

Leçon 4

FOCUS LANGUE ▸ p. 117

Le présent des verbes en -ir (synthèse)

8. Choisissez le verbe correct. Conjuguez-le au présent.

choisir • ouvrir • découvrir • accueillir • partir • finir

a. Pour nos voyages, nous … toujours des séjours en chambre d'hôtes.
b. Cette chambre d'hôtes … les touristes à partir de 15 heures.
c. Votre avion … à 9 h 30 demain matin. Il faut être à l'heure !
d. Tu … ton voyage à Paris, dernière destination de tes vacances.
e. Ils … leurs chambres d'hôtes de février à décembre.
f. Au Maroc, on … d'autres paysages et une culture différente.

FOCUS LANGUE ▸ p. 117

Le présent des verbes en -ir (synthèse) – La place des adjectifs qualificatifs pour caractériser un lieu ou une personne (2)

9. Lisez le texte. Complétez-le avec les mots proposés.

passionnée • découvrez • accueillons • familiale • ouvrons • choisissez • nouvelle • grand • partez

Attrap'Rêves est une société … créée en février 2010. Le concept est venu d'un frère spécialisé dans l'hôtellerie, d'une sœur diplômée en langues, d'une maman … de décoration et d'un papa professionnel dans le bâtiment. Nous … nos portes pour partager une expérience poétique. Dans nos bulles, vous … la beauté de la nature. Chaque bulle est différente, vous … la bulle que vous préférez.

Vous … pour une nuit, un week-end ? Nous vous … avec … plaisir ! C'est une … aventure forte en émotions !

Bienvenue à Attrap'Rêves !

FOCUS LANGUE ▸ p. 117

La place des adjectifs qualificatifs pour caractériser un lieu ou une personne (2)

10. Placez correctement les adjectifs qualificatifs : avant ou après le nom ? Faites les transformations nécessaires (féminin / masculin, singulier / pluriel).

 Dormir dans un igloo ?

C'est une expérience (nouveau) (incroyable). Vous connaîtrez un moment (magique) dans l'univers (blanc) des montagnes. Vous aurez des équipements (chaud) et vous pourrez choisir un igloo (confortable). N'ayez pas peur du froid ! Notre accueil (chaleureux) vous charmera !

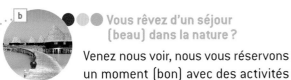

b ●●● Vous rêvez d'un séjour (beau) dans la nature ?

Venez nous voir, nous vous réservons un moment (bon) avec des activités (varié) et (surprenant). Nous vous servirons des repas (délicieux). Vous aimerez nos spécialités (régional). Vous n'oublierez pas ce séjour (exceptionnel) !

Leçon 5

> FOCUS LANGUE ▸ p. 119

Décrire le temps qu'il fait selon les mois et les saisons

11. Lisez les informations météo. Dites si on parle de la météo actuelle ou d'une prévision.

a. Ce week-end, le soleil brillera sur Abidjan. Il fera 23 degrés, le temps sera très agréable.

b. Aujourd'hui, la pluie est là, à Niamey. Le ciel est très nuageux.

c. Idéal pour les surfeurs, le vent soufflera sur Essaouira.

d. La journée commence mal à Alger, il pleut et il fait très humide : prenez votre veste pour sortir !

e. La semaine prochaine, l'hiver sera là : il fera très froid.

12. Indiquez le temps qu'il fait ou qu'il fera. Utilisez le présent ou le futur simple.

a. À Ouagadougou :

 aujourd'hui (20 °C)   demain (18 °C)

b. À Berlin :

 aujourd'hui (34 °C)   demain (31 °C)

c. À Montréal :

❄ aujourd'hui (−5 °C)   demain (−1 °C)

d. À Durban :

 aujourd'hui (26 °C)   demain (21 °C)

Sons du français ▸ p. 119

La voyelle nasale [ã]

13. a. 🎧167 Écoutez et lisez ces nombres. Si vous entendez la voyelle [ã], écrivez le nombre en lettres.

5 • 11 • 30 • 55 • 60 • 80 • 100

b. 🎧168 Écoutez ces noms de pays. Si vous entendez la voyelle [ã], écrivez le pays et soulignez les lettres qui se prononcent [ã].

le Japon • le Cambodge • la Grande-Bretagne • l'Inde • le Canada • le Vietnam • l'Argentine

Leçon 6

> FOCUS LANGUE ▸ p. 120

Exprimer des émotions

14. Lisez ces définitions. Proposez l'adjectif correct.

être curieux • être surpris • avoir peur • être heureux • être intéressé

a. « Incroyable ! Tu as fait le tour du monde ? » → Je / J'…

b. « Super ! Nous avons réservé des billets d'avion pour la Chine ! » → Je / J'…

c. « Pour mon prochain voyage, je veux tout connaître du pays visité. » → Je / J'…

d. « Dans la jungle, les animaux peuvent être dangereux. » → Je / J'…

e. Je pose toujours beaucoup de questions personnelles aux habitants. » → Je / J'…

> FOCUS LANGUE ▸ p. 121

Parler des sensations

15. Observez les trois documents. Pour chaque document, utilisez les sens pour parler de vos sensations.

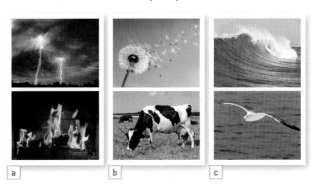

a   b   c

→ J'entends… / Je vois… / Je sens… / Je touche… / Je goûte…

Sons du français ▸ p. 121

Les groupes consonantiques

16. a. 🎧169 Écoutez les noms de pays. Dites si vous entendez un groupe consonantique avec r dans le premier mot ou le deuxième mot. Soulignez le groupe consonantique. Répétez les noms de pays.

Exemple : la Russie / l'Ukraine → *Deuxième mot.*

1. le Pérou / le Brésil
2. l'Afrique du Sud / le Maroc
3. l'Autriche / la Roumanie
4. la Nouvelle-Zélande / l'Australie

b. 🎧▶170 Écoutez les recommandations pour voyager. Soulignez les mots avec un groupe consonantique. Répétez la phrase.

Pour voyager, il faut être très prévoyant, très prudent, très curieux, très ouvert et très flexible.

EXPRESSIONS UTILES

Leçon 1

- **Rédiger un programme de voyage**

  Le descriptif de la destination
  Quel continent ? Quel pays ?
  Où est situé le pays exactement ?
  Quelles langues on y parle ?
  Le déroulement du séjour
  Qui participera ?
  Qui accompagnera ?
  Que découvrirez-vous ?
  Quelles activités ferez-vous ?
  Quel sera le programme de la journée ?
  (heure du lever, heure du coucher)
  Où logerez-vous / dormirez-vous ?
  Ferez-vous la connaissance des populations locales ?
  Quelle(s) langue(s) parlerez-vous ?
  Infos pratiques et formalités
  Devrez-vous faire quelque chose avant de partir ?
  Acheter un guide ?
  Devrez-vous emporter quelque chose ?
  Il faudra faire un visa ?
  Il faudra faire des vaccins ?

Leçon 3

- **Caractériser une ville, un lieu**

  Les couleurs
  rose • rouge • gris(e) • vert(e) • jaune •
  blanc (blanche) • bleu(e) • orange
  Les adjectifs qualificatifs
  magnifique • grand(e) • beau (belle) •
  exceptionnel(le) • petit(e) • délicieux (délicieuse) •
  vieux (vieille) • idéal(e) • ancien(ne)
  Les verbes
  découvrir • aimer • (y) aller • adorer • être • faire
  des randonnées • respirer • visiter • se balader •
  se promener
  Les lieux
  une ville • la place de la mairie • les stations de
  métro • le centre Pompidou • le Pont-Neuf •
  les marchés • la vieille ville • les plages

Du lexique pour décrire
l'architecture • le charme • les monuments •
l'histoire • la cuisine • les paysages

Leçon 5

- **Parler des saisons et du climat**

  Les saisons et les mois
  l'hiver (en décembre / en janvier / en février) •
  le printemps (en mars / en avril / en mai) • l'été
  (en juin / en juillet / en août) • l'automne
  (en septembre / en octobre / en novembre)
  Attention : ce sont les saisons en Europe. Sur d'autres continents, les saisons peuvent changer.
  Parler du climat
  Il y a une différence de température entre…

Il pleut.	Il y a du vent.	Il neige.
Il fait chaud.	Il fait doux.	Il fait froid.
Il fait sec.	Il fait humide.	Il fait … degrés.

  Faire des prévisions météo

Il pleuvra.	On pourra profiter du soleil.
Il fera chaud.	Les îles seront sous la pluie.

  Conseiller
  Cette période de l'année est idéale pour…
  Les mois à éviter sont…
  Ces saisons sont agréables…
  Visiter ce pays en…

Leçon 6

- **Exprimer des émotions, des sensations**

  Parler de ses sensations
  J'écoute de la musique.
  Il y a beaucoup de bruits / d'odeurs de nourriture.
  J'entends des langues étrangères.
  Je sens la bonne odeur du pain chaud.
  Je vois des gens sourire.
  Je vois de la lumière et des couleurs.
  Je sens des odeurs d'épices et de poisson.
  J'écoute le son des djembés / la musique
  traditionnelle / le bruit de la rue.
  J'entends le son des klaxons.
  Je touche les tissus colorés.
  Je goûte une cuisine pimentée.
  Parler de ses émotions
  ➕ Je suis content(e). • Je suis intéressé(e). •
  Je suis heureux (heureuse). • Je suis satisfait(e).
  ➖ Je suis triste. • Je suis malheureux (malheureuse). •
  Je suis indifférent(e). • Je suis déçu(e). • J'ai peur.
  ➕ ou ➖ Je suis curieux (curieuse). • Je suis
  surpris(e). • Je suis étonné(e).

S'EXERCER

DOSSIER **7**

Leçon 1

⟩**FOCUS LANGUE** ▸ p. 129

Les articles indéfinis et partitifs pour parler d'un menu – Le lexique de l'alimentation pour comprendre un menu

1. Complétez les noms des plats avec les ingrédients de la liste.

pommes • pommes de terre • bœuf • carottes • chocolat

une mousse au …   une salade de …

une tarte aux …   un gratin de …   un rôti de …

⟩**FOCUS LANGUE** ▸ p. 129

Les articles indéfinis et partitifs pour parler d'un menu

2. Transformez les phrases. Utilisez les articles indéfinis et partitifs.

Exemple : J'aime <u>les</u> tomates. → *Je mange <u>des</u> tomates.*
a. J'adore le poulet. → Je mange…
b. Nous aimons beaucoup la sangria. → Nous buvons…
c. Tu préfères les fruits. → Tu achètes…
d. Vous adorez le lait. → Vous buvez trop…
e. Ils aiment le fromage. → Ils ont toujours…
f. J'aime bien l'huile d'olive. → J'utilise…

Sons du français ▸ p. 128

Les sons [p] et [b]

3. 🎧171 Écoutez et répétez ces phrases de plus en plus vite. Notez le nombre de sons [p] et de sons [b] que vous entendez dans chaque phrase.

a. Le dimanche matin, j'adore manger du pain blanc et boire un jus de pomme.
b. Mes plats préférés sont le bœuf bourguignon et le poulet basquaise.
c. Cette poêlée de beaux légumes accompagnée d'une bolée de cidre de pomme est parfaite !

d. Tous les fruits sont excellents pour la santé : pommes, poires, bien sûr, mais aussi framboises, abricots et bananes.

Leçon 2

⟩**FOCUS LANGUE** ▸ p. 130

Exprimer des quantités précises pour faire des courses

4. Précisez les quantités à acheter. Utilisez : ~~deux morceaux~~, *un bocal, un pot, un paquet, une bouteille, 800 grammes, 1 litre.*

Exemple : fromage → *deux morceaux de fromage.*
jus de fruits • crème au citron • eau plate • pommes de terre • pâtes • foie gras

⟩**FOCUS LANGUE** ▸ p. 131

Faire des achats (1) – Le pronom *en* pour remplacer une quantité

5. Remplacez les quantités par le pronom *en* quand c'est nécessaire.
– Bonjour monsieur ! Je voudrais acheter des légumes, s'il vous plaît.
– Bonjour madame ! Mais bien sûr, avec plaisir ! Dites-moi tout !
– J'aimerais des pommes de terre, je voudrais un kilo de pommes de terre, des oignons…
– Vous voulez combien d'oignons ?
– Je vais prendre trois oignons. Vous avez des haricots verts ?
– Oui ! Je mets un kilo ou deux kilos de haricots verts ?
– Mettez deux kilos de haricots verts, s'il vous plaît.

6. Lisez le dialogue. Remettez-le dans l'ordre logique.
a. Oui, s'il vous plaît, mettez-en un kilo et je vais prendre cinq cents grammes de fraises.
b. Je voudrais un peu de haricots verts, s'il vous plaît.
c. Ah oui ! Rajoutez un kilo de cerises et ce sera tout !
d. Bonjour madame, vous désirez ?
e. Parfait ! Il vous faut des pommes de terre aussi ?
f. D'accord, vous voulez autre chose ?
g. Oui, bien sûr. Combien vous en voulez ?
h. Avec plaisir madame, cela fera 17 euros 85.
i. Bonjour monsieur !
j. Cinq cents grammes, je prépare un gigot d'agneau avec des pommes de terre pour accompagner les haricots.

Sons du français ► p. 131

Les sons [ɛ̃] et [ɑ̃]

7. 🎧▸172 Écoutez et répétez ces mots. Classez-les dans le tableau.

pamplemousse • quantité • magasin • institut • pain • client • boulanger • végétarien • camembert • vin

[ɛ̃]	[ɑ̃]
Exemple : *magasin*	Exemple : *pamplemousse*
…	…

Leçon 3

> **FOCUS LANGUE** ► **p. 132**

Faire des achats (2)

8. Complétez le dialogue.

Client : Bonjour madame.
Libraire : Bonjour monsieur. … ?
Client : Oui, … . … ?
Libraire : Il y a *Chanson douce* de Leïla Slimani. C'est le prix Goncourt 2016. C'est un très bon livre.
Client : … un livre plus drôle.
Libraire : Je peux …
Client : Oui, c'est plus humoristique. … ?
Libraire : Quinze euros.
Client : Je vais le prendre.

> **FOCUS LANGUE** ► **p. 133**

Les structures pour comparer

9. Dites le contraire.

Exemple : Les étrangers connaissent <u>plus</u> la littérature de Victor Hugo <u>que</u> la littérature de Marc Lévy.
→ *Les étrangers connaissent <u>moins</u> la littérature de Victor Hugo <u>que</u> la littérature de Marc Lévy.*

a. Il y a plus de suspens dans les romans policiers que dans les biographies.
b. Les adultes achètent moins de bandes dessinées que les adolescents.
c. Les gens lisent plus aujourd'hui qu'il y a quinze ans.
d. Les livres « papier » sont moins populaires que les livres numériques.
e. Les Français s'intéressent moins à la littérature étrangère qu'à la littérature française.
f. Frédéric Lenoir est un écrivain plus célèbre qu'avant.

10. Observez les éléments proposés. Faites une comparaison entre les éléments.

a. la télévision / la lecture
b. les romans policiers / les romans d'amour
c. la littérature classique / la littérature contemporaine
d. la lecture numérique / la lecture papier
e. la lecture quotidienne / la lecture des vacances

Leçon 4

> **FOCUS LANGUE** ► **p. 134**

L'imparfait pour décrire une situation passée

11. Observez les verbes conjugués à l'imparfait. Corrigez-les.

a. Avant de rentrer dans cette école, je ne <u>m'intéressaient</u> pas aux études.
b. Quand il <u>étions</u> petit, il <u>adorez</u> passer du temps dans la cuisine de sa grand-mère.
c. Il y a deux ans, quand tu <u>habitaient</u> à Nantes, tu <u>rêvait</u> de partir dans le Sud.
d. Avant, elles ne <u>proposait</u> pas de pain dans leur magasin d'alimentation.
e. Quand nous <u>étais</u> étudiants, nous <u>aviez</u> peur de parler aux professeurs.
f. Jeune, je <u>dansaient</u> pour m'amuser, je me <u>sentions</u> libre !

12. Imaginez une situation passée. Utilisez l'imparfait.

a. Avant… Aujourd'hui, elle est très heureuse !
b. Avant… Aujourd'hui, tu habites et travailles à Paris.
c. Avant… Aujourd'hui, nous avons beaucoup d'amis !
d. Avant… Aujourd'hui, je me concentre sur ma carrière professionnelle.
e. Avant… Aujourd'hui, ils sont âgés.

> **FOCUS LANGUE** ► **p. 135**

Quelques marqueurs temporels du passé (2)

13. Complétez l'histoire de Xavier avec les marqueurs temporels proposés.

il y a • depuis (x2) • avant • quand (x2) • pendant (x2)

L'émission de téléréalité MasterChef a changé la vie de Xavier. … 2011, année de sa participation à MasterChef, Xavier cuisine. Il vit de sa passion. … il était jeune garçon, les repas de famille étaient une tradition : il aidait sa mère et partageait avec elle des moments culinaires exceptionnels. Sa passion est en lui … longtemps ! Il a pratiqué le métier de coiffeur … vingt-cinq ans. … cinq ans, il s'est inscrit à MasterChef pour tenter sa chance. Il est resté dans la compétition … douze semaines. Bingo ! Il a été la grande révélation de l'émission. … il est arrivé en finale, il a surpris tout le monde ! …, Xavier coupait des cheveux. Aujourd'hui, il coupe des oignons et d'autres ingrédients !

Leçon 5

FOCUS LANGUE ▸ p. 137

Faire des achats (3)

14. Complétez les dialogues.

a. Vendeur : …
Client : Bonjour, oui, s'il vous plaît, je cherche
le département femme.
Vendeur : …
Client : Merci. Et pour les accessoires, ça se trouve où ?
Vendeur : …
Client : C'est parfait, je vous remercie. Bonne journée !
b. Client : Excusez-moi, j'aimerais payer ces articles. … ?
Vendeur : La caisse se trouve au rez-de-chaussée.
Client : … ?
Vendeur : Vous pouvez payer en carte ou en espèces.
Client : … ?
Vendeur : Le rayon accessoires est au premier étage.
Client : Super, j'y vais tout de suite, avant de payer !

FOCUS LANGUE ▸ p. 136

Les vêtements et les accessoires

15. Associez chaque photo à une publicité.

a   b   c

1. Le soleil, la plage, un short et des lunettes de soleil !
Messieurs, profitez de l'été et habillez-vous de saison !

2. Cette tenue chic et élégante est parfaite pour aller
travailler. Les couleurs sont très discrètes : le noir apporte
une touche classique et le vert est plus féminin !

3. Pour se promener en ville, faire du shopping, déjeuner
avec ses amies, ce pantalon classique et ce pull bleu
sont une jolie tenue pour une jeune femme citadine. Le
sac et l'écharpe sont les accessoires indispensables !

Sons du français ▸ p. 137

Les sons [ʒ] et [ʃ]

16. a. 🎧 173 **Écoutez et répétez ces deux phrases.**
J'ai acheté un chemisier beige pour Julie, mon amie.
J'ai acheté deux jupes blanches pour Jacqueline,
ma sœur.

b. Complétez librement ces phrases avec des éléments du tableau.

1. J'ai acheté trois … … pour …, ma voisine âgée.
2. J'ai acheté quatre … … pour …, ma cousine.
3. J'ai acheté cinq jolis … … pour …, mon frère.
4. J'ai acheté six … … pour …, mon mari.

Vêtements et accessoires	Couleurs	Prénoms
un chemisier	jaune	Germaine
une chemise	orange	Juliette
une jupe	rouge	Justine
une paire de chaussures	blanche	Julien
un chapeau		Jean
un gilet		Jérémy

Leçon 6

FOCUS LANGUE ▸ p. 139

Les verbes pronominaux réciproques (2)

17. Complétez ces phrases avec le verbe pronominal conjugué à la bonne personne.

Exemple : À Noël, nous *nous donnons* (se donner)
des cadeaux, nous passons ce moment en famille.
a. Pour le 14 juillet, on … (s'inviter) pour faire un bon
barbecue.
b. La fête des voisins ? C'est une fête où vous …
(se rencontrer) entre voisins pour faire connaissance.
c. Pâques : les Français adorent cette fête pour
le chocolat et le bon repas ! Ils … (se retrouver)
pour le déjeuner du dimanche.
d. La Saint-Sylvestre : nous … (s'embrasser)
pour nous souhaiter une bonne année et nous …
(se téléphoner) à minuit.

FOCUS LANGUE ▸ p. 139

Les structures pour faire une appréciation positive ou négative

**18. Lisez les témoignages. Dites s'ils sont positifs
ou négatifs.**
a. Nous sommes allés au magasin d'Isetan Shinjuku
pour voir l'exposition sur deux magnifiques régions
françaises : la Normandie et l'Occitanie. C'est
absolument exceptionnel ! Nous avons découvert
des produits incroyables !
b. L'Institut français du Japon a organisé une fête
conviviale mais simple. Pour moi, la cuisine française
est plus sophistiquée ! Je suis un peu déçu.
c. On a fait la dégustation des vins du Sud de la France.
On a vraiment apprécié !

d. Cette exposition sur l'art franco-japonais est géniale ! L'association des deux cultures est unique, on la trouve intéressante !

e. Pour moi, cet événement n'est pas assez authentique. Je trouve ça dommage ! Peut-être que l'année prochaine, le thème sera plus intéressant.

Sons du français ▸ p. 139

L'intonation expressive

19. 🎧►174 **Écoutez et répétez ces phrases. Dites si la personne est contente ou si elle n'est pas contente.**

Exemple : Quelle chance de vous rencontrer !

→ *La personne est contente.*

a. Je trouve la fête très réussie !
b. Quel dommage, c'est déjà fini !
c. Cette chemise est vraiment magnifique !
d. Franchement, je trouve cette idée ridicule !
e. Ce n'est vraiment pas original !
f. On trouve ce nouveau restaurant génial !

EXPRESSIONS UTILES

Leçon 1

● **Composer un menu**

La composition du menu
Les entrées : en entrée…
Les plats : comme plat, de la viande, du poisson…
L'accompagnement de légumes : comme légumes, de la purée de pommes de terre, des légumes…
Le fromage : comme fromage, du…
Les desserts : de la mousse au…, des fruits, une salade de fruits…
Les boissons : un jus de fruits…

Quelques noms de plats
En entrée : des rillettes de canard, une soupe à l'oignon.
Comme plat : du gigot d'agneau aux pommes, du poulet rôti au citron, un filet de colin au miel, un pavé de saumon au vinaigre balsamique.
Comme accompagnement : de la purée de pommes de terre, une poêlée de légumes.
Du fromage avec du pain.
Comme dessert : de la mousse au chocolat, une salade de fruits rouges.

Expliquer pourquoi on a choisi un plat
On adore… | C'est très français…
On aime beaucoup… | C'est délicieux…

Leçon 3

● **Comparer des pratiques**
Les [*nationalité*] lisent moins.
Les [*sexe*] lisent plus que les [*sexe*].
Plus féminin / masculin que masculin / féminin.
Moins jeune / vieux qu'avant.
Moins … que le lecteur de…
Les [*nationalité*] achètent plus de livres dans les magasins que sur Internet.
Les … lisent beaucoup plus de choses différentes.
Les … lisent moins de romans.

Leçon 5

● **Acheter des vêtements**
Faire des achats
Combien ça coûte ? Il/Elle coûte combien ?
Où se trouve la caisse ?
Je peux payer comment ?
Qu'est-ce que vous me conseillez ?
Bon, je vais le prendre.

Leçon 6

● **Faire une appréciation positive ou négative**
Exprimer la surprise
C'est incroyable!
[*Une ou des choses*] est / sont incroyable(s).
C'est très inattendu.
[*Une ou des choses*] est / sont inattendue(s).
C'est un peu surprenant.
[*Une ou des choses*] est / sont surprenante(s).
C'est vraiment étonnant.
[*Une ou des choses*] est / sont étonnante(s).
C'est assez inhabituel.
[*Une ou des choses*] est / sont inhabituelle(s).

Faire une appréciation positive
C'est vraiment réussi.
On apprécie.
Ils/Elles ont l'air de … [*appréciation positive*].
On trouve … génial(e) !

Faire une appréciation négative
… trouve(nt) ça ridicule.
Ce n'est pas très original.

Pour expliquer pourquoi on apprécie
On trouve … franchement original(e).
… est franchement incroyable.

S'EXERCER

DOSSIER **8**

Leçon 1

FOCUS LANGUE ▸ p. 147

L'imparfait, le passé composé et le présent pour évoquer des changements

1. Dans chaque témoignage, relevez : la situation initiale, l'événement qui a changé la situation initiale, la situation actuelle.

a. Avant, je parlais seulement l'allemand. Il y a deux ans, j'ai commencé à voyager et je suis tombé amoureux de la France. J'ai décidé d'apprendre le français. Aujourd'hui, je parle bien le français et je découvre les pays francophones.

b. J'adore mon professeur de français. Avec lui, j'ai fait beaucoup de progrès. Au début, je trouvais ça très difficile. Aujourd'hui, je n'ai plus peur de parler !

c. J'ai fait le choix de partir en France, à Nantes. Je voulais connaître une autre culture et découvrir un nouveau pays. J'étais curieuse ! Pour mieux m'intégrer, j'ai décidé d'apprendre la langue. Je suis toujours à l'école.

2. Complétez les portraits avec (1) une situation initiale, (2) une situation actuelle, (3) un événement qui a changé la situation initiale.

a. Enrique … (1). En 2012, il est parti vivre à Paris. Il a changé de vie. Aujourd'hui, il parle français et il dirige une grande entreprise.

b. Avant, nous n'aimions pas les langues étrangères. L'année dernière, nous avons fait un grand voyage. Nous avons rencontré beaucoup de personnes de différentes nationalités. Aujourd'hui, … (2).

c. Le français était une langue difficile pour Edna. Elle ne pouvait pas bien communiquer. Il y a six mois, … (3). Elle vient d'avoir le DELF B1.

d. J'ai rencontré Mélissa dans un speed dating franglais. À ce moment-là … (1). Aujourd'hui, c'est ma meilleure amie et grâce à elle, je suis totalement intégrée.

e. À mon inscription à l'école, j'avais peur, j'étais impressionné. Je ne savais pas parler français. Puis, … (3). Actuellement, tous mes amis sont français, je n'ai plus aucun problème.

Leçon 2

FOCUS LANGUE ▸ p. 148

Les adjectifs et les expressions pour caractériser un restaurant (positivement et négativement)

3. Complétez les témoignages des clients sur le restaurant Izumi, à Genève, avec les mots proposés. Précisez si les critiques sont positives ou négatives.

> *« Une visite, et même plus d'une ! »*
> ⊙⊙⊙⊙⊙ **Avis publié : le 07 août 2016 par Tatiana E.**
> C'est notre deuxième visite dans ce resto. La cuisine est vraiment … et le personnel super …! Les plats sont un plaisir pour la bouche, le nez et les yeux. Le service est …. Il est difficile de se parler car la salle est …. Mais c'est une super expérience ! À faire et refaire !

→ délicieuse • rapide • bruyante • chaleureux

> *« Une déception, trop cher ! »*
> ⊙○○○○ **Avis publié : le 12 mai 2016 par François D187.**
> La nourriture est correcte mais les portions sont …. Nous étions là pour un déjeuner d'affaires et nous avons eu une … expérience. Le service est trop rapide, les serveurs sont …, pas un sourire, pas un mot gentil ! Ne parlons pas du prix ! À déconseiller absolument !

→ petites • mauvaise • froids

FOCUS LANGUE ▸ p. 149

Passer commande au restaurant

4. Remettez le dialogue dans l'ordre.

a. Bien ! Et comme boisson pour accompagner votre déjeuner ?

b. Nous non, mais nos amis vont commander une tarte aux pommes.

c. Parfait ! Vous désirez prendre un dessert ?

d. À point, mais pas trop cuit.

e. Oui, mon mari et moi, nous allons prendre une entrée de foie gras et nos amis ont choisi le gaspacho.

f. Je suis ravi. Voulez-vous un café ?

g. De l'eau plate, merci.

h. Très bien, et comme plat ?

i. Tout s'est bien passé ?

j. Oui, merci, c'était délicieux. Nous avons adoré le filet de boeuf, il était exceptionnel.

k. Messieurs dames bonjour ! Vous avez choisi ?

l. Comme plat, nous allons tous prendre un filet de boeuf et ses petits légumes.

m. Non, merci. L'addition, s'il vous plaît !

n. La cuisson ?

5. Choisissez la question ou la réponse qui convient.

a. Bonjour, vous avez réservé ?
→ 1. Merci, au revoir. / 2. Oui, au nom de Martin. / 3. Un jus de fruits, s'il vous plaît.

b. 1. De l'eau plate ou gazeuse ? / 2. Vous désirez ? / 3. Bonjour ! Bienvenue !
→ Plate, merci.

c. Quelle cuisson pour votre viande ?
→ 1. Une salade d'épinards. / 2. À point. / 3. Très bien.

d. 1. Vous désirez un dessert ? / 2. Et comme plat ? / 3. Tout s'est bien passé ?
→ Très bien, c'était excellent !

e. L'addition s'il vous plaît !
→ 1. Deux mousses au chocolat, c'est noté. / 2. Oui, tout de suite. / 3. Le saumon, c'est notre plat du jour.

f. Vous avez choisi ?
→ 1. Tout s'est bien passé. / 2. Oui, avec un peu d'eau plate. / 3. Oui, je vais prendre une salade César.

g. Et comme plat ?
→ 1. Une bouteille d'eau gazeuse. / 2. Un filet de bœuf. / 3. Non, merci.

Leçon 3

> **FOCUS LANGUE** ► p. 151

Les pronoms personnels COD (*le, la, les*) pour ne pas répéter un mot

6. Remplacez le COD par le pronom correct : *le, la, les, l'*.

a. J'ai un costume de super-héros mais je ne sais pas où j'ai rangé <u>ce costume</u>.

b. Léa m'a donné une veste : je trouve <u>cette veste</u> très jolie et assez élégante.

c. Bien sûr, tu connais le frère de Paolo, tu as rencontré <u>son frère</u> à son anniversaire !

d. Nous allons acheter des décorations pour notre soirée ; nous allons chercher <u>ces décorations</u> à côté de chez nous.

e. Si tu aimes cette robe, prends <u>cette robe</u> !

f. Il va y avoir tous les amis de Martina ce soir, tu vas adorer <u>ses amis</u> !

7. Lisez les publicités. Identifiez les répétitions et remplacez les mots répétés (objets ou personnes) par un pronom personnel COD (*le, la, les, l'*).

Le costume de Superman est très populaire !
Pour une soirée super-héros, vous rêverez de porter ce costume. Vous admiriez Superman quand vous étiez enfant ? Vous pouvez devenir ce héros pour quelques heures ! Notre équipe est disponible, venez consulter notre équipe !

Quelle magnifique robe de princesse !
Vous désirez acheter cette robe pour jouer à Cendrillon ? Nous avons cette robe. Nos vendeuses vous aident à choisir des accessoires : elles apportent les accessoires avec la robe pour essayer les accessoires !

Sons du français ► p. 151

Le son [ɔ]

8. 🎧▸175 Écoutez et répétez ce dialogue. Soulignez les mots qui se prononcent avec les voyelles [ɔ] ou [o].

– Alors, tu sors ce soir ? Tu vas à ton cours de volley ? Tu fais du sport comme tous les jeudis ?

– Oh là là, tu poses trop de questions ! Non, je ne sors pas ce soir. J'ai un dossier à terminer. Et toi ?

– Moi, je mets ma plus belle robe et je sors avec Paul ! On va au restaurant, puis à l'opéra !

– Non, c'est vrai ? Toi, à l'opéra, c'est drôle ! Tu détestes ça !

– Oui, mais c'est avec Paul, alors, j'adooore !!!

Leçon 4

> **FOCUS LANGUE** ► p. 152

Les pronoms relatifs *qui* et *que* pour caractériser une chose ou une personne

9. Complétez les phrases avec le pronom relatif correct : *qui* ou *que (qu')*.

a. Je suis allé sur un site Internet … j'ai trouvé très sympa. Il propose des dîners … sont organisés par les locaux. Ce site s'appelle VizEat.

b. Nous avons découvert un restaurant … se trouve près du centre commercial Nice Étoile et … fait

des spécialités bretonnes. C'est un restaurant …
tu vas aimer !

c. Il a rencontré des étudiants … participent à des cours de cuisine. Il va suivre le cours … ils font le mercredi.

d. Un hôte VizEat est une personne … accueille des étrangers et … permet aux voyageurs de déguster des spécialités.

e. C'est un plat … je ne connaissais pas avant. Pour moi, c'est un plat … est très original et … je souhaite faire chez moi dans ma cuisine.

> FOCUS LANGUE ► p. 153

Chez / Avec / Pour + pronoms toniques

10. Complétez le témoignage de cet invité VizEat avec la préposition et le pronom tonique corrects.

chez (x2) • pour eux • avec elle • pour moi • pour elle

Il y a trois ans, je suis parti en vacances à La Havane. J'ai voulu découvrir la culture authentique de l'endroit. Je suis allé sur le site VizEat et je me suis inscrit pour un dîner végétarien … Irène. …, l'aventure était complète ! J'ai goûté des saveurs incroyables. …, cette cuisine est quotidienne mais …, c'est très différent des plats que je mange ou que je prépare. Il y a … les gens de La Havane une très grande chaleur humaine. …, il est normal de danser et chanter pendant le repas. C'est une expérience que je recommande à tous les voyageurs !

Leçon 5

> FOCUS LANGUE ► p. 154

Des structures pour préciser une opinion

11. Donnez votre opinion. Utilisez des structures variées : *ne … plus / ne … que / ne … non plus / assez / pas assez / trop (de)*

Exemple : *J'ai vu le dernier film policier de Guillaume Canet,* Blood Ties. *Je ne l'ai pas beaucoup aimé. Ce film n'est pas assez réaliste.*

a. Le dernier livre.
b. Le dernier film.
c. La dernière exposition.
d. La dernière série.
e. La dernière bande dessinée.

> FOCUS LANGUE ► p. 155

Les structures pour donner des conseils (synthèse)

12. Identifiez les structures pour donner des conseils. Transformez les phrases en utilisant une structure différente.

Exemple : <u>Si tu as envie de sortir</u> demain soir, <u>va</u> voir le dernier film de François Ozon.

→ Si + *présent* + *impératif présent*.
→ *Tu <u>peux aller</u> voir le dernier film de François Ozon.*

> **Structures pour donner des conseils :**
> – impératif présent
> – *si* + présent + impératif présent
> – *il faut* + infinitif
> – *conseiller de* + infinitif
> – *pouvoir* + infinitif

a. Si tu aimes le théâtre, lis *L'Avare* de Molière !

b. Quand je recommande des chanteurs francophones à un ami, je lui conseille d'écouter Bénabar et Vincent Delerm.

c. Si vous aimez la francophonie et que vous êtes cinéphile, il faut absolument voir les films *Intouchables* et *Bienvenue chez les Ch'tis* : ils sont exceptionnels mais différents !

d. S'il n'y a plus de place pour *Antigone*, réserve pour *Le Mariage de Figaro*, tu ne le regretteras pas !

e. Tu peux acheter des billets pour l'exposition de Cézanne, on a visité le musée Matisse il y a trois mois et c'était super !

Leçon 6

> FOCUS LANGUE ► p. 157

Les pronoms personnels COI (*lui, leur*) pour remplacer une ou des personnes

13. Repérez si le pronom personnel COI est placé avant ou après le verbe. Puis identifiez la ou les personnes remplacées par le pronom.

a. Je dois confirmer ma présence ce soir à Cristo, je lui téléphone tout de suite.

b. Nos amis arrivent cet après-midi, préparons-leur une belle surprise !

c. Il a appelé tous ses invités, il leur a expliqué le chemin pour venir chez lui.

d. Eva vient m'aider à décorer la salle pour la fête, je lui ai donné des ballons.

e. Quand vous êtes invité, apportez une bouteille ou des fleurs à vos hôtes ou bien offrez-leur des chocolats.

14. Identifiez les répétitions. Remplacez les personnes répétées par un pronom personnel COI (*lui, leur*).

a. J'ai dit à Elena de venir vers vingt heures. J'ai rappelé à Elena de ne pas sonner à l'interphone pour l'effet de surprise. J'ai aussi dit à Elena d'apporter une boisson.

b. Le DJ qui va animer la soirée est vraiment génial. J'ai donné au DJ toutes les musiques que nous aimons. J'ai aussi dit au DJ le nombre de personnes et leur âge.

c. Si des enfants viennent à votre fête, offrez des bonbons aux enfants et proposez des activités aux enfants.

d. En général, il faut préparer à vos invités un buffet varié, cela permet à vos invités de choisir. Vous pouvez aussi offrir à vos invités un petit souvenir de la soirée, ils aimeront !

Sons du français ▶ p. 157

Les sons [w] et [ɥ]

15. a. 🎧▶176 Écoutez et répétez les mots.

1. moi – oui
   Oui se prononce [wi] et *oi* se prononce [wa].
2. lui – juin
   Ui se prononce [ɥi] et *uin* se prononce [ɥɛ̃].

b. 🎧▶177 Écoutez et répétez.

1. L'anniversaire de Louise, c'est bien au mois de juin ?
2. Oui, le dix-huit juin. On lui prépare une surprise !
3. Alors, c'est sûr, je viens à la soirée !
4. On va faire la fête jusqu'au bout de la nuit.
5. Est-ce que son voisin Antoine est aussi invité ?
6. Oui, bien sûr ! Il faut juste choisir qui va faire la cuisine !
7. Moi, je suis prêt à faire une grande salade de fruits.
8. D'accord, et on commandera des pizzas au coin de la rue.

EXPRESSIONS UTILES

Leçon 1

● **Parler de son apprentissage du français**
Nous avons décidé d'apprendre le français.
Nous ne parlions pas du tout français.
C'était facile / difficile.
Les professeurs expliquaient bien.
Les cours étaient très dynamiques.
Nous avons travaillé en groupes.
On s'aidait quand on avait des difficultés.
Nous avons beaucoup appris.

Nous avons fait beaucoup de progrès.
Nous prenons des cours particuliers.
Il y a beaucoup d'excellents professeurs.
Aujourd'hui, grâce à mon niveau de français…

Leçon 2

● **Caractériser un restaurant et passer commande**
Caractériser la cuisine, les plats, les portions
exceptionnel(le)(s) • varié(e)(s) • pas très original(e) (originaux, originales) • petit(e)(s)
Caractériser le personnel, les serveurs
accueillant(s) • froid(s) • pas très disponible(s)
Caractériser la salle, le lieu
chaleureux (chaleureuse) • agréable • bruyant(e)
Caractériser l'ambiance, l'atmosphère
sympa • bruyant(e)
Caractériser le prix
cher • bon rapport qualité-prix
Caractériser le service
Il faut attendre longtemps entre les plats.
Passer commande
Commander les plats : nous allons prendre…
Préciser le type de cuisson : pour moi, à point.
Et pour moi, saignant s'il vous plaît.
Commander les boissons : de l'eau minérale, de l'eau gazeuse s'il vous plaît.
Exprimer sa satisfaction : oui, ça nous a beaucoup plu. Tout était délicieux !
Demander l'addition : l'addition s'il vous plaît.

Leçon 5

● **Conseiller un film ou un spectacle**
Pour donner un conseil
Évite de réserver sur le site de…
N'hésite pas à réserver à…
Si tu ne peux pas, alors choisis…
Tu peux réserver…
Je te conseille de…
Il faut réserver…
Pour préciser une opinion
Je n'ai pas aimé non plus.
Ce/Cette … n'est pas assez…
Ce/Cette … est assez …, j'ai bien aimé.
Les jeunes n'écoutent plus…
On ne voit / On n'entend que…
Ce/Cette … est trop…
Il y a trop de…

Compréhension de l'oral   **25 points**

Pour répondre aux questions, choisissez la bonne réponse ou donnez l'information demandée.

Exercice 1   4 points

🎧▶178 **Vous allez entendre deux fois un document. Il y a trente secondes de pause entre les deux écoutes, puis vous avez trente secondes pour vérifier vos réponses. Lisez les questions.**

Vous écoutez votre messagerie téléphonique.

1. Loïs vous propose d'aller où ?   1 point

a

b

c

2. Vous avez rendez-vous avec Loïs quel jour ?   1 point
3. À quelle heure est votre rendez-vous ?   1 point
     a. 12 h.
     b. 14 h.
     c. 16 h.
4. Qu'est-ce que Loïs vous demande de faire ?   1 point

Exercice 2   5 points

🎧▶179 **Vous allez entendre deux fois un document. Il y a trente secondes de pause entre les deux écoutes, puis vous avez trente secondes pour vérifier vos réponses. Lisez les questions.**

Vous entendez cette annonce dans un magasin en France.

1. Aujourd'hui, quel rayon est à moins 50 % ?   2 points
2. Le rayon hommes se trouve…   1 point
     a. à l'entrée du magasin.
     b. au deuxième étage.
     c. au troisième étage.
3. Quels vêtements pour hommes ont un prix intéressant ?   1 point
     a. Les chemises.
     b. Les costumes.
     c. Les manteaux.
4. Vous pouvez bénéficier des offres du magasin jusqu'à quelle heure aujourd'hui ?   1 point
     …

Exercice 3   6 points

🎧▸180 **Vous allez entendre deux fois un document. Il y a trente secondes de pause entre les deux écoutes, puis vous avez trente secondes pour vérifier vos réponses. Lisez les questions.**

Vous écoutez votre messagerie téléphonique.

1. Vous devez aller sur le site Internet du traiteur Carme pour…   1 point
   a. payer des produits.
   b. laisser vos coordonnées.
   c. compléter votre commande.

2. Vous devez aller sur le site Internet du traiteur Carme avant quelle date ?   1 point
   a. Le 6 décembre.
   b. Le 10 décembre.
   c. Le 16 décembre.

3. Quelle est la référence de votre commande ?   2 points
4. D'après le traiteur Carme, vous pouvez commander quel produit ?   2 points

Exercice 4   10 points / 2 points par réponse correcte

🎧▸181 **Vous allez entendre cinq petits dialogues correspondant à cinq situations différentes. Il y a quinze secondes de pause après chaque dialogue. Notez, sous chaque dessin, le numéro du dialogue qui correspond. Puis, vous allez entendre à nouveau les dialogues. Vous pourrez compléter vos réponses. Regardez les dessins. Attention, il y a six dessins (a, b, c, d, e et f) mais seulement cinq dialogues.**

a Dialogue n° …

b Dialogue n° …

c Dialogue n° …

d Dialogue n° …

e Dialogue n° …

f Dialogue n° …

Compréhension des écrits   **25 points**

Pour répondre aux questions, choisissez la bonne réponse ou donnez l'information demandée.

Exercice 1   6 points

Lisez ce mél de votre nouvel ami Saïdou.

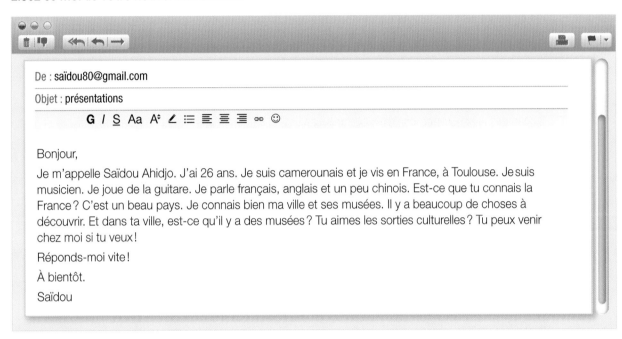

De : saïdou80@gmail.com

Objet : présentations

Bonjour,

Je m'appelle Saïdou Ahidjo. J'ai 26 ans. Je suis camerounais et je vis en France, à Toulouse. Je suis musicien. Je joue de la guitare. Je parle français, anglais et un peu chinois. Est-ce que tu connais la France ? C'est un beau pays. Je connais bien ma ville et ses musées. Il y a beaucoup de choses à découvrir. Et dans ta ville, est-ce qu'il y a des musées ? Tu aimes les sorties culturelles ? Tu peux venir chez moi si tu veux !

Réponds-moi vite !

À bientôt.

Saïdou

1. Saïdou a quel âge ?   1 point
2. Quelle est la nationalité de Saïdou ?   2 points
3. Saïdou vit…   1 point
   a. en Chine.
   b. en France.
   c. au Cameroun.
4. Saïdou est…   1 point

a   b   c

5. Saïdou…   1 point
   a. vous invite chez lui.
   b. va visiter un musée.
   c. veut vous rendre visite.

Exercice 2   6 points

Vous êtes à Québec, au Canada. Vous recevez ce message d'une amie.

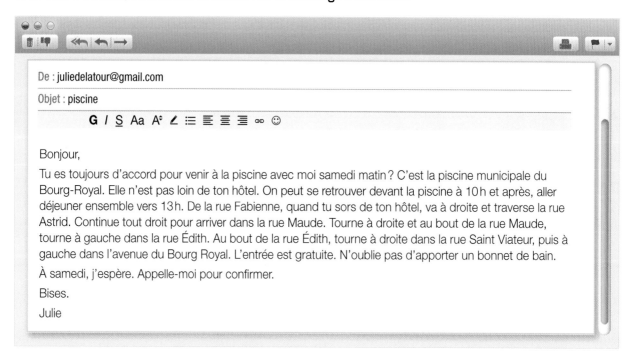

De : juliedelatour@gmail.com

Objet : piscine

Bonjour,

Tu es toujours d'accord pour venir à la piscine avec moi samedi matin ? C'est la piscine municipale du Bourg-Royal. Elle n'est pas loin de ton hôtel. On peut se retrouver devant la piscine à 10 h et après, aller déjeuner ensemble vers 13 h. De la rue Fabienne, quand tu sors de ton hôtel, va à droite et traverse la rue Astrid. Continue tout droit pour arriver dans la rue Maude. Tourne à droite et au bout de la rue Maude, tourne à gauche dans la rue Édith. Au bout de la rue Édith, tourne à droite dans la rue Saint Viateur, puis à gauche dans l'avenue du Bourg Royal. L'entrée est gratuite. N'oublie pas d'apporter un bonnet de bain.

À samedi, j'espère. Appelle-moi pour confirmer.

Bises.

Julie

1. Julie vous propose d'aller à la piscine quel jour ?   1 point

2. Vous avez rendez-vous à quelle heure avec Julie ?   1 point

    a. 10 h.

    b. 12 h.

    c. 13 h.

3. Vous devez retrouver Julie…   1 point

    a. chez elle.

    b. à votre hôtel.

    c. devant la piscine.

4. Tracez sur le plan le chemin pour aller de votre hôtel à la piscine.   2 points

5. Qu'est-ce que vous devez apporter ?   1 point

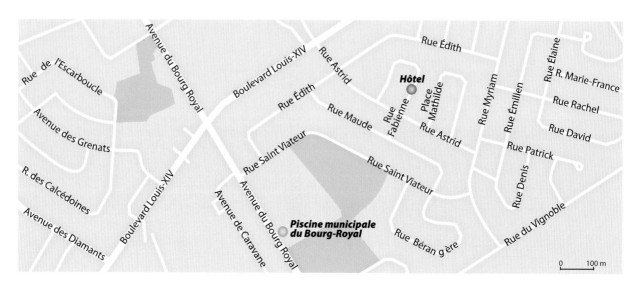

Exercice 3   6 points

Vous êtes dans une école de langue française qui propose des activités culturelles et sportives.
Lisez le programme.

Visite de musées

Les visites se font avec un professeur spécialisé en histoire de l'art. Pour connaître la liste des musées, renseignez-vous à l'accueil.

Peinture

Apprenez quelques techniques de peinture avec cet atelier de 1 h 30, chaque vendredi à 15 h.

Danse

Danse classique ou moderne, venez danser tous les mardis de 20 h à 21 h.
Salle n° 45 (près de la cafétéria).

Cinéma

Séances tous les mercredis à 18 h 30 dans la salle vidéo au 2ᵉ étage.

Course à pied

Vous avez besoin de courir pour être en forme ?
Retrouvons-nous devant l'école le lundi à 12 h.

1. Vous aimez beaucoup l'art : quelle activité allez-vous choisir ?   1 point
2. À quelle heure pouvez-vous regarder un film ?   1 point
3. Combien de temps dure le cours de peinture ?   1 point
4. À quel moment de la journée est-il possible de faire un cours de danse ?   2 points
    a. Le matin.
    b. L'après-midi.
    c. Le soir.
5. Avec le cours de danse, quelle autre activité vous permet de faire du sport ?   1 point

LE FIGARO·fr   Le journal

En 2015-2016, environ 37 000 jeunes Français sont partis avec le programme *Erasmus+* pour étudier ou pour faire un stage à l'étranger. Les étudiants qui veulent partir avec le programme *Erasmus+* reçoivent une bourse de maximum 400 euros par mois selon le pays d'accueil et peuvent compléter avec d'autres aides. Par exemple, Paul est parti au Danemark. Il a cours de 8 h 20 à 14 h 20. Après, il est serveur dans un restaurant. L'État offre environ 800 euros aux étudiants étrangers qui travaillent 12 heures par semaine. Paul vient d'envoyer une carte postale à ses parents : il est très content d'être au Danemark.

Exercice 4   7 points

Vous lisez cet article sur le site Internet d'un journal français.

1. Le programme *Erasmus+* est pour…   2 points
    a. les familles.
    b. les étudiants.
    c. les enseignants.

2. Au Danemark, Paul commence ses cours à quelle heure ?   1 point

3. Que fait Paul après 14 h 20 ?   2 points
    a. Il travaille.
    b. Il va en cours.
    c. Il étudie chez lui.

4. Pour obtenir 800 euros de l'État danois, il faut travailler combien d'heures ?   1 point

5. Qu'est-ce que Paul vient d'envoyer à ses parents ?   1 point

a

b

c

Production écrite   25 points

Exercice 1   10 points / 1 point par item

Vous êtes en France. Vous voulez vous inscrire à un cours de littérature francophone.
Vous complétez cette fiche d'inscription.

FICHE D'INSCRIPTION

Nom : _____   Nationalité : _____

Prénom : _____   Votre langue maternelle : _____

Vous avez commencé à étudier le français à quel âge ? _____

Pour quelles raisons avez-vous choisi d'apprendre le français ? *(2 raisons.)*

1. _____

2. _____

Que pensez-vous de la langue française ? *(Donnez 2 adjectifs.)*

_____ et _____

Pour quelle raison souhaitez-vous vous inscrire à ce cours de littérature francophone ?

_____

Exercice 2   15 points

Vous avez reçu ce mél de votre amie Paula.

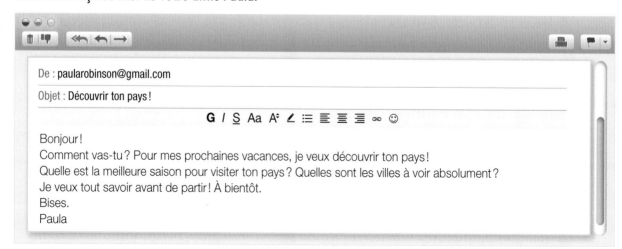

De : paularobinson@gmail.com

Objet : Découvrir ton pays !

G *I* S Aa A⁺ ∠ ≔ ≡ ≡ ≡ ⚯ ☺

Bonjour !
Comment vas-tu ? Pour mes prochaines vacances, je veux découvrir ton pays !
Quelle est la meilleure saison pour visiter ton pays ? Quelles sont les villes à voir absolument ?
Je veux tout savoir avant de partir ! À bientôt.
Bises.
Paula

Vous répondez à Paula. Vous demandez à quelle période elle veut venir dans votre pays. Vous répondez à ses questions. Vous faites une description des particularités de votre pays. (40 mots minimum)

Exercice 1 Entretien dirigé (1 à 2 minutes)

Vous répondez aux questions de l'examinateur sur vous, votre famille, vos goûts ou vos activités.

Exemples : *Comment est-ce que vous vous appelez ? Quelle est votre nationalité ?*

Exercice 2 Échange d'informations (2 minutes environ)

Vous voulez connaître l'examinateur. Vous lui posez des questions à l'aide des mots écrits sur les cartes. Vous ne devez pas obligatoirement utiliser le mot, vous devez poser une question sur le thème.

Exemple : Date de naissance → *Vous avez quel âge ?*

Prénom ? Âge ? Nationalité ? Pays ? Numéro de téléphone ? Français(e) ?

Exercice 3 Dialogue simulé (ou jeu de rôle) (2 minutes environ)

Vous jouez la situation proposée. N'oubliez pas de saluer et d'utiliser des formules de politesse.

Vous êtes à l'office du tourisme de la ville de Pointe-à-Pitre. Vous vous renseignez sur les visites culturelles avec guide (jour, durée, tarifs…). Vous achetez le nombre de billets souhaités.

Document pour l'examinateur

Toute l'année, visites guidées avec un guide-conférencier agréé par le ministère de la Culture et de la Communication.

- **Jours des visites :** mercredi, vendredi et samedi après-midi.
- **Durée :** 1 h 30.
- **Inscription obligatoire.**
- **Plein tarif :** 6 €.
- **Tarif réduit :** 2,50 € (demandeurs d'emploi, étudiants et jeunes de moins de 18 ans).
- **Gratuit** pour les moins de 9 ans.

PRÉCIS

de phonétique – phonie-graphie

(Tableau sur *les voyelles du français*, *les principales consonnes du français* et *les semi-consonnes du français* dans le guide pédagogique)

DOSSIER 1

Le son [y]

Réalisez la fiche d'identité du son [y]. Répondez et complétez.

[y] **Mon mot-repère pour le son [y] :** ...	– J'écoute le son [y], je pense à : ... – J'entends le son [y] : ☺ ☹ ☹ – Le son [y] me fait penser à un son de ma langue : oui / non. Quel son ? ... – Le son [y] dans le dossier : ... – Je connais des mots avec le son [y] : ...

→ Le son [y] s'écrit souvent : *u*.
→ Le son [u] s'écrit souvent : *ou*.

🎧▸182 **Écoutez ce dialogue. Complétez avec la lettre *u* pour le son [y] ou les lettres *ou* pour le son [u]. Répétez le dialogue.**

– Sal…t ! Bienven… e à T…rs !
– Merci. T… es ét…diant ici ?
– Oui, et toi, t… ét…dies à l'…niversité ?
– Oui, je prends des c…rs de littérat…re r…sse.
– S…per ! J'aime beauc…p la c…lt…re r…sse.

L'accentuation de la dernière syllabe

1. 🎧▸183 **Écoutez et répétez ces noms de pays. Prononcez plus fort la dernière syllabe.**
France • Chine • Suisse
Belgique • Japon • Espagne
Angleterre • Australie • Portugal

2. 🎧▸184 **Écoutez et répétez ces prénoms. Prononcez plus fort la dernière syllabe.**
Anne • Paul • Claire
Sophie • Hugo • Lucie
Stéphanie • Frédéric • Valérie

Les lettres muettes et les mots qui se prononcent de la même manière

🎧▸185 **Pour chaque série, écoutez et trouvez le mot qui se prononce différemment. Répétez les mots.**

1. parle • parles • parlez • parlent
2. écoutez • écoutent • écoutes • écoute

3. salut • salue • salues • saluez
4. études • étudie • étudies • étudient

Le son [z] et la liaison verbale avec *nous, vous, ils, elles*

🎧▸186 **Pour chaque série, écoutez et écrivez le son prononcé [z] quand il y a la liaison ou [s] quand il n'y a pas la liaison. Répétez les verbes.**

1. nous avons / nous savons
   [nu…avɔ̃] [nu…avɔ̃]
2. ils sont / ils ont
   [il…ɔ̃] [il…ɔ̃]

3. vous savez / vous avez
   [vu…ave] [vu… ave]
4. elles ont / elles sont
   [ɛl…ɔ̃] [ɛl…ɔ̃]

DOSSIER 2

Les sons [ə] et [e] pour différencier le singulier et le pluriel

Réalisez les fiches d'identité des sons [ə] et [e]. Répondez et complétez.

| [ə]

Mon mot-repère pour le son [ə] :

… | – J'écoute le son [ə], je pense à : …
– J'entends le son [ə] : ☺ ☹ ☹
– Le son [ə] me fait penser à un son de ma langue : oui / non. Quel son ? … |
| | – Le son [ə] dans le dossier : …
– Je connais des mots avec le son [ə] : … |

| [e]

Mon mot-repère pour le son [e] :

… | – J'écoute le son [e], je pense à : …
– J'entends le son [e] : ☺ ☹ ☹
– Le son [e] me fait penser à un son de ma langue : oui / non. Quel son ? … |
| | – Le son [e] dans le dossier : …
– Je connais des mots avec le son [e] : … |

→ Le son [e] peut s'écrire de différentes manières, par exemple : *é, er, ez*.

🎧 ▸187 Écoutez ces phrases et écrivez les lettres manquantes. Utilisez les graphies proposées.
Répétez les phrases.

1. Tu es mari… ou c…libataire ?
2. Vous …tudi… à l'universit… ?
3. Vous parl… quelles langues ?
4. Vous vous appel… comment ?
5. Vous pouv… r…p…t… ? Et vous pouv… aussi …pel… votre nom ?
6. Vous pr…f…r… habit… en France ou dans un pays …trang… ?

DOSSIER 3

Le son [ɛ]

Réalisez la fiche d'identité du son [ɛ]. Répondez et complétez.

| [ɛ]

Mon mot-repère pour le son [ɛ] :

… | – J'écoute le son [ɛ], je pense à : …
– J'entends le son [ɛ] : ☺ ☹ ☹
– Le son [ɛ] me fait penser à un son de ma langue : oui / non. Quel son ? … |
| | – Le son [ɛ] dans le dossier : …
– Je connais des mots avec le son [ɛ] : … |

→ Le son [ɛ] peut s'écrire de différentes manières, par exemple : *è, ê, ei, ai, e* (+ *l* ou *lle*), *est*.

🎧 ▸188 Écoutez ces phrases et écrivez les lettres manquantes. Utilisez les graphies proposées.
Répétez les phrases.

1. Je r…ve de f…re un échange cultur…l.
2. Tu parles tr…s bien franç…s ! Qu…lle … ta nationalité ?
3. Je viens de Su…de, m…s ma m…re … franç…se.
4. …lle s'app…lle Alice et …lle … jeune fille au p…r.
5. J'…me la Norv…ge. J'habite à Oslo depuis le tr…ze m… .
6. Qu'…-ce que tu …mes f…re le soir ?

PRÉCIS

DOSSIER 4

Le son [ø]

Réalisez la fiche d'identité du son [ø]. Répondez et complétez.

[ø] Mon mot-repère pour le son [ø] : …	– J'écoute le son [ø], je pense à : … – J'entends le son [ø] : 😊 😐 🙁 – Le son [ø] me fait penser à un son de ma langue : oui / non. Quel son ? …
	– Le son [ø] dans le dossier : … – Je connais des mots avec le son [ø] : …

→ Le son [ø] s'écrit en général : *eu, œu*.

🎧▸189 **Écoutez ces minidialogues et écrivez les lettres manquantes. Utilisez les deux graphies proposées. Répétez les phrases.**

1. – Tu p…x à d…x heures ? À d…x heures, tu p…x ?
   – Oui, je p…x ! Je p…x juste après le déj…ner !
2. – Tu v…x bien acheter des …fs pour moi ?
   – Oui, bien sûr, je v…x bien. Tu v…x douze …fs, comme d'habitude ?
3. – Tu aimes ce j… ?
   – Oui, ce j… est vraiment super ! C'est un vi…x j… ?
   – Oui, c'est un très vi…x j… !

Le son [ɔ̃]

Réalisez la fiche d'identité du son [ɔ̃]. Répondez et complétez.

[ɔ̃] Mon mot-repère pour le son [ɔ̃] : …	– J'écoute le son [ɔ̃], je pense à : … – J'entends le son [ɔ̃] : 😊 😐 🙁 – Le son [ɔ̃] me fait penser à un son de ma langue : oui / non. Quel son ? …
	– Le son [ɔ̃] dans le dossier : … – Je connais des mots avec le son [ɔ̃] : …

→ Le son [ɔ̃] s'écrit en général : *on, om* (+ *p* ou *b* ou parfois à la fin du mot).

🎧▸190 **Écoutez ces phrases et écrivez les lettres manquantes. Utilisez les deux graphies proposées. Répétez les phrases.**

1. Alph…sine, c'est t… prén… ? Et Ch…p…ski, c'est t… n… ? C'est c…pliqué à pron…cer.
2. …ze, c'est le n…bre de personnes dans ma famille. Nous sommes n…breux.
3. B…jour Lé… ! Tu sais c…bien de garç…s s…t invités à la fête de Mari… ?
4. Je ne c…prends pas le lieu de t… invitati… : Ly… centre ou Ly… nord ?

DOSSIER 5

Le son [ɛ̃]

Réalisez la fiche d'identité du son [ɛ̃]. Répondez et complétez.

[ɛ̃] **Mon mot-repère pour le son [ɛ̃]:** …	– J'écoute le son [ɛ̃], je pense à : … – J'entends le son [ɛ̃] : ☺ ☺ ☹ – Le son [ɛ̃] me fait penser à un son de ma langue : oui / non. Quel son ? …
	– Le son [ɛ̃] dans le dossier : … – Je connais des mots avec le son [ɛ̃] : …

→ **Le son [ɛ̃] peut s'écrire de différentes manières, par exemple :** *in*, im, ain*, ein*, un* / ***.

  * *In + e, ain + e, un + e ne se prononcent pas* [ɛ̃].

  ** *Un se prononce* [ɛ̃].

→ **Le son [jɛ̃] s'écrit en général :** *ien.*

🎧▶191 **Écoutez ces phrases et écrivez les lettres manquantes. Utilisez les graphies proposées.**
Répétez les phrases.

1. Mon vois… est ital… et c'est … grand music…. Sa femme est professeur de dess…
   et c'est aussi **une** music**ienne**. Elle, elle est …d**ienne**.
2. Tu sais si Jul… v…t dem… ? Oui, b… sûr, il v…t. Et il v…t avec Éme**line**. Ils v**iennent** de se marier !
3. Il y a vraiment pl… d'étudiants ici ? C'est b… ! C'est super de voir que la salle est pl**eine** !
4. Tu as beso… de t…**b**res pour envoyer tes …vitations ? C'est s…**p**le, tu vas à la Poste !

DOSSIER 6

Le son [ɑ̃]

Réalisez la fiche d'identité du son [ɑ̃]. Répondez et complétez.

[ɑ̃] **Mon mot-repère pour le son [ɑ̃]:** …	– J'écoute le son [ɑ̃], je pense à : … – J'entends le son [ɑ̃] : ☺ ☺ ☹ – Le son [ɑ̃] me fait penser à un son de ma langue : oui / non. Quel son ? …
	– Le son [ɑ̃] dans le dossier : … – Je connais des mots avec le son [ɑ̃] : …

→ **Le son [ɑ̃] s'écrit en général :** *an / en, am / em* (+ *p* ou *b*).

🎧▶192 **Écoutez ces phrases et écrivez les lettres manquantes. Utilisez les graphies proposées.**
Répétez les phrases.

1. … hiver et … automne, le t…**p**s est souv…t froid et humide, il y a du v…t et les t…**p**ératures sont variables.
   Mais j'aime bien ces deux saisons, surtout qu…d je suis à la c…**p**agne !
2. Mainten…t, mes …f…ts sont gr…ds. Ils sont étudi…ts … …gleterre. Nath…, qui vient d'avoir tr…te …s,
   p…se ouvrir un restaur…t à Londres d…s un ou deux …s.
3. Pour nos vac…ces … Arg…tine, j'ai choisi un hébergem…t vraim…t charm…t ! Les ch…**b**res sont très
   gr…des et auth…tiques. Je suis cont…te parce qu'on part …s…**b**le !

DOSSIER 7

Les sons [p] et [b]

🎧 ▶193 **Écoutez ces mots et écrivez la consonne *p* ou la consonne *b*. Répétez les mots.**

1. fram…oise • a…ricot • …oire • …rune • …anane
2. …urée de …ois chiches • …atate douce • cham…ignon • …rocoli
3. …ermuda • …antalon • …yjama • ro…e • ju…e
4. un …eau …rojet • un …istrot …arisien • une …elle …outique

Les sons [ɛ̃] et [ã]

🎧 ▶194 **Écoutez les nombres et les mots. Écrivez les lettres *in, ain* ou *un* pour le son [ɛ̃] et *an* ou *en* pour le son [ã]. Entourez le son correspondant aux lettres.**

Exemple : qui*n*ze
(ɛ̃) [ã]

v…gt	tr…te	quar…te-c…q	c…qu…te et …	c…t qu…ze	c…t tr…te
[ɛ̃] [ã]	[ɛ̃] [ã]	[ɛ̃] [ã] [ɛ̃] [ã]	[ɛ̃] [ã] [ɛ̃] [ã] [ɛ̃] [ã]	[ɛ̃] [ã] [ɛ̃] [ã]	[ɛ̃] [ã] [ɛ̃] [ã]

cli…t	p…	bl…c	gr…d magas…	c…tal	S…t-Marcell…	…grédi…t
[ɛ̃] [ã]	[ɛ̃] [ã]	[ɛ̃] [ã]	[ɛ̃] [ã] [ɛ̃] [ã]	[ɛ̃] [ã]	[ɛ̃] [ã] [ɛ̃] [ã]	[ɛ̃] [ã] [ɛ̃] [ã]

Les sons [ʒ] et [ʃ]

Réalisez les fiches d'identité des sons [ʒ] et [ʃ]. Répondez et complétez.

[ʒ] Mon mot-repère pour le son [ʒ] : …	– J'écoute le son [ʒ], je pense à : … – J'entends le son [ʒ] : ☺ 😐 🙁 – Le son [ʒ] me fait penser à un son de ma langue : oui / non. Quel son ? …
	– Le son [ʒ] dans le dossier : … – Je connais des mots avec le son [ʒ] : …
[ʃ] Mon mot-repère pour le son [ʃ] : …	– J'écoute le son [ʃ], je pense à : … – J'entends le son [ʃ] : ☺ 😐 🙁 – Le son [ʃ] me fait penser à un son de ma langue : oui / non. Quel son ? …
	– Le son [ʃ] dans le dossier : … – Je connais des mots avec le son [ʃ] : …

→ Le son [ʒ] s'écrit en général avec les lettres : *j, g* (+ *e, i, y*).
→ Le son [ʃ] s'écrit avec les lettres : *ch.*

1. 🎧 ▶195 **Écoutez ces phrases et écrivez les lettres *j* ou *g* pour le son [ʒ] ou les lettres *ch* pour le son [ʃ]. Répétez les phrases.**

   1. …aque a…at est spécial, surtout mes dernières …aussures <u>rou**g**es</u> !
   2. …'ai …an…é tous mes <u>bijoux</u> quand …e suis sortie diman…e avec …ean-…arles.
   3. …ade voya…e souvent en É…ypte et elle a…ète tou…ours de …olies …oses.
   4. <u>Gi</u>sèle ne sait …amais comment …oisir ses …upes et ses …emises.

2. Complétez le tableau des deux graphies du son [ʒ]. Recopiez les mots de l'exercice 1.

j + i / a / e / o / u	g + e / i / y
Exemple : *bijoux*	Exemple : *Gisèle*
...	...

DOSSIER 8

Les sons [j], [w] et [ɥ]

1. 🎧▸196 Écoutez et classez les mots dans le tableau. Répétez les mots.

~~famille~~ • soirée • moitié • payer • cuisine • situer • moins

2. Classez aussi les graphies dans le tableau.

~~ill~~ • oi • ui • ye • oin • ue

Le son [j]	Le son [w]	Le son [ɥ]
Exemple : *famille* ...	...	...
Les graphies du son [j]	**Les graphies du son [w]**	**Les graphies du son [ɥ]**
Exemple : *ill* ...	...	...

Les sons [o] et [ɔ]

→ La lettre *o* peut se prononcer [o] ou [ɔ]. Si une consonne est prononcée après la lettre *o*, la voyelle se prononce [ɔ]. En général, les lettres *au*, *eau* et *ô* se prononcent [o].

🎧▸197 Écoutez les mots et trouvez l'intrus. Répétez les mots.

1. hôtel • château • chaud • sport
2. numéro • téléphone • chaussures • chapeau
3. alors • photo • allô • restaurant
4. mot • mode • euro • beaucoup

PRÉCIS
de grammaire

Les déterminants

1. Les articles

▶ D1 L1 p. 21 – D2 L2 p. 40 – D2 L3 p. 42 – D3 L6 p. 67 – D7 L1 p. 129

	Singulier		Pluriel	
	Masculin	Féminin	Masculin	Féminin
Articles indéfinis	un prénom un homme	une cathédrale une invitation	des musées des étudiants	des personnes des amies
Articles définis*	le restaurant l'hôtel	la carte l'avenue	les musées les acteurs	les galeries les actrices
Articles partitifs**	du poulet de l'ail	de la salade de l'eau	des haricots	des framboises

* *Le* et *la* deviennent *l'* devant une voyelle ou un *h* muet.
** *Du* et *de la* deviennent *de l'* devant une voyelle ou un *h* muet.

Emplois

L'**article indéfini** s'emploie pour :
– nommer des choses ou des personnes non identifiées (désigner une catégorie) ;
– donner une information non précisée, non spécifique ;
– parler d'une quantité précise (*un, une = 1*).
*C'est **une** étudiante. Il y a **un** musée. J'achète **une** baguette.*

L'**article défini** s'emploie pour :
– donner une information précise, spécifique ;
– exprimer ses goûts ;
– parler de généralités.
***Le** fleuve Mississipi. J'adore **la** soupe. **Le** cinéma est un art.*

L'**article partitif** est utilisé pour :
– exprimer une quantité indéterminée ;
– parler de ses activités ;
– parler de la météo.
*Je mange **de la** purée. Je fais **du** sport. Il y a **du** vent.*

Les articles contractés

Avec la préposition *à*	à le = **au** *Je vais au marché.*	à les = **aux** *J'ai mal aux jambes.*
Avec la préposition *de*	de le = **du** *C'est à l'est du Portugal.*	de les = **des** *Près des musées.*

2. Les adjectifs démonstratifs

▶ D2 L5 p. 46

L'adjectif démonstratif s'accorde avec le nom. Il désigne une chose ou une personne.

Masculin	Féminin	Pluriel
ce canapé cet* hébergement	cette banquette cette église	ces villes ces pays

* *Ce* devient *cet* devant une voyelle ou un *h* muet.

3. Les adjectifs possessifs

▶ D1 L5 p. 29 – D3 L1 p. 57

L'adjectif possessif s'accorde avec le nom et change en fonction du possesseur.

Possesseur	Nom singulier		Nom pluriel
	Masculin	Féminin*	Masculin / Féminin
(je)	**mon** professeur	**ma** fille **mon** amie	**mes** enfants
(tu)	**ton** frère	**ta** sœur **ton** hôtel	**tes** enfants
(il/elle)	**son** oncle	**sa** tante **son** expérience	**ses** cousins
(nous)	**notre** conseil		**nos** frères
(vous)	**votre** mère d'accueil		**vos** problèmes
(ils/elles)	**leur** famille		**leurs** camarades

* *Ma, ta, sa* deviennent *mon, ton, son* devant un nom féminin commençant par une voyelle ou un *h* muet.

4. Les adjectifs interrogatifs

▶ D1 L5 p. 28

	Masculin	Féminin
Singulier	**Quel** est votre nom ?	**Quelle** est votre nationalité ?
Pluriel	**Quels** sont vos numéros de téléphone?	**Quelles** sont vos coordonnées ?

En général, l'adjectif interrogatif est placé en début de phrase.

Les noms

1. Les noms communs

En général, un nom est précédé d'un article (défini ou indéfini) ou d'un adjectif (possessif, démonstratif) :
la classe, un musée, notre professeur, ces pays.

Le genre
Pour les choses ou les idées abstraites : le genre des noms est arbitraire. Il faut consulter un dictionnaire.
Pour les personnes : on forme le féminin en ajoutant un *e* final à la forme du masculin.
Souvent, il y a une différence de prononciation quand la forme au masculin se termine par une consonne :
un étudiant, une étudiante ; un cousin, une cousine.
Quand la forme au masculin se termine par une voyelle, la prononciation est identique :
un ami, une amie ; un employé, une employée.

Le nombre
Pour former le pluriel, on ajoute un *s* final au nom : *des livres, des pantalons, des guides.*
Cas particuliers :
– même forme au singulier et au pluriel : *un pays, des pays* ;
– singulier en -*eau* : *un tableau, des tableaux* ;
– singulier en -*eu* : *un cheveu, des cheveux* ;
– singulier en -*al* : *un journal, des journaux.*

PRÉCIS

Les noms de profession

■ D1 L3 p. 25 – D3 L4 p. 63

Masculin	Féminin	
un comédien	une comédienne	-ien / -ienne
un réalisateur	une réalisatrice	-teur / -trice
un coiffeur	une coiffeuse	-eur / -euse
un infirmier	une infirmière	-er / -ère
un journaliste	une journaliste	-e / -e

Attention ! *Un chanteur, une chanteuse.*

2. Les noms de pays

■ D0 L3 p. 14 et 15

Masculin	les noms de pays qui se terminent avec d'autres lettres que le *e* et le *s*	le Japon le Brésil l'Iran
Féminin	les noms de pays qui se terminent avec la lettre *e*	la Chine la Hongrie l'Australie
Pluriel	les noms de pays qui se terminent avec la lettre *s*	les États-Unis les Pays-Bas les Philippines

Attention ! Il existe quelques exceptions : *le Mexique, le Cambodge, le Zimbabwe, le Mozambique.*

Attention ! On n'utilise pas d'article devant certains noms de pays : *Cuba, Singapour, Madagascar, Chypre, Malte, Haïti.*

Les adjectifs qualificatifs

Les adjectifs s'accordent en genre et en nombre avec le nom.

1. Le masculin et le féminin des adjectifs qualificatifs

■ D1 L3 p. 25 – D3 L2 p. 59 – D5 L4 p. 99

Masculin	Féminin	
blond*	blonde	
petit*	petite	
musclé*	musclée	
fort*	forte	
gris*	grise	
accueillant*	accueillante	+ e
chinois*	chinoise	
suédois*	suédoise	
français*	française	
américain	américaine	
espagnol	espagnole	

Masculin	Féminin	
sportif	sportive	-if / -ive
curieux heureux	curieuse heureuse	-eux / -euse
sincère calme russe	sincère calme russe	masculin = féminin**
brésilien italien	brésilienne italienne	+ ne
exceptionnel maternel	exceptionnelle maternelle	+ le

* Les consonnes *d, s, t* sont muettes au masculin mais sonores au féminin.
** Si le masculin se termine par *e*, le féminin est identique.

Attention ! *Un homme turc, une femme turque.*
Un homme grec, une femme grecque.
Un homme roux, une femme rousse.
Un restaurant cher, une addition chère.

Un vin blanc, une veste blanche.
Un nouveau livre, un nouvel hôtel, une nouvelle personne.
Un vieux pays, un vieil ami, une vieille voiture.
Un beau canapé, un bel homme, une belle femme.

2. Le pluriel des adjectifs qualificatifs

▶ D3 L2 p. 59

En général, on ajoute un **s** final à l'adjectif singulier :
les cheveux courts, les enfants bruyants, les filles bavardes, des amis drôles.
Attention ! Les adjectifs qui se terminent par **s** ou **x** au singulier gardent la même forme :
un homme généreux, des hommes généreux.
Attention ! Pour un groupe d'éléments à la fois masculins et féminins, l'adjectif s'accorde au masculin pluriel :
Mathilde et Gabriel sont charmants.
Attention ! Les adjectifs de couleur s'accordent avec le nom, sauf *marron* et *orange*, qui gardent leur forme au singulier : *des yeux marron, des images orange.*

3. La place des adjectifs qualificatifs

▶ D6 L3 p. 114 et 115 – D6 L4 p. 117

En général, les adjectifs qualificatifs se placent **après le nom** :
la lumière exceptionnelle, les monuments magnifiques, un canapé confortable.
Les adjectifs de nationalité et de couleur se placent toujours **après le nom** :
la ville rose, les eaux bleues, des villes françaises.

Les adjectifs qualificatifs *grand(e), petit(e), beau (bel, belle), vieux (vieil, vieille), nouveau (nouvel, nouvelle), bon(ne), mauvais(e), jeune, joli(e)* se placent **avant le nom** :
le bon air, la vieille ville, les petits marchés.

Les prépositions

1. Les prépositions avec un nom de pays ou de ville

▶ D2 L1 p. 38 – D2 L5 p. 47

	Lieu de destination *Je suis né(e) / J'habite / Je vais …*	Lieu d'origine *Je viens …*	
Avec un nom de ville ou ville-état commençant par une consonne	*à*	*de*	*Rio – Sydney – Singapour*
Avec un nom de ville ou ville-état commençant par une voyelle		*d'*	*Athènes*
Avec un nom de pays masculin commençant par une consonne	*au*	*du*	*Pérou – Brésil – Vietnam*
Avec un nom de pays féminin commençant par une consonne	*en*	*de*	*Thaïlande – Russie*
Avec un nom de pays commençant par une voyelle		*d'*	*Australie – Iran*
Avec un nom de pays pluriel	*aux*	*des*	*Pays-Bas – États-Unis*

2. Les prépositions de localisation

▶ D2 L2 p. 41 – D2 L3 p. 42

Préposition simples	Prépositions composées
dans • sous • sur • devant • derrière • entre	en face de • près de • loin de • à côté de • à droite de • à gauche de • à l'est / à l'ouest de • au nord / au sud de

Attention ! Pensez à l'article contracté après les prépositions composées :
*de + le = **du** (près **du** fleuve) ; de + les = **des** (près **des** musées).*

3. Les prépositions pour indiquer un mode de déplacement

▶ D2 L3 p. 43

On utilise *en* quand on peut aller <u>dans</u> le moyen de transport.
Je voyage en avion, en train, en bateau, en bus, en taxi, en voiture.
On utilise *à* quand on est <u>sur</u> le moyen de transport.
Je me déplace à pied, à cheval, à moto, à vélo.

Les pronoms

1. Les pronoms personnels

Les pronoms remplacent des noms pour éviter une répétition.

Pronoms sujets	Pronoms toniques ▶ D3 L5 p. 65	Pronoms réfléchis** ▶ D7 L6 p. 139	Pronoms COD Complément d'Objet Direct ▶ D8 L3 p. 151	Pronoms COI Complément d'Objet Indirect ▶ D8 L6 p. 157
je / j'	moi	me	me	me
tu	toi	te	te	te
il / elle / on*	lui / elle	se	le / la / l'	lui
nous	nous	nous	nous	nous
vous	vous	vous	vous	vous
ils / elles	eux / elles	se	les	leur

* *On = les gens : En Pologne, on arrive quand on veut. On = Nous : On est dans le même bureau.* ▶ D4 L4 p. 81
** Voir les verbes pronominaux ▶ D4 L2 p. 77 – D7 L6 p. 139

Attention ! Après *on*, le verbe est conjugué à la 3ᵉ personne du singulier.

Emplois
On utilise le **pronom tonique** :
– pour renforcer un sujet : *Lui, il aime le cinéma.*
– après une préposition (*pour, après, avec, chez, de…*) : *Ils reçoivent les invités <u>chez</u> eux.* ▶ D8 L4 p. 153

On utilise le **pronom COD** pour remplacer une personne ou un objet.
Il est le complément d'un verbe à construction directe : *contacter quelqu'un, porter quelque chose.*
Pour repérer le pronom COD, on pose la question « qui ? » ou « quoi ? ».
N'hésitez pas à me contacter. (Contacter qui ?)
Vous rêvez déjà de la porter ! (Porter quoi ?)

On utilise le **pronom COI** pour remplacer une ou des personne(s).
Il est le complément d'un verbe à construction indirecte : *parler à quelqu'un, plaire à quelqu'un.*
Il répond à la question « à qui ? » : *Cela va lui plaire. (Plaire à qui ?)*

2. Le pronom *en* pour exprimer la quantité

▶ D7 L2 p. 131

Des carottes, j'en aurai la semaine prochaine.
Quand il y a une quantité déterminée, elle est indiquée après le verbe.
Je vais en prendre <u>deux cents grammes</u>.

3. Le pronom *y*

▶ D6 L2 p. 113

Le pronom *y* remplace un complément de lieu introduit par *à, chez, en, dans, sur, sous…*
Pour le repérer, on peut poser la question « où ? ».
On y trouve des baobabs. (On trouve des baobabs où ? → À Madagascar.)

4. La place des pronoms

Les pronoms se placent **avant le verbe** avec :	
un temps simple	**un temps composé**
*Je **la** connais.*	*On **lui** a organisé une fête.*
*J'**en** prends deux.*	*J'**en** ai acheté un kilo.*
*On **y** trouve de beaux paysages.*	*Vous **y** êtes allé.*
un verbe à l'infinitif	**un verbe à l'impératif négatif**
*Le vendeur va **le** chercher.*	*Ne **lui** dis pas.*
*Vous voulez **en** goûter un morceau ?*	*N'**en** achetez pas.*
*Ils vont **y** retourner.*	*N'**y** allons pas.*

Attention ! À l'**impératif affirmatif**, le pronom se place **après le verbe**. Pensez au **trait d'union**.
*Dites-**leur** de venir habillés. Prenez-**en** deux pots. Allons-**y** pour les vacances.*

5. Les pronoms relatifs *qui* et *que*

▶ D8 L4 p. 152

Les pronoms relatifs sont utilisés pour relier deux phrases simples. On utilise un pronom relatif pour éviter la répétition d'un nom. Ce nom a une fonction grammaticale dans la phrase.

Le pronom relatif *qui* représente le **sujet** du verbe qui suit.
Il peut représenter une personne ou une chose.
*Vous êtes un voyageur **qui** s'intéresse aux contacts avec les locaux ?*
*Vous rêvez d'un moment **qui** sort de l'ordinaire ?*

Le pronom relatif *que* représente le **COD*** du verbe qui suit.
Il peut représenter une personne ou une chose.
*Vous rêvez d'une expérience **que** vous n'oublierez jamais ?*
*C'est une surprise pour les gens **que** vous aimez !*
* Complément d'Objet Direct.

Attention ! Devant une voyelle ou un *h* muet : *que* = *qu'* MAIS *qui* = *qui*.

L'identification et la caractérisation

▶ D1 L4 p. 27

L'identification : *C'est*...	La caractérisation : *Il / Elle est*...
+ un nom propre	+ un adjectif de nationalité
C'est Vladimir.	*Il **est** chinois.*
C'est Xavier Dolan.	*Il **est** russe.*
	*Elle **est** roumaine.*
+ un déterminant + un nom	+ un nom de profession (sans déterminant)
C'est un employé.	*Il **est** humoriste.*
C'est mon ami.	*Elle **est** réalisatrice.*
C'est une actrice.	*Elle **est** actrice.*

Les verbes

1. Les verbes pronominaux

▶ D4 L2 p. 77 – D7 L6 p. 139

Les verbes pronominaux se construisent avec un pronom réfléchi (voir les pronoms p. 212).

Emplois

On utilise un **verbe pronominal** pour parler de ses habitudes quotidiennes : le sujet et l'objet du verbe sont identiques.

Je **me douche**, tu **te laves**, il **se réveille**, elle **se lève**, nous **nous préparons**, vous **vous habillez**, ils **se couchent**, elles **s'endorment**.

Un **verbe pronominal réciproque** s'utilise quand une action est réciproque entre deux personnes.

On **se présente** (l'un, l'autre). Des musiciens **se rencontrent** (les uns, les autres).

2. Le mode indicatif

Le présent

On utilise le présent pour parler de faits actuels et d'habitudes.

Pour conjuguer les verbes au présent de l'indicatif, il faut :
- identifier la base du verbe (un verbe peut avoir une base ou plusieurs bases) ;
- ajouter les terminaisons.

Les verbes à une base :

▶ D1 L4 p. 26 – D2 L4 p. 45 – D3 L4 p. 63

- la majorité des verbes en -er ;
- les verbes offrir, accueillir, découvrir… ;
- les verbes rire, sourire…

	Travailler		Offrir		Rire	
je/j'	travaill	**e**	offr	**e**	ri	**s**
tu	travaill	**es**	offr	**es**	ri	**s**
il/elle	travaill	**e**	offr	**e**	ri	**t**
nous	travaill	**ons**	offr	**ons**	ri	**ons**
vous	travaill	**ez**	offr	**ez**	ri	**ez**
ils/elles	travaill	**ent**	offr	**ent**	ri	**ent**

Les verbes à deux bases :

▶ D4 L3 p. 78 – D4 L5 p. 82 – D6 L4 p. 117

- les verbes en -ir de type finir : choisir, réfléchir… ;
- les verbes en -ir de type sortir : partir, dormir… ;
- quelques verbes en -re : lire, écrire, connaître, mettre… ;

– les verbes en -yer : payer.

	Choisir		Sortir		Écrire	
je/j'	chois	**is**	sor	**s**	écri	**s**
tu	chois	**is**	sor	**s**	écri	**s**
il/elle	chois	**it**	sor	**t**	écri	**t**
nous	choisiss	**ons**	sort	**ons**	écriv	**ons**
vous	choisiss	**ez**	sort	**ez**	écriv	**ez**
ils/elles	choisiss	**ent**	sort	**ent**	écriv	**ent**

Les verbes à trois bases :

▶ D2 L3 p. 43 – D2 L5 p. 47 – D4 L4 p. 81 – D5 L2 p. 95

- la majorité des verbes en -re : prendre, dire…, et en -oir : vouloir, pouvoir… ;
- les verbes tenir, venir…

	Prendre		Venir		Pouvoir	
je	prend	**s**	vien	**s**	peu	**x**
tu	prend	**s**	vien	**s**	peu	**x**
il/elle	prend		vien	**t**	peu	**t**
nous	pren	**ons**	ven	**ons**	pouv	**ons**
vous	pren	**ez**	ven	**ez**	pouv	**ez**
ils/elles	prenn	**ent**	vienn	**ent**	peuv	**ent**

Les verbes à quatre ou cinq bases :

les verbes aller, faire, avoir, être (voir le précis de conjugaison p. 218).

Le futur proche : aller au présent + action à l'infinitif

▶ D5 L2 p. 95

On utilise le futur proche pour parler d'une action dans le **futur immédiat**.

Elle **va avoir** un grand avenir. Elles **vont donner** des concerts.

Le passé récent : venir au présent + de + action à l'infinitif

▶ D5 L2 p. 95

On utilise le passé récent pour parler d'une action dans le **passé immédiat**.

Elle **vient de recevoir** le titre d'athlète de l'année. Elles **viennent de lancer** leur premier album.

Le passé composé : auxiliaire *avoir* ou *être* + participe passé

▶ D5 L1 p. 93 – D5 L3 p. 97

Le passé composé est utilisé pour raconter des événements passés.

Avoir + participe passé	*Être* + participe passé
la majorité des verbes	15 verbes : *mourir / naître, venir, aller, rester, devenir, tomber, entrer / sortir, monter / descendre, passer, retourner, partir / arriver* + tous les verbes pronominaux
pas d'accord avec le sujet	**accord** avec le sujet
*J'**ai écouté** la radio.* *Elle **a vu** son ami.* *Nous **avons parlé** français.* *Vous **avez appris** à raconter.*	*Je **suis allé(e)** à la bibliothèque.* *Mes amis **sont sortis**.* *Tu **es sorti(e)** avec des Français.* *Elle **s'est installée** à Paris.* *Ils **se sont préparés**.*

Les participes passés		
des verbes en -*er*	*é*	*parlé, aimé, joué…*
des verbes en -*ir*	*i*	*fini, sorti, dormi…*
des autres verbes	*u*	*dû, vu, vécu, su…*
	t	*fait, écrit, dit…*
	is	*pris, mis…*

Attention ! *Faire → fait. Avoir → eu. Être → été. Venir → venu.*

L'imparfait

▶ D7 L4 p. 134

Formation

Base (1re personne du pluriel au présent) + terminaisons -*ais, -ais, -ait, -ions, -iez, -aient*.
Présent : *nous voul~~ons~~* → imparfait : *nous voulions*.
Attention ! Un seul verbe irrégulier : *être → j'étais, tu étais, il/elle était, nous étions, vous étiez, ils/elles étaient*.

Emplois

On utilise l'imparfait pour :
– **faire une description au passé** (d'une situation, d'un lieu ou d'une personne) ;
*Je n'**étais** pas heureuse.*
– **parler d'une habitude passée.**
*Quand j'**étais** infirmière, je **m'ennuyais**.*

Le présent, l'imparfait et passé composé

▶ D5 L5 p. 100 – D8 L1 p. 147

Pour parler des changements dans le temps :
– on décrit une situation initiale au passé avec l'imparfait ;
– on précise les événements qui changent cette situation initiale au passé avec le passé composé ;
– on décrit une situation actuelle avec le présent.
*Poppy ne **parlait** pas français.* (situation initiale)
*Elle **a pris** des cours à l'Institut français. Elle **a rencontré** Mark, un étudiant américain.* (changements)
*Ils **mangent** ensemble tous les jours.* (situation actuelle)

Le futur simple

▶ D6 L1 p. 111

Emploi

En général, on utilise le futur simple pour exprimer une action à venir.

Formation

Base + terminaisons -*ai, -as, -a, -ons, -ez, -ont*.
Pour les verbes en -*er* et -*ir*, la base verbale correspond au verbe à l'infinitif.
Vous <u>rentrerez</u> tard. Vous <u>dormirez</u> au milieu des baobabs.

Pour conjuguer les verbes en *-re* (comme *apprendre*), on utilise le verbe à l'infinitif sans le *e* final.
*Vous **prendrez** le temps… Vous **vivrez** des moments magiques.*
Attention ! *Avoir : vous **aurez**, être : vous **serez**, aller : vous **irez**, faire : vous **ferez**, pouvoir : vous **pourrez**, vouloir : vous **voudrez**, savoir : vous **saurez**, venir : vous **viendrez**, voir : vous **verrez**.*

3. Le mode impératif

▸ D4 L6 p. 85 – D5 L6 p. 103

Formation
À l'impératif, il n'y a pas de sujet avant le verbe : ***Prends** le bus numéro 3.*
À l'impératif, les verbes se conjuguent seulement avec :
– la **2e personne du singulier** : *prends* ;
– la **1re personne du pluriel** : *prenons* ;
– la **2e personne du pluriel** : *prenez*.
En général, les formes verbales sont identiques à l'impératif et au présent de l'indicatif.
Attention ! Les verbes en *-er* n'ont jamais de *s* à la 2e personne du singulier : *Mange !*
Attention ! Quelques verbes sont irréguliers : *être → sois, soyons, soyez ; avoir → aies, ayons, ayez.*

Emplois
On utilise l'impératif pour :
– inviter : ***Fêtons** ça !*
– donner des instructions : ***Viens** à 20 heures. **Prends** le bus. **Descends** à l'arrêt…*
– conseiller : ***Documente-toi**. **N'hésitez** pas à vous connecter. **N'ayez** pas peur.*

Les adverbes

▸ D4 L3 p. 79 – D7 L6 p. 139

On utilise les adverbes pour **nuancer une appréciation.**
Ils sont **invariables** et peuvent nuancer :
– un verbe (l'adverbe est en général placé après le verbe) ;
*Tu parles **vite**. Il comprend **facilement**.*
– un adjectif ou un autre adverbe (l'adverbe est placé avant l'adjectif ou l'autre adverbe).
*C'est **très** inattendu, **vraiment** réussi. C'est (**beaucoup**) **trop** cher.*

La comparaison

▸ D7 L3 p. 133

	Avec un nom	Avec un verbe	Avec un adjectif
+	*plus de* + nom *Ils achètent **plus de** livres.*	verbe + *plus* *Elles lisent **plus**.*	*plus* + adjectif *Le lecteur est **plus** féminin.*
–	*moins de* + nom *Ils lisent **moins de** romans.*	verbe + *moins* *Je lis **moins**.*	*moins* + adjectif *C'est **moins** cher.*

Pour parler des ressemblances :

▸ D5 L4 p. 99

*Je suis **comme** ma mère.*
*Nous avons **le même** visage, **la même** allure,*
***les mêmes** jambes.*

L'expression de la quantité

▸ D7 L1 p. 129 – D7 L2 p. 130

Pour une **quantité indéterminée** (non précise) : article partitif + nom.
J'ai acheté du <u>poulet</u>, de la <u>purée</u>, de l'<u>huile</u>, des <u>rillettes</u>.

Une **quantité déterminée** peut être exprimée par :
– l'**article indéfini** : *un jus de fruits, une salade* ;
– **un nombre** : *deux baguettes, trois yaourts* ;
– **une partie d'un élément** : *un morceau de fromage* ;
– **des objets, des contenants** : *un pot de sauce, un paquet de pâtes, une bouteille d'eau* ;
– **une unité de mesure** : *300 grammes de foie gras, 1 litre de vin.*

Pour une **quantité zéro** : *pas de, pas d'.*
*Il n'y a **pas de** fromage. Je ne mange **pas d'**ail.*

Attention ! Pour exprimer les goûts : *J'aime **le** canard, j'adore **la** soupe à l'oignon, je n'aime pas **le** fromage, je déteste **les** rillettes !*

Les marqueurs temporels

▸ D5 L3 p. 97 – D7 L4 p. 135

Pour **situer des événements dans le temps** : *il y a* + durée.
*Vous avez fondé l'association « Village de chefs » **il y a quelques années**.*
***Il y a cinq ans**, Morgane travaillait dans l'art contemporain.*

Pour **indiquer le point de départ dans le passé d'une situation actuelle** : *depuis* + durée ou *depuis* + événement.
***Depuis 1920**, l'école Ferrandi forme de futurs chefs. – J'étudie le français **depuis trois mois**.*

Pour **indiquer une période, une durée finie** : *pendant* + durée.
*J'ai grandi en Amérique latine **pendant sept ans**.*

La forme interrogative

▸ D1 L2 p. 22 – D2 L6 p. 48 – D4 L5 p. 82

Registre	Question fermée (réponse « oui / non »)	Question ouverte		
		Quel(le)(s) ?	Où ? Comment ? Quand ?…	Quoi ?
familier	Tu as une connexion Wi-Fi ?	Tu as quel âge ?	Quand vous sortez ? C'est où ?	Vous faites quoi ?
standard	Est-ce que l'appartement est dans le centre ?	Quel âge est-ce que tu as ?	Quand est-ce que vous partez ? Comment est-ce que vous allez ?	Qu'est-ce que vous appréciez ?
formel	Sortez-vous souvent ?	Quel âge as-tu ?	Où sortez-vous ? Avec qui sortez-vous ?	Que voulez-vous ?

La forme négative

▸ D2 L4 p. 45 – D8 L5 p. 154

Il existe plusieurs négations :
– la **négation simple** : *ne (n')* + verbe + *pas* ;
  *Je **ne** suis **pas** parisienne. Nous **n'**habitons **pas** dans le centre.*
– la **négation qui indique un changement** : *ne (n')* + verbe + *plus* ;
  *Je **ne** bois **plus** de lait. Les jeunes **n'**écoutent **plus** Michel Sardou.*
– la **négation de fréquence** : *ne (n')* + verbe + *jamais* ;
  *Je **ne** bois **jamais** de café. Il **n'**a **jamais** mal.*
– la **négation de restriction** : *ne (n')* + verbe + *que*.
  *Je **ne** regarde **que** des films en version originale. On **n'**entend **que** les chansons de Michel Sardou.*

Attention ! Au passé composé : *Je **n'**ai **plus** fait d'erreurs. Je **ne** suis **pas** allée au cinéma. Je **n'**ai **jamais** visité la Suède.*
Mais : *Je **n'**ai regardé **que** des films en version originale.*

	Présent	Passé composé	Imparfait	Futur	Impératif
Être	je suis tu es il/elle/on est nous sommes vous êtes ils/elles sont	j'ai été tu as été il/elle/on a été nous avons été vous avez été ils/elles ont été	j'étais tu étais il/elle/on était nous étions vous étiez ils/elles étaient	je serai tu seras il/elle/on sera nous serons vous serez ils/elles seront	sois soyons soyez
Avoir	j'ai tu as il/elle/on a nous avons vous avez ils/elles ont	j'ai eu tu as eu il/elle/on a eu nous avons eu vous avez eu ils/elles ont eu	j'avais tu avais il/elle/on avait nous avions vous aviez ils/elles avaient	j'aurai tu auras il/elle/on aura nous aurons vous aurez ils/elles auront	aie ayons ayez
Aller	je vais tu vas il/elle/on va nous allons vous allez ils/elles vont	je suis allé(e) tu es allé(e) il/elle/on est allé(e) nous sommes allé(e)s vous êtes allé(e)s ils/elles sont allé(e)s	j'allais tu allais il/elle/on allait nous allions vous alliez ils/elles allaient	j'irai tu iras il/elle/on ira nous irons vous irez ils/elles iront	va allons allez
Pouvoir	je peux tu peux il/elle/on peut nous pouvons vous pouvez ils/elles peuvent	j'ai pu tu as pu il/elle/on a pu nous avons pu vous avez pu ils/elles ont pu	je pouvais tu pouvais il/elle/on pouvait nous pouvions vous pouviez ils/elles pouvaient	je pourrai tu pourras il/elle/on pourra nous pourrons vous pourrez ils/elles pourront	
Devoir	je dois tu dois il/elle/on doit nous devons vous devez ils/elles doivent	j'ai dû tu as dû il/elle/on a dû nous avons dû vous avez dû ils/elles ont dû	je devais tu devais il/elle/on devait nous devions vous deviez ils/elles devaient	je devrai tu devras il/elle/on devra nous devrons vous devrez ils/elles devront	dois devons devez
Vouloir	je veux tu veux il/elle/on veut nous voulons vous voulez ils/elles veulent	j'ai voulu tu as voulu il/elle/on a voulu nous avons voulu vous avez voulu ils/elles ont voulu	je voulais tu voulais il/elle/on voulait nous voulions vous vouliez ils/elles voulaient	je voudrai tu voudras il/elle/on voudra nous voudrons vous voudrez ils/elles voudront	veux / veuille voulons voulez / veuillez
Faire	je fais tu fais il/elle/on fait nous faisons vous faites ils/elles font	j'ai fait tu as fait il/elle/on a fait nous avons fait vous avez fait ils/elles ont fait	je faisais tu faisais il/elle/on faisait nous faisions vous faisiez ils/elles faisaient	je ferai tu feras il/elle/on fera nous ferons vous ferez ils/elles feront	fais faisons faites
Prendre	je prends tu prends il/elle/on prend nous prenons vous prenez ils/elles prennent	j'ai pris tu as pris il/elle/on a pris nous avons pris vous avez pris ils/elles ont pris	je prenais tu prenais il/elle/on prenait nous prenions vous preniez ils/elles prenaient	je prendrai tu prendras il/elle/on prendra nous prendrons vous prendrez ils/elles prendront	prends prenons prenez

	Présent	Passé composé	Imparfait	Futur	Impératif
Venir	je viens tu viens il/elle/on vient nous venons vous venez ils/elles viennent	je suis venu(e) tu es venu(e) il/elle/on est venu(e) nous sommes venu(e)s vous êtes venu(e)s ils/elles sont venu(e)s	je venais tu venais il/elle/on venait nous venions vous veniez ils/elles venaient	je viendrai tu viendras il/elle/on viendra nous viendrons vous viendrez ils/elles viendront	viens venons venez
Parler	je parle tu parles il/elle/on parle nous parlons vous parlez ils/elles parlent	j'ai parlé tu as parlé il/elle/on a parlé nous avons parlé vous avez parlé ils/elles ont parlé	je parlais tu parlais il/elle/on parlait nous parlions vous parliez ils/elles parlaient	je parlerai tu parleras il/elle/on parlera nous parlerons vous parlerez ils/elles parleront	parle parlons parlez
Voir	je vois tu vois il/elle/on voit nous voyons vous voyez ils/elles voient	j'ai vu tu as vu il/elle/on a vu nous avons vu vous avez vu ils/elles ont vu	je voyais tu voyais il/elle/on voyait nous voyions vous voyiez ils/elles voyaient	je verrai tu verras il/elle/on verra nous verrons vous verrez ils/elles verront	vois voyons voyez
Choisir	je choisis tu choisis il/elle/on choisit nous choisissons vous choisissez ils/elles choisissent	j'ai choisi tu as choisi il/elle/on a choisi nous avons choisi vous avez choisi ils/elles ont choisi	je choisissais tu choisissais il/elle/on choisissait nous choisissions vous choisissiez ils/elles choisissaient	je choisirai tu choisiras il/elle/on choisira nous choisirons vous choisirez ils/elles choisiront	choisis choisissons choisissez
Écrire	j'écris tu écris il/elle/on écrit nous écrivons vous écrivez ils/elles écrivent	j'ai écrit tu as écrit il/elle/on a écrit nous avons écrit vous avez écrit ils/elles ont écrit	j'écrivais tu écrivais il/elle/on écrivait nous écrivions vous écriviez ils/elles écrivaient	j'écrirai tu écriras il/elle/on écrira nous écrirons vous écrirez ils/elles écriront	écris écrivons écrivez
Sortir	je sors tu sors il/elle/on sort nous sortons vous sortez ils/elles sortent	je suis sorti(e) tu es sorti (e) il/elle/est sorti (e) nous sommes sorti (e)s vous êtes sorti (e)s ils/elles sont sorti (e)s	je sortais tu sortais il/elle/on sortait nous sortions vous sortiez ils/elles sortaient	je sortirai tu sortiras il/elle/on sortira nous sortirons vous sortirez ils/elles sortiront	sors sortons sortez
Réfléchir	je réfléchis tu réfléchis il/elle/on réfléchit nous réfléchissons vous réfléchissez ils/elles réfléchissent	j'ai réfléchi tu as réfléchi il/elle/on a réfléchi nous avons réfléchi vous avez réfléchi ils/elles ont réfléchi	je réfléchissais tu réfléchissais il/elle/on réfléchissait nous réfléchissions vous réfléchissiez ils/elles réfléchissaient	je réfléchirai tu réfléchiras il/elle/on réfléchira nous réfléchirons vous réfléchirez ils/elles réfléchiront	réfléchis réfléchissons réfléchissez
Connaître	je connais tu connais il/elle/on connaît nous connaissons vous connaissez ils/elles connaissent	j'ai connu tu as connu il/elle/on a connu nous avons connu vous avez connu ils/elles ont connu	je connaissais tu connaissais il/elle/on connaissait nous connaissions vous connaissiez ils/elles connaissaient	je connaîtrai tu connaîtras il/elle/on connaîtra nous connaîtrons vous connaîtrez ils/elles connaîtront	connais connaissons connaissez

Carte de la France

ROYAUME-UNI

PAYS-BAS

BELGIQUE

ALLEMAGN

LUX.

Manche

Lille

**HAUTS-
DE-FRANCE**

Strasbourg

Rouen
NORMANDIE

Paris
ÎLE-DE-FRANCE

GRAND EST

BRETAGNE
Rennes

Angers

Orléans

**CENTRE-
VAL DE LOIRE**

Dijon

**BOURGOGNE-
FRANCHE-COMTÉ**

SUISSE

Nantes

**PAYS
DE LA LOIRE**

Océan
Atlantique

Limoges

Chamonix

Lyon

**NOUVELLE-
AQUITAINE**

**AUVERGNE-
RHÔNE-ALPES**

Grenoble

ITALI

Bordeaux

**PROVENCE-
ALPES-
CÔTE D'AZUR**

MONA

OCCITANIE

Toulouse

Montpellier

Nice

Marseille

ANDORRE

Mer
Méditerranée

CORSE

Ajacci

ESPAGNE

0   50   100 km

BRETAGNE Région   **Rennes** Capitale régionale   ● Autre ville

Carte de l'Europe

ISLANDE

NORVÈGE

FINLANDE

SUÈDE

ESTONIE

RUSSIE

LETTONIE

Mer du Nord

DANEMARK

Mer Baltique

LITUANIE

RUSSIE

IRLANDE

BIÉLORUSSIE

ROYAUME-UNI*

PAYS-BAS

POLOGNE

ALLEMAGNE

UKRAINE

BELGIQUE

LUXEMBOURG

RÉP. TCHÈQUE

SLOVAQUIE

MOLDAVIE

Océan Atlantique

FRANCE

AUTRICHE

HONGRIE

ROUMANIE

SUISSE LIECHTENSTEIN

SLOVÉNIE

CROATIE

SAINT-MARIN

BOSNIE HERZÉGOVINE

SERBIE

BULGARIE

ANDORRE

MONACO

KOSOVO

PORTUGAL

ITALIE

MONTÉNÉGRO

FYROM

VATICAN

ALBANIE

ESPAGNE

GRÈCE

Mer Méditerranée

MALTE

250   500 km

CHYPRE

Pays de l'Union Européenne   Autre pays d' Europe   * Le Royaume-Uni a voté par référendum sa sortie de l'Union Européenne

Plan de Paris

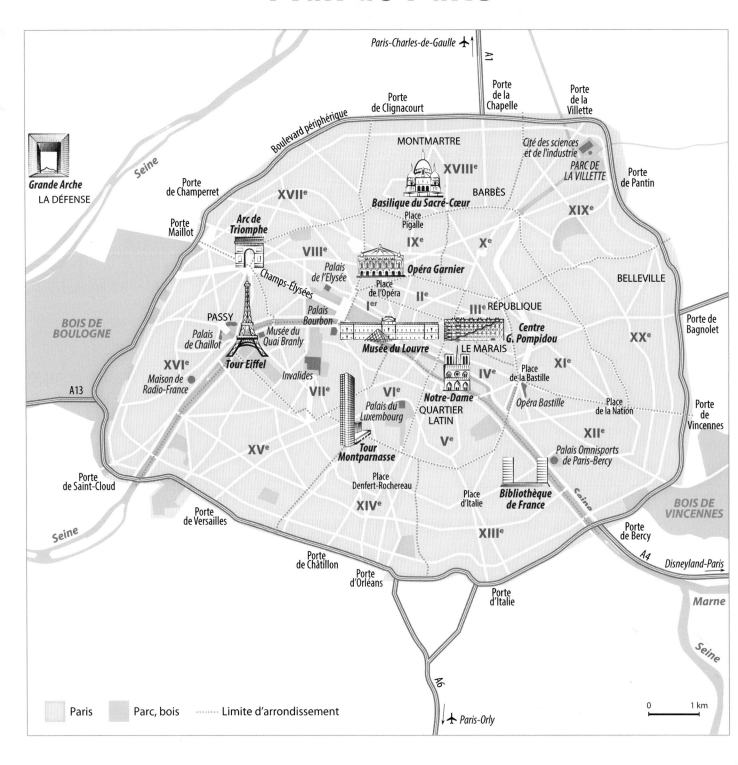

Paris-Charles-de-Gaulle ✈

A1

Porte de la Chapelle

Porte de la Villette

Porte de Clignacourt

Boulevard périphérique

Seine

MONTMARTRE

Cité des sciences et de l'industrie

PARC DE LA VILLETTE

Porte de Pantin

Porte de Champerret

XVIIᵉ

XVIIIᵉ

Basilique du Sacré-Cœur

BARBÈS

XIXᵉ

Grande Arche
LA DÉFENSE

Porte Maillot

Arc de Triomphe

Place Pigalle

IXᵉ

Xᵉ

BELLEVILLE

VIIIᵉ

Palais de l'Elysée

Opéra Garnier

Champs-Élysées

Palais Bourbon

Place de l'Opéra

Iᵉʳ

IIᵉ

IIIᵉ RÉPUBLIQUE

Porte de Bagnolet

BOIS DE BOULOGNE

PASSY

Palais de Chaillot

Musée du Quai Branly

Musée du Louvre

Centre G. Pompidou

XXᵉ

Porte de Vincennes

Tour Eiffel

Maison de Radio-France

Invalides

LE MARAIS

Notre-Dame

IVᵉ

Place de la Bastille

XIᵉ

XVIᵉ

A13

VIIᵉ

VIᵉ

Palais du Luxembourg

QUARTIER LATIN

Opéra Bastille

Place de la Nation

Porte de Saint-Cloud

XVᵉ

Tour Montparnasse

Vᵉ

XIIᵉ

Palais Omnisports de Paris-Bercy

BOIS DE VINCENNES

Place Denfert-Rochereau

Bibliothèque de France

Seine

Porte de Bercy

Porte de Versailles

XIVᵉ

Place d'Italie

XIIIᵉ

A4

Disneyland-Paris

Porte de Châtillon

Porte d'Orléans

Porte d'Italie

Marne

A6

Seine

✈ Paris-Orly

Paris	Parc, bois	········ Limite d'arrondissement

0 ___ 1 km

Remerciements

L'éditeur remercie les enseignants suivants :

COLOMBIE

Cédric Dupout, Leonardo Duran, Fernando Salgado Ribiero, Adélaïde Strzoda

ESPAGNE

Patricia Aldasoro, Michèle Berger, Enriqueta Cabra Luna, Mercedes Castaño López, Sofía González, Marta Gracia, Fernanda Ibáñez, Anna López, Noël Nkondock, Paloma Rey

FRANCE

Paule Boissard, Karine Bouchet, Julien Boureau, Carole Garcia, Céline Himber, Meryem Idoubrahim, Julia Ligot, Stéphanie Rabin, Florence Vacher, Nadine Vallejos

MAROC

Samuel Amor, Imane Bouteldja, Anne-Laure Clarisse, Abderrahim Jahid, Maryline Laidin, Bryan Maillet, Marion Oudot, Natalie Pourchet, Julie Uny

MEXIQUE

Rosalva González, Annabel Juarez, Alicia Mendoza, Sabrina Miramontes

POLOGNE

Barbara Klimek, Mariola Paprzycka, Elżbieta Paniczek

Couverture : Nicolas Piroux

Conception graphique : Eidos, Anne-Danielle Naname

Mise en page : Anne-Danielle Naname, Adeline Calame

Secrétariat d'édition : Astrid Rogge

Illustrations : Félix Blondel – p. 121 : Cathy Bricka Giordano

Cartographie : AFDEC

Enregistrements audio, montage et mixage : Studio Quali'sons – David Hassici

Maîtrise d'œuvre : Françoise Malvezin, *Le Souffleur de mots*

Crédits

Photo de couverture :
Espagne, Grenade. © Starcevic / istock

Crédits photographiques et droits de reproduction
p. 10 : © Babbel ; **p. 18 :** a. © Jenner Images / Getty Images ; b. © Georgesclerk / iStock ; c. © Nullplus / Getty Images ; f. Dave & Les Jacobs / Getty Images ; **p. 20:** © Nullplus / Getty Images ; © Lucia Lambriex / Getty Images ; **p. 22 :** b. © DreamPictures / Getty Images ; c. © Glowimages / Getty Images ; **p. 24 :** © Peinture Slimane Ould Mohand ; Tony Barson / Getty Images ; © HOANG DINH NAM/AFP ; **p. 26 :** *Gemma Bovery*, un film de Anne Fontaine. © 2014 Albertine Productions / Ciné-@ / Gaumont / Cinéfrance 1888 / France 2 Cinéma ; **p. 33 :** © Courrier International ; **p. 42:** © Vallée d'Aoste ; **p. 44 :** © Café Mila ; **p. 46 :** © Couchsurfing ; **p. 47 :** 2. Marco Cristofori / Getty Images ; **p. 50 :** © *Le Petit Journal*, http://www.lepetitjournal.com/ ; **p. 51 :** © Klaus Vedfelt / Getty Images ; **p. 54 :** c. © Deborah Jaffe / Getty Images ; **p. 56 :** © « AuPairWorld » https://www.aupairworld.com/fr ; **p. 58 :** © Alliance Française, French film festival ; **p.60 :** 1. © Eva-Katalin / iStock ; **p. 62 :** a. © Eric Audras / Getty Images ; b. © Vincenzo Lombardo / Getty Images ; d. © BSIP / Getty Images ; **p. 63 :** 4. © Dougal Waters / Getty Images ; **p. 64 :** © Quartier Libre ; **p. 66 :** © *Le Routard*, http://www.routard.com ; **p. 67 :** © Aaltazar / iStock ; **p. 70 :** © Paul Bradbury / Getty Images ; © Westend61 / Getty Images ; © UpperCut Images / Getty Images ; **p. 74 :** © Tracedirecte, http://www.tracedirecte.com/ ; © BorutTrdina / iStock ; e. © 1526165 Moodboard / hemis.fr ; f. © 2437721 Blend Images / hemis.fr ; **p. 79 :** Emilie Frèche © F.Mantovani / Stock Editions ; **p. 82-83 :** © *La Gazette de Berlin*, http://www.lagazettedeberlin.com/ ; **p. 90 :** Document 1 : © Logo TF1 ; © Logo TV5MONDE ; © Logo RFI ; © Logo France 3 ; © Logo Fip ; © Logo France 24 ; Document 2 : © Paris Berlin, www.parisberlinmag.com ; © *Le Petit Journal*, http://www.lepetitjournal.com/ ; © *Le courrier de Floride*, http://courrierdefloride.com/ ; Document 3 : a. © Andreï Makine, *Le Testament français* (Collection « Folio ») ; b. *L'Enfant de sable*, Tahar Ben Jelloun, © Éditions du Seuil, 1985, *Points*, 2014 ; *Quand on refuse on dit non*, Ahmadou Kourouma, © Éditions du Seuil, 2004, *Points*, 2005 ; d. Alain Mabanckou, *Demain j'aurai vingt ans* (Collection « Blanche ») ; **p. 92 :** © Sachiko Komatsu ; © John S Lander / Getty Images ; **p. 94 :** © « Acadie Nouvelle », http://www.acadienouvelle.com/ ; b. © Erick James / Getty Images ; **p. 96 :** © Patrick Robert – Corbis / Getty Images ; © Ulf Andersen / Getty Images ; **p. 97 :** © Leemage / Getty Images ; **p. 98 :** © « Un livre un jour », France 3, http://www.france3.fr/emissions/un-livre-un-jour ; *Allah n'est pas obligé*, Ahmadou Kourouma, © Éditions du Seuil, 2000, *Points*, 2002 ; *Les femmes aux cheveux courts*, Patrice Leconte, © Éditions Albin Michel, 2009 ; *Un roman français*, Frédéric Beigbeder, © Editions Grasset & Fasquelle, 2009 ; Alain Mabanckou, *Demain j'aurai vingt ans* (Collection « Blanche ») ; **p. 100-101 :** © MIRA OBERMAN / AFP ; **p. 102 :** « Giga presse », http://www.giga-presse.com/ ; © « Académie »,

http://academie.france24-mcd-rfi.com/ ; **p. 107 :** © FRANCOIS GUILLOT / AFP ; **p. 110 :** © « Aguila », http://www.aguila-voyages.com/ ; **p. 112 :** © « Double sens », http://www.doublesens.fr/ ; **p. 116 :** « Kasbah Timidarte », http://www.kasbahtimidarte.com/ ; **p. 116-177 :** © « Trip Advisor », https://www.tripadvisor.fr/ ; **p. 118 :** © « Quand Partir », http://www.quandpartir.com/ ; **p. 120 :** © Logo France Culture ; *Carnet d'un toubab en Afrique*, Daniel Frère aux Editions EDILIVRE (9782332507990) ; **p. 121 :** « Zanzibar 33 », « Selling Fabrics », « Baobab Farm », « Talking by the road », © Cathy Bricka Giordano ; **p. 126 :** © Logo Galerie Lafayette ; © Logo Célio ; © Logo H&M ; © Logo Zara ; **p. 127 :** © Owen Franken / Getty Images ; **p. 128 :** © « Trip Advisor », https://www.tripadvisor.fr/ ; **p. 132 :** *Notre désir est sans remède*, de Mathieu Larnaudie © Actes Sud, 2015 ; *Le metteur en scène polonais*, Antoine Mouton © Christian Bourgeois Éditeur, 2015 ; *Les gens dans l'enveloppe*, Isabelle Monin © Le Livre de Poche ; « Les Français lisent moins, faute de temps » © lefigaro.fr / 13.03.2014 ; **p. 134-135 :** © « Ferrandi – Paris, L'école française de gastronomie », http://www.ferrandi-paris.fr/ ; **p. 139 :** Stephane Cardinale – Corbis / Getty Images ; **p. 144 :** Document 1 : a. © Visage / Getty Images ; b. © Caiaimage / Robert Daly / Getty Images ; c. © Tony Hopewell / Getty Images ; **p. 146 :** © « Stralang , Institut de langues », http://www.stralang.com/ ; **p. 147 :** © « Alliance française Paris, Île-de-France », http://www.alliancefr.org/ ; **p. 148 :** © « Trip Advisor », https://www.tripadvisor.fr/ ; **p. 150 :** © « Le Petit Journal », http://www.lepetitjournal.com/ ; **p. 152-153 :** © « Vizeat », https://fr.vizeat.com/?c=EUR ; **p. 154 :** © Pablo Cuadra / Getty Images ; **p. 156 :** © « Brainztorming », http://fr.brainztorming.com/ ; © Tony Hopewell / Getty Images ; © Caiaimage / Paul Bradbury / Getty Images ; **p. 165 :** © Hisayoshi Osawa ; **p. 158 :** izusek / Getty Images ; **p. 184 :** © MAISANT Ludovic / hemis.fr

Vidéos

D1 : *Le français, la langue d'ouverture sur le monde*
D2 : allervoirailleurssijysuis.fr – *Vivre à l'étranger. Les Français parlent (épisode 1)*
D3 : *Do you speak touriste, un livret et un site pour les commerçants parisiens et franciliens, une création de la CCIR et du CRT Île de France*
D4 : Images France Télévisions – France 2
D5 : France5.fr - *Émission La grande librairie*
D6 : © TV5MONDE Émission « Destination francophonie » – Présentation : I. Kabacoff
D7 : BFMTV
D8 : Jérémy Petit, AFPIF

Nous avons fait tout notre possible pour obtenir les autorisations de reproduction des documents publiés dans cet ouvrage. Dans le cas où des omissions ou des erreurs se seraient glissées dans nos références, nous y remédierons dans les éditions à venir.

ISBN : 978-2-01-401597-3

© HACHETTE LIVRE, 2017
58, rue Jean Bleuzen, 92178 Vanves
http://www.hachettefle.fr

Imprimé en Italie par G. Canale (Borgaro Torinese) - Dépôt légal : janvier 2019 - Collection n° 04 - Edition n° 04 - **64/3247/1**